中学历史教育研究丛书

中学历史思辨教学实践案例

■ 林良展 毛帅 主编

天津出版传媒集团

天津人民出版社

图书在版编目（CIP）数据

中学历史思辨教学实践案例 / 林良展, 毛帅主编.
天津 : 天津人民出版社, 2024. 7. -- (中学历史教育
研究丛书). -- ISBN 978-7-201-20539-7

Ⅰ. G633.512

中国国家版本馆CIP数据核字第2024Y7Y997号

中学历史思辨教学实践案例

ZHONGXUE LISHI SIBIAN JIAOXUE SHIJIAN ANLI

出　　版	天津人民出版社	
出 版 人	刘锦泉	
地　　址	天津市和平区西康路35号康岳大厦	
邮政编码	300051	
邮购电话	（022）23332469	
电子信箱	reader@tjrmcbs.com	
责任编辑	吴　丹	
装帧设计	卢炀炀	
印　　刷	天津新华印务有限公司	
经　　销	新华书店	
开　　本	710毫米×1000毫米　1/16	
印　　张	18.75	
插　　页	1	
字　　数	274千字	
版次印次	2024年7月第1版　2024年7月第1次印刷	
定　　价	68.00元	

序 锚定历史思维抓教改

徐赐成

近年来,"思辨教学""审辨式教学""批判性思维"等教改探索及相关成果不断涌现,成为历史教学改革发展的鲜明特色和一大进步——注重从历史学科本质和基本功能出发,探究历史教育发展之道,历史教育学的学科价值取向日渐鲜明。林良展、毛帅主编的《中学历史思辨教学实践案例》即是其中的一项代表。

众所周知,历史学是一门思想的学科,"一切历史都是思想史"。从《左传》的"君子曰"、《史记》的"太史公曰"到《资治通鉴》的"臣光曰",都展示了历史思维的力量和价值。可以说,历史学就是基于史实的各种想法、思维、观念、观念变化以及思想的综合产物,离开了历史思维就没有真正的历史学。

就历史教育而言,历史思维更是历史教学实践和历史学习过程的目标和本质要求。历史知识要经过历史思维才能被理解和内化,历史素养要通过历史思维才能习得和养成,历史教育也只有在历史思维的过程中才能实现和达成。历史思维既是回答教育实践中"历史之用"问题的基本点,也是解决历史教育"学科定位"的着力点。因此,历史思维理当是历史教育研究和实践的核心问题。

诚然,历史思维与"思辨教学""审辨式教学""批判性思维"等有着诸多区别,但历史思维作为历史学习的本质和目的是一贯的。从历史教育实践现状和全局看，从宽泛的历史思维开展教学实验和尝试，更有利于历史教育改革实践的健康多元发展。只要能锚定历史思维，狠抓历史教改实践，就会使得历史教育的百花园充满生机和活力，就能催生出更多的历史教育研究成果。正是在这个意义上，《中学历史思辨教学实践案例》及其相关成果就具有了独特的意义。

首先，历史思辨教学是一个系统的研究成果。林良展老师的《历史思辨教学：理念、策略与实例》《批判性思维在历史教学中的实践研究》等近十部教研类著作从理论上论证、阐明了历史思辨教学的价值和理路；已发表的系列文章从不同角度回答了历史思辨教学的实践可能和具体路径；校本课程、征文比赛、节目录制、社团活动等，则从学生学科实践角度践行基于思辨教学的历史学科素养培育之道。可以说，其团队完成如此系统、扎实并基于长期实践的历史教育成果，在当前的历史教育实践领域具有示范意义。

其次，林良展历史教育团队的研究实践具有标本价值。如上所言，历史思辨教学成果具有系统性，这主要得益于其研究过程的持续性和专注性。正如本书"前言"所言，自2006年至今，"历史思辨教学以提升师生的批判性思维为根本，其在理论与教学实践的、探索方面走过了四个阶段"。可以说，对历史思辨教学的探索贯穿林良展老师历史教育生涯，说明林老师是一位觉悟较早、善于研究和意志坚定的历史教育实践者，他的团队是一个目标明确、协同性强、追求卓越的学术共同体。无论从哪个角度讲，林老师及其团队都具有榜样和示范意义，其本身也是历史教育研究的鲜活标本。

最后，历史思辨教学及其团队将研究实验过程与成果推广过程相统一，产生了较大的积极辐射影响。从团队成员构成看，在学校、区域和学段上都能内外兼顾、协同互补，从而保证了研究过程和成果的有效性；从参与研究的学校和地区看，更是纵贯北国和南疆，提高了研究过程的广泛性和成果的适应性；从成果的推广转化的具体过程看，团队成员通过教师培训、学术会议、教研活动等多种途径，运用专题讲座、沙龙研讨和公开课教学等多种方式，全方位、立体化展示研究成果，也在更大范围内检验了成果的科学性和价值性。

作为成果的重要组成部分，《中学历史思辨教学实践案例》是其中鲜活、具体而丰富可感的成果,尤其值得历史教育同行认真学习和借鉴。

第一,《中学历史思辨教学实践案例》比较全面地展示了该团队扎根历史教育实践,通过实践研究实现理论探索的研究路径。本书在对学生的批判性思维培养、历史思辨教学实践、基于历史思辨的校本课程开发等基本问题进行长期实践研究的基础上,提出了"善格教育"历史教学理论,并为之进行了全面、扎实的实践探索。相较中学其他学科的教学研究成果而言,历史学科的教研成果数量众多,但能形成具有历史教育理论特色的成果十分有限,林良展团队的历史思辨教学不仅实践研究深入持久,而且能将研究成果和实践经验理论化,着实难能可贵。

第二,《中学历史思辨教学实践案例》坚持微观研究和宏观研究相结合,完美展现了怎样做教学研究、为什么做教学研究、如何提升教学研究的问题解决质量的基本问题。教学研究具有其自身发展规律,有着不同的研究定位和价值取向,教学研究过程需要不断改进和优化,否则研究者很容易在研究过程的某个阶段长期徘徊不前却又乐此不疲,结果必然是研究资源和精力的巨大浪费。揆诸本书,既有基于教科书课文内容、高考试题、某一具体教学素材展开历史思辨教学的实践尝试,也有围绕学生学科素养提升、对国家立德树人教育目标的理论探讨和实践,体现了研究团队较强的研究能力和提升教育成效的研究旨趣,这已经超越了教学研究,而是教育家情怀的一种表达。

第三,《中学历史思辨教学实践案例》示范了团队研究的优势和实践路径。毋庸讳言,历史教育实践研究领域多是单兵作战,对许多基本问题进行扎堆研究、重复研究,甚至模仿研究。这难免导致两种不良后果:一是研究成果的雷同、同质化;二是热衷于追逐研究热点,研究过程浅尝辄止,酿成不良研究风气。学问贵在自辟,林良展老师的研究团队围绕历史思辨教学和学生批判性思维的培养问题,进行了分工聚合式的立体研究,取得了突出的研究成果和实践成效,彰显了团队研究的综合效能。

诚然,任何一项成果都只是在某个方面对课题有所解决,同时,每一项成果又可以从不同角度看出解决问题的更多可能性。因此,《中学历史思辨教学实践案例》完全称得上是一项具有示范性的研究成果,它给了我们多方面的启示,必将对历史教育研究提供多元的路径依赖和方法借鉴。

笔者和良展老师相识多年,虽然由于空间阻隔而未能持续联络,但每隔一段时间总能看到良展老师的进步和收获,也可以说见证了良展在历史教育和学校管理上的齐头并进,这在基础教育和教师发展领域本就是一个标志性的成果。在本书付梓之际,良展老师给笔者这个先行学习的机会,笔者就不揣浅陋谈谈自己的阅读体会。

借此,祝愿林良展研究团队取得更多、更大的研究成果,祝愿我国的历史教育研究生态越来越健康,效果越来越能体现学科育人的重要性。

陕西师范大学教授、博士生导师　徐赐成

2024 年 6 月 14 日

于陕西师范大学雁塔校区"曲江流饮"

前　言　历史思辨教学的理念、策略与成效

　　历史思辨教学是指教师有计划、有组织地通过教学活动引导学生学习、掌握思考和辩析历史的能力,从而提升教师自身与学生批判性思维的双向互动过程。

　　历史是思辨教学的对象,教师和学生是思辨教学活动的参与者。在这一教学活动中,教师是引导者和主持者,因此需要教师自身必须具备对历史的思辨能力。这就要求教师持续学习,不断提升自己对历史的理解能力,加强历史素养。另一方面,教师需要精心设计教学环节,帮助学生掌握思考和辨析历史的能力。思考历史,是对历史现象进行比较、分析、探究等的一系列思维活动。辨析历史,是对历史现象的基本情况、内在联系、因果关系、变化与延续、继承与发展等进行辨证分析。通过这一过程的学习,学生应当对"历史"这一概念的内涵形成理解,认识到历史学的学科性质,能够辨析客观存在的历史和被记录的历史之间的区别以及联系、历史事实与历史解释的区别以及联系;[1]应该明白"论从史出"的道理,能够在史实基础上全面、辨析地思考历史问题。值得注意的是,处于这一过程当中的学生并不是被动接受者,而是具备主观能动性的教学活动参与者,是教学活动的主体。历史思辨教学并不是让教师机械地对学生灌输相关内容,这是一个深具互动性和反思性的过程。师生共同探究历史问题,反思不足之处,在探究过程中不断提高自己的

---

　　[1] 中华人民共和国教育部. 普通高中课程方案(2017年版)[S]. 北京:人民教育出版社,2017:34.

历史思辨能力。

历史思辨教学主要解决两大问题:一是改变教师的教学观与教学方式,把教会学生学习历史作为教学目标,启发学生会"思"会"辨";二是改变学生的学习方式,提升综合素养,充分掌握历史学科特点,善于反思和感悟。

历史思辨教学把教、学、评三合一,提出三大实施策略。

一是,历史情境重构策略。重构就像搭积木游戏,"积木"即组成历史情境的一个个元素,在学生拥有一个个历史元素和掌握基本的历史脉络后,教师利用这些"积木"(历史元素)搭建一个示范性模式,讲解其中运用到的方法或技巧,可能是一座"小桥"(如时代轴),也可能是一栋"别墅"(如思维导图)等。为了检验学生是否真正掌握搭积木的方法,教师要把这些"小桥"果断拆掉,再让学生自己去创造,建造不一样的建筑,例如学校、医院等。如果学生可以做到,那说明其历史思辨能力得到了培养和提升。①

二是,历史结果逆推策略。旨在打破"背景—内容—影响"惯性思维带来的单一性与单向性,通过反思历史结果产生的可能性、科学性与合理性,寻找、补充相关材料,进一步佐证既定结论,运用比较分析法寻找和理解历史发展规律等多种方式,形成更加辩证化的历史认知。

三是,历史时空流动策略。不但要求还原、构建某个特定的时空,还要让时空流动起来,通过横向与纵向更加多维、多元的关联,构建起基于长时段、广视域、辩证发展的宏大历史观。

每一个策略均有相应的实施方法、评价体系以及成熟的教学案例,为中学历史教师研究课堂教学、探索思维教育提供了很好的视角和切实可行的实施路径。

历史思辨教学以提升师生的批判性思维为根本,其在理论与教学实践的探索方面走过了四个阶段:

2006年,开展新课程下历史活动课的探索与管理研究,探索在新的背景下历史活动课对学生综合能力提升的路径和管理方式。

---

① 林良展. 历史情境重构实施策略探索[J]. 历史教学问题,2022(01):154—160.

2011年,围绕批判性思维在历史教学的实践研究,提出"三环互联"教学(即提问式教学、小切口深挖掘教学、史料教学三者形成一个闭环回旋、互相渗透的教学活动过程)、"质疑—体验—感悟"教学模式、基于课堂建构的"4S"教学、批判性思维下的"翻转课堂"教学方式,有效提升了学生的批判性思维和教师的研究能力,改变了学生的学习方式与教师的教学方式。

2018年,在批判性思维系列研究成果基础上,升华为"历史思辨教学"理念,并结合学生综合素养提升的行动研究,形成历史思辨教学的三大策略,分别是搭建"积木·历史情境重构"策略、"逆向推演·历史结果逆推"策略、"散点透视·历史时空流动"策略。同时围绕历史思辨教学开展校本课程的开发与教学实践,形成"地方历史文化资源走进课堂""吃货的中国史(中国饮食文化史)""我去故宫看历史(故宫建筑和相关人物、文化史)"等一系列较为成熟的校本课程,在教学实践中深受学生喜爱,极大提升了学生的学科兴趣与学科思维。

2018年,首创"善格"教育理念。首先基于历史学科的育人功能,充分发掘历史教材之善文,开发历史善文校本课程等载体,搭造初步建构、深度阅读、体验交流、感悟提升的善程桥梁,营造善听、善辩、善策的善言氛围,有效改善教师的教学方式与学生的学习方式,从而推动师生养成格物致知的探索精神,追求高雅的格调,培育宽广的格局,发现最好且最具胸怀的自己;进而超越历史学科本身,将思辨教学与语文、英语、政治、物理、化学、生物等更多学科相结合,在学科德育实践中落实立德树人的根本任务。目前2021年立项的广东省中小学德育课题"'善格'教育在学科教学渗透德育实践中提升学生综合素养行动研究",正处于深入研究阶段。

十七年来,历史思辨教学在教师改变教学方式、提升研究力以及学生综合素养提升两大方面取得了显著效果。

经过连续多届的实验班与对照班数据跟踪和对比研究,开展历史思辨教学的实验班的历史学科核心素养有明显的提升。课堂上,学生敢于质疑教材和教师的观点,用自己掌握的材料说明自己的观点,用自己综合的材料整合出新的观点等;课堂外,学生走进图书馆博览群书,聆听大师们的讲座,与大师们论剑,视野拓宽了,思维活跃了,看问题更有深度和广度了;深圳第二外国语学校受到历史思辨教学的引领,学生在历次考试中都取得了良好的成绩。

撰写文章。深圳第二外国语学校陆燕南同学撰写的《历史学家的价值判断》《我眼中的历史》被《中学历史教学参考》所采用。

征文比赛获奖。在熊文、毛帅、金谷榕、钟亮才等老师指导下,多名学生在深圳市第十二届、十三届、十五届社会科学普及周之高中生征文比赛中获奖,相关教师被评为优等指导教师。

录制历史节目。2015年1月,在历史科组的策划下,《五味杂陈》节目正式录制。节目总长三四十分钟,由一名历史老师主持,四名学生参与,就某一个历史问题,联系现实畅谈自己的看法;2015年4月,学生自编自导自演的情景剧《三洲田起义》获得师生好评。

社团活动。学生基于对历史学科的浓厚兴趣,相继成立启明模拟联合国社、历史戏剧社、茶文化社、历史兴趣小组。其中启明模拟联合国社多次举办广东中学生模拟联合国大会,获得广泛赞誉。

近年来有五十多人报考或从事与历史学有关的专业。江茂阳考进中山大学历史系,张月考进中山大学人类学系,陆燕南、黄丽玉等考进华南师范大学历史文化学院(陆燕南后保送至武汉大学研究生,现任教于深圳实验学校光明部),李志恒考进黑龙江大学历史系,张波扬考进华南师范大学近代史专业研究生,黎淑思专门从事历史文化传播工作……

历史思辨教学首先在深圳第二外国语学校被应用于教学实践,2015年历史科组被评为深圳市特色科组;后来又在黑龙江大庆三中、福田区南华实验中学、红岭中学、罗湖区松泉中学、明德实验学校、深圳市第七高级中学、阳江一中、梅州市五华高级中学、梅州市水寨中学等二十多所学校推广应用,也取得明显效果。众多研究成员转变了既有模式逐渐成长为研究型、创新型教师和教学骨干,在省级以上期刊发表相关研究成果论文多篇,出版专著多部,斩获广东省中学青年教师基本功大赛一等奖等多项荣誉。

出版专著多部、发表系列论文。出版《历史思辨教学:理念、策略与实例》

《批判性思维在历史教学中的实践研究》等近十部教研类著作；开发两个市级好课程项目；出版《吃货的中国史》《我去故宫看历史》《活在大清》等历史文化主题式校本课程开发案例；在《历史教学》《历史教学问题》《中学历史教学参考》等知名专业期刊发表论文四十余篇，其中《历史学科核心素养与历史思辨教学》被人大复印资料全文转载。

课题研究。据统计，与历史思辨教学相关的省、市级课题有七个，目前有三个仍处于研究阶段。2021年立项市级课题"新时代中学校本特色课程体系建设研究"，2022年立项省级课题"'善格'教育在学科教学渗透德育实践中提升学生综合素养行动研究"，2023年立项市级课题"历史情境重构在历史思辨教学中的实践研究"。

校本课程开发。随着研究能力的提升，课题组成员逐渐围绕历史思辨教学开展校本课程的开发与教学实践，形成"地方历史文化资源走进课堂""吃货的中国史（中国饮食文化史）""我去故宫看历史（故宫建筑和相关人物、文化史）"等一系列较为成熟的校本课程，在教学实践中深受学生喜爱，极大提升了学生的学科兴趣与学科思维。2015年以来，深圳第二外国语学校历史科组受深圳市教科院委托，开发了两项深圳市中小学好课程"历史故事与人文素养""地方历史文化资源走进课堂实践研究"，成果在全市进行展示。

学术论坛发言。课题组成员通过论坛发言、专题讲座、送教送学多种形式在全国范围推广历史思辨教学的理念、策略与成果。林良展老师围绕历史思辨教学在各级各类学术论坛开展主题讲座三十多场。

2022年7月15—19日，由陕西师范大学基础教育研究院、陕西师范大学历史文化学院和陕西师范大学出版总社《中学历史教学参考》编辑部联合主办的主题为"新时代历史教育变革智慧"的全国学术研讨会召开，林良展老师受邀在第四论坛"新时代历史教师全面发展与教学胜任力"做《技术时代下历史思辨教学能力提升》主题发言，获得与会专家学者和老师的一致好评。

2023年7月15—18日，由陕西师范大学出版总社《中学历史教学参考》编辑部、陕西师范大学基础教育研究院和陕西师范大学历史文化学院主办，曲阜师范大学历史文化学院和曲阜师范大学附属中学协办的"坚定历史自信，增强历史主动"第七届历史教育学术研讨会在山东曲阜召开,林良展老师担任高中示范课评课专家,并主持汇报、演讲环节专题会议;历史思辨教学课题组成员、深圳市林良展名教师工作室成员陈育和毛帅分别在第二和第三论坛作《历史逆向推演策略在高中历史教学中的实践应用》《教师胜任力模型中的"学养"发展——以历史情境重构策略的研究为例》的主题发言,得到与会专家和同行们的高度评价。

在第二论坛历史教学实践之"素养落地"上,深圳市新安中学(集团)高中部陈育老师以自身行政工作倒逼专业发展的真实感悟为导入,和同仁共勉教师职业生涯的发展动力。接着分享了工作室的研究成果"历史思辨教学的实践",从因果逆向推演、角色换位推演、功能逆向推演三个角度分享历史逆向推演策略如何在实践中促进教师历史思辨教学及推动学生历史逻辑思维、历史解释能力的培养。具体鲜活的教学案例让老师们感同身受、共情共鸣。最后,她以保持教师对历史教学的探索精神与实践能力、保护学生的探究精神与创造思维为己任,与大家共勉共进。

在第三论坛教师全面发展之"学养""素养"上,深圳第二外国语学校毛帅老师以《教师胜任力模型中的"学养"发展——以历史情境重构策略的研究为例》为题进行重点发言。毛帅老师以2021年参加深圳市青年教师教学能力大赛的一个"历史情境"作为切口,从一开始自己对于构建教师胜任力模型的陌生,到很快转换问题情境,寻找成为优秀教师的各种因素,再通过元素的重组来实现结构的优化,最终以理想的成绩进入下一轮比赛,实现了对目标比较好的回应。这是他个人应用情境重构策略的一个生动案例。针对论坛主题,毛帅老师借助个人在考试中的回答巧妙给出了自己的方案——应该从理论学习、理念更新、策略研究、实践累积和教学相长等五个方面切实推动教师的专业发展。围绕历史情境重构策略的研究过程,毛帅老师依据个人经历论证了相关要素的实际成长,引起了与会老师们的共鸣。

报刊媒体的宣传报道。《中学历史教学参考》2018年第1期、2019年第6期、2023年第4期以及《广东教育》(综合)2019年第1期和第2期对历史思辨教学的系列成果进行专题报道,《中学历史教学》2023年第7期对深圳市林良展名教师工作室2022年围绕历史思辨教学的教研活动进行专题报道,其他报刊、媒体的宣传报道也有将近二十次。

获得各级各类教育教学成果奖。2010年获全国基础教育课程改革教学研究成果奖,2016年获深圳市第三届教育教学科研成果奖三等奖,2020年获广东省教育教学成果奖二等奖,2021年获深圳市第四届教育教学科研优秀成果奖一等奖,2022获广东省中小学教育创新成果奖三等奖。

开展跨界思维的教研活动。2016年5月,历史科组组织了一场"中国茶文化"读书文化沙龙活动,《中学历史教学》(2016年第8期)以《茶亦醉人何须酒,书自香我何须花》为主题进行专题报道。2016年11月举办跨界文化沙龙活动——葡萄酒与欧洲文化,《中学历史教学参考》(2017年第1期)以《人文科技合璧,历史生物齐飞》为题进行报道。

历史思辨教学为中学历史教师研究课堂教学、探索思维教育提供了很好的视角,并探索如何通过有效措施在课堂内外帮助学生的历史思维得以提升,使其更加理性化和思辨化,这不仅暗合了培养历史核心素养的现实要求,也回应了历史教育的时代呼唤。研究成果得到首都师范大学叶小兵教授,北京师范大学林辉锋教授,广西教研院夏辉辉教授,全国万人计划名师吴磊,特级教师周靖、陈洪义等众多专家和名师的一致好评,正在全国范围内产生越来越大的行业影响力。

2022年,林良展深圳市名师工作室成立,历史思辨教学研究深入发展,取得了新成果。

一是思辨教学之思:探索信息时代培养学生批判性思维新策略。历史思辨教学以批判性思维为核心,在辩证化认知的延展式发展过程中,潜移默化地改变学生的学习方式和教师的教学方式,从而实现其学生学习素养的切实、高效提升。实施历史思辨教学有三大策略:历史情境重构策略、历史结果逆推策略、历史时空流动策略。工作室成员、学员主持或参与省级课题四项、市级课题三项、区校级课题三项,在省级以上刊物发表二十多篇论文,推进了技术应用与历史思辨教学的深度融合,推进技术辅助性与思辨主体性的统一,应用必要性与功能充分性的统一,目标过程效果的高度一致性,研究成果获2022年广东省中小学教育创新成果奖。

二是思辨教学之行:实施初高中衔接同课异构和教学评一体化。第一,工作室分三期开展"初高中衔接同课异构"系列研讨活动,学员张璐璐、吴桐、张佳林、钟亮才、范清清、姚璐甲分别执教《北洋军阀统治时期的政治、经济和文化》《新文化运动》《探寻新航路》《全球航路的开辟》《统一与巩固——秦汉》《秦汉时期的国家治理》,广东省教育研究院中学历史教研员陈家运、华南师范大学历史文化学院王继平教授、华东师范大学教师教育学院李月琴教授进行指导和点评,课堂精彩纷呈,吸引了全国三十多所学校参会(线上)。第二,开展"教学评一体化"专题研究活动,2022年10月成员范清清作主题汇报,首都师范大学历史学院叶小兵教授做《"教学评"一致性在中学历史课堂的运用》专题讲座。林良展老师分别在粤东西北地区教师初中历史骨干教师和广东省教育研究院主办的"走进粤东西北(梅州五华)教研帮扶活动(高中历史专场)"作《教学评一体化在中学历史课堂的实践》报告。

三是思辨教学之美:服务"双新"背景下历史教育改革。工作室把研究成果推广至全国,服务新时期历史教育改革,有效促进了教师专业综合发展。主持人林良展老师赴云南、广东梅州及阳江等省市送教,并在全国学术研讨会作《技术时代下历史思辨教学能力提升》报告;在广西壮族自治区教育厅主办的普通高中新课程新教材实施交流研修活动作《"双新"背景下的普通高中课程规划与实施》专题讲座;在成都大学主办的学术论坛作《"善格"教育校本课程探索》专题分享。陆燕南老师在广东省教研院主办的南方教研大讲堂展示课例《劳动改变世界——生产工具与劳作方式》,在"走进粤东西北(梅州五华)教研帮扶活动(高中历史专场)"中执教同课异构课《欧洲文化的形成》。蚁燕玉老师在教育部课程教材研究所"如何用教材教与学"交流研讨会作专题分享;范清清、陈育等老师在国培班广西、新疆骨干教师培训作专题讲座,有十人次在市级教研会上作专题发言。范清清老师斩获2022年广东省中小学青年教师教学能力比赛一等奖(历史初中组第一名),毛帅、金谷榕分别荣获2022和2023年深圳市中小学青年教师教学能力比赛二等奖。

目　录

基于学生批判性思维提升的实践

基于历史思辨教学的实践

基于历史思辨的校本课程研发

提升思辨能力之"善格教育"实践

基于学生批判性思维提升的实践

　　批判性思维是评价、探索和发展活动中最基本、最富有创造性的思维形式，但对批判性思维的界定则众说纷纭。本研究认为，批判性思维是个体基于客观事实进行的多元、理性的质疑和思考。其特点有四：一是主体是个体，二是思考与质疑，三是多元；四是理性。敢于质疑和思考是前提，多元是方法，理性是原则。

　　批判性思维，不是外在于历史的，而是内在于历史的，是历史之为历史的本性，是历史辩证法的具体体现。因而与其说把批判性思维"引入"历史学科教学，不如说是在历史学科教学中回归其批判的本性。

　　在围绕批判性思维的系列研究中，课题组把重心放在批判性思维培养与历史学科教学有机结合之上，由此提出"三环互联"教学（即提问式教学、小切口深挖掘教学、史料教学三者形成一个闭环回旋、互相渗透的教学活动过程）、"质疑—体验—感悟"教学模式、基于课堂建构的"4S"教学、批判性思维下的"翻转课堂"教学方式，长期的教学实践证明：学生的批判性思维获得了显著提升，学习方式也相应改善，在思维品质、考试成绩、学科综合素养以及个人整体发展方面获得了长足的发展。

　　对教师而言，其教育理念、教学方式也在批判性思维的指引下发生变革，对教育教学的研究力也获得相应的提升。作为成果的典型代表，参与研究的成员打磨出一批优秀的教学设计和课堂教学实例，在《中学历史教学参考》等期刊发表。

批判性思维在历史教学中的实践模式探索

深圳第二外国语学校　林良展

一、问题的提出

批判性思维是对英文"critical thinking"较为普遍的中文翻译,也有人主张译为"明辨性思维""严谨的思考"等。北京语言大学教授谢小庆也认为将其称为"审辩式思维"更加贴切。①普遍的解释认为,批判性思维是以逻辑方法作为基础,结合人们日常思维的实际和心理倾向发展出的一系列批判性思维技巧,甚至有更简单的表述,"批判性思维是面对相信什么或者做什么而作出合理决定的思维能力"②。专家们普遍认可批判性思维是评价、探索和发展活动中最基本、最富有创造性的思维形式。

深圳市教科院院长叶文梓指出:"历史即使发展到21世纪的今天,我们仍然没有理解批判性思维,更没有学会批判性思维。今天面临的,不是批判性思维不足,而是批判性思维的普遍缺失。批判性思维的缺失,实质是社会良知的缺失、健全理性的缺失和独立人格的缺失。我们习惯的不是以良知、人格和理性来看待和评判人和事,而是以利益和个人喜好来看待和评判人和事。我们喜欢的不是批判,而是顺从甚至是服从。然而,面向未来,我们可以

---

① 谢小庆. 审辩式思维能力及其测量[J]. 中国考试,2014(03):9-15.
② 赵亚夫. 批判性思维决定历史教学的质量[J]. 课程·教材·教法,2013(2):71-77.

说，没有健全的批判性思维，就没有规范的市场，就没有责任的政府，就没有法治的社会，就没有现代文明的一切。可以说，培育以良知、理性和人格为基础的批判性思维，是弘扬优秀传统文化的坚实基础，是学习现代西方文明的根本立场，是释放民族创新活力的重要条件。培育健全的批判性思维，是我们时代的艰巨任务。"[1]

随着社会的迅猛发展，新时代的学生理应有着对事物不同的看法，敢为天下先的精神。但是据有关调查数据显示，即使是在改革开放前沿的深圳，学生也存在两个问题：一是不少人对所谓的权威教材或教师唯唯诺诺，越雷池者被视为钻牛角尖而不受欢迎；二是部分教师教学方法老套，喜欢当"教授""讲师""表演家"，而不会当"幕后舞台设计"和"主持人"。

赵亚夫教授指出，我们习惯上把（学生批判性思维不足）问题归因于教科书的质量，但谁都知道，决定历史教学质量的关键因素是教师，由先进的教育观念和教学方法所产生的教师力量，远大于教科书所起的作用。

他进一步指出，无论从学理的层面，还是从实践的层面，现阶段中学历史教学中批判性思维的进展状况并不理想。主要表现在：其一，不管你如何定义批判性思维，在历史教学中它都是历史思维；其二，将批判性思维直面命题研究的多，深入结合教学实践的少。[2]

因此，本研究重在把批判性思维培养与历史学科教学结合在一起，努力探讨一条批判性思维培养与历史学科教学的融合之路，重点要解决以下两大问题。一是，批判性思维与历史思维的关系。"批判性思维，不是外在于历史的，而是内在于历史的，是历史之为历史的本性，是历史辩证法的具体体现。因而，与其说把批判性思维'引入'历史学科教学，不如说是在历史学科教学中回归其批判的本性"[3]。二是，批判性历史思维能力的培养途径。从史料教学出发，可以从八个方面来进行培养，即收集多样性史料、甄别史料的可靠

① 叶文梓. 序[M]//林良展编著. 批判性思维在历史教学中的实践研究. 深圳：海天出版社，2016：5.

② 赵亚夫. 批判性思维决定历史教学的质量[J]. 课程·教材·教法，2013(2)：71-77.

③ 林良展编著. 批判性思维在历史教学中的实践研究[M]. 深圳：海天出版社，2016：5.

性、找出或归纳文本主题和中心思想、分析因果论证、运用比较论证、洞察文本价值预设、解读历史图像和考察史料的历史语境等。

二、核心概念内涵和依托理论

(一)核心概念内涵

本研究综合梳理了国内外关于批判性思维的研究历程,汲取了批判性思维的重要研究成果,结合哲学和心理学定义,根据历史学科的特点,本研究将批判性思维概念界定为:批判性思维是个体基于客观事实进行的多元、理性的质疑和思考。特点有四:一是主体是个体,二是思考与质疑,三是多元,四是理性。敢于质疑和思考是前提,多元是方法,理性是原则。

许慎在《说文解字》说:"史,记事者也;从又持中,中,正也。"其中的"史"就是"史官",全句意为所有被文字记录的过去事情。西方"历史"一词源出自希腊语,原义为"调查、探究"。所以历史就有了客观性和主观性,包括历史事实与历史解释或叙事。历史既然是客观存在的,那研究历史就是要求真求实;历史本身就是调查探究,所以历史的本质就有批判性思维。

梁启超先生指出:"史家的工作和自然科学家正相反,专务求'不共相'。倘若把许多史迹相异的属性剔去,专抽出那相同的属性,结果便将史的精魂剥夺净尽了。"[①]治史要明变,要求异,但单纯的求异并非批判性思维,而是要在理性的原则上求异。

(二)依托理论

1.建构主义理论

在学习观上强调学习的主动建构性,社会互动性。在一定的社会文化环境中,让学生真正成为课程的主体,主动对已有知识经验进行综合、重组和改造。教师等开发者要做的就是为学生创设宽松、和谐、安全的对话氛围,尽力

---

① 梁启超. 中国历史研究法[M]. 北京:中华书局,2009:5.

激发、唤起、鼓舞学生的学习积极性,要尊重学生的独特感受,帮助学生建构新知。赵亚夫教授指出,批判性思维旨在还原历史教学的本质,它首先是一个积极主动的思考过程,所有归纳、演绎、推理、分析、解释等学习技能,都蕴含在相当具体的脑力活动中,并皆以质疑并解决疑难问题的方式表现出来。[①]

2. 人本主义史学理论

马克思主义史学观指出,实现每个人自由发展是最关键的。所以"目中有人"是史学观的根本出发点。批判性思维在历史教学中的实践,是力求将历史教学建立在有见地的看法或判断的基础上,鼓励学生生成新的历史认识,挖掘学生拥有的批判性思维的潜质,让学生通过各种途径,对教科书、教学方式的质疑,从而形成个性化的史学判断。

3. 教育学理论

批判作为一种思维过程,具有积极思考、自主分析、提出新见解的特质,它关乎探究精神,关乎行动能力,以学生的好奇心为基础,指导他们掌握解决问题的各种方法,指导学生"会学"取代学生"学会"。

三、批判性思维在历史教学中的实践模式探索

本研究是以2006年广东省"十一五"规划课题"新课程下历史活动课实施与管理研究"(成果获2010年教育部基础教育课程改革教学研究成果奖)为基础进一步研究的成果。2011—2014年以林良展为主持人的团队进行把批判性思维应用于历史教学的探索,2014年12月,该探索成为深圳市教育科学规划2014年度重大招标课题。团队进行更为规范化、系统化的实践及研究,在探寻有效实施策略和途径上进行大量大胆的实践及研究,取得了较为丰富的成果。

(一)"三环互联"教学

赵亚夫教授认为,要将理论化为课堂实践,需要相当具体的教学行为。

---

① 赵亚夫. 批判性思维决定历史教学的质量[J]. 课程·教材·教法,2013(2):71-77.

他着重提示了三方面的技能,一是提问有助于培养学生的批判性思考力,二是善于利用解决分歧的方法,三是基于史料的问题解决学习。①

图1 三环互联法

基于此,我们探索了三环互联法(见图1),即提问式教学、小切口深挖掘教学、史料教学,三者形成一个闭环回旋、互相渗透的教学活动过程。

第一,提问式教学的运用。培养学生学习历史的兴趣,逐渐养成以逻辑性提问切入,由浅到深,层层诱导学生踏进历史学习之旅。

批判性的设问技巧要体现以下六个特点:一是广泛性,批判性思维的主体是个体,所以要面对所有学生;二是借助性,批判性思维的前提是质疑,所以要借助学生的想象力;三是目的性,要从教学目标出发,防止伪问题、无效问题的设置,教材直接有结论的问题不问,简单而没有意义的问题不问,只答是或不是的问题不问,所以要重在澄清学生认为不懂或混乱的问题;四是包容性,要让学生清楚教师的问题,学生要有回答问题的时间,要提供多角度的史料去思考,提出的问题一定要基于学生的知识面;五是情景性,设置更多的问题情景,让问题情景成为新问题思考的新起点;六是层次性,由浅到深,层层诱导,逻辑严谨。

第二,小切口深挖掘的教学设计。历史教学有两个选择:一是全面完整地讲授课标要求的教学任务;二是从历史细节出发,挖掘历史的深度与广度,以小见大,以微知著。历史是宏大的,但通过小切口去认识历史,更能体现认知规律,通过深入挖掘某一个角度的细节内容以达到深刻理解,有利于突破学科素养落实的困境。历史人物、历史图片、历史情境均可作为小切口。例如学习洋务运动时,可以透过李鸿章的经历去分析时代背景与产生的社会影响;学习启蒙运动时,可以透过伏尔泰与卢梭的人生经历去学习;学习近代中国思想解放潮流时,可以以《海国图志》切入。

①赵亚夫.批判性思维决定历史教学的质量[J].课程·教材·教法,2013(2):71—77.

就批判性思考力培养而言,历史细节的切入更能激发学生的兴趣,激发学生探究历史本真的欲望,自然就会提出自己的质疑,例如,为什么马屁股影响铁路的轨距? 为什么威海卫战役是甲午中日战争影响最深的战役?

第三,史料教学的运用。批判性思维重在提高思维能力与分析能力,所以要培养阅读史料与分析史料的能力,教师围绕核心概念而精选出来的史料,通过史实解读,达到论从史出的目的。如何做好史料解读或处理,才能较好地培养批判性思维能力? 一是重视历史资料的差异性与典型性,二是基于史料的不同提出合理的解释,三是关注历史史料叙述的逻辑性,四是注重构建基于史料的合理历史判断。实践中可以采取如下三种方式:一是批判性解读教材,二是小组合作解读史料,三是引导学生自主寻找史料并提出问题。

(二)"质疑—体验—感悟"教学模式

好奇与怀疑是人的天性,也是人实现自我价值的途径之一。如何在历史课堂教学中将批判、怀疑、好奇的能力传授给学生,教会学生方法,助推学生拓展知识、打开视野、增长智慧,是广大一线历史教师经常探索的问题。教学实践中,笔者进行了"质疑·体验·感悟"历史课堂教学模式的探索。①

一是质疑:为学生敢于提问、勇于设问提供条件。包括:预习教科书过程中学生的各种疑问,拓展性阅读过程中学生的各种疑问,教师根据素材和学情设计主要问题。

二是体验:为学生整合知识、质疑历史搭建舞台。包括:多角度选择材料以丰富学生历史认识,合理确定辩论题以提高学生综合能力。

三是感悟:培养学生反思历史、以史鉴今的能力。根据教学进度为学生提供谈历史感悟的机会,并引导学生在谈历史感悟时掌握如下原则:感悟是对质疑的回答,对体验的感受,所以谈感悟不能空穴来风;感悟需要既感又悟,不能只感不悟;感悟是以史鉴今,不能以史证今;感悟是质疑的新起点,不是问题的终结与重复。有了新的想法,就会为下一问题的深化提供前提。

---

① 林良展. 历史课堂质疑·体验·感悟教学模式的探索与思考[J].中学历史教学参考,2012(7):36–38.

此教学模式被广泛引用,取得了良好效果。《历史课堂"质疑·体验·感悟"教学模式的探索》发表在《中学历史教学参考》2012年第9期上,并荣获深圳市第三届教育教学成果奖三等奖。

(三)基于课堂建构的"4S"教学法

皮亚杰认为,要充分解释学习是什么,则必须首先解释个体学习者是怎样进行建构和创造的,而不仅仅是怎样重复和复制的。所以建构意味着创造,创造必须进行批判,我们将建构主义与批判性思维融合,建立起了"4S"教学法(见图2)。

图2 "4S"教学法

1. Structure:建构体系——时空观

根据历史学科固有的学科特征,积极引导学生构建基本的纵向与横向联系,在时空交错中准确定位学习内容的历史地位与意义,尤其强调历史发生的偶然与必然、与后续事件或其他领域的相关性。

2. Surmount:超越,突破——史料实证、体系观、唯物史观

充分挖掘、精心选取史料,在解读史料的基础上运用唯物史观来全面、辩证地认识某一历史问题,力求从多个角度深度剖析事件的可能性、推动因素及影响,需要结合国际、国内、外因、自身、客观、主观等多方面因素去考虑。

3. Summarize:总结,概述——升华,建构新的认识

要求学生根据所学内容自行绘制思维导图或根据教师提供的思维图准确把握其中的逻辑关系,并说明其中的内涵。

4. Survey:反馈

通过一定的典型练习来考查学生的学习和掌握程度,教师当场或尽快予以及时的评价反馈,形成一定的激励机制,从而为下一次的建构提供依据。同时,我们坚持一边分析一边评价反馈的原则,在"超越"和"总结"阶段也要对学生的学习活动进行评价。

"4S"教学法在高三的史料教学中得到充分的运用,取得了良好的效果。笔者还在深圳市科学高中、阳江市第一中学等开设了讲座,推广介绍该教学模式。

(四)批判性思维下的"翻转课堂"教学方式

风靡全球的翻转课堂进一步巩固了学生在学习中的自主地位:课堂时间不再是以教师为主体的知识讲授,而是学生基于与教师或同伴平等交流而实现的"吸收内化",传统课堂上的"信息传递"则转移到了课前完成,自然更为高效。突出学生的自主地位,实现教师与学生的平等地位也是批判性思维应用于教学的追求,我们基于校情,不唯单纯技术,在课堂教学的优化方面做了实践探索。有如下几种方式。①

一是,学生先提出问题,教师后设计课堂。如果学生根据现有认知水平,通过独立学习活动就可以掌握一些基本知识,那么教师就没有必要将所有教学内容逐条讲述;而对于有一定难度、需要学生主动参与探究和讨论才能实现认知和能力突破的内容,也并不应当由教师单纯地根据知识体系来界定,而应鼓励学生基于既有认知和事先预习主动提出自己的问题,教师据此设计课堂。

二是,学生集体备课,教师上课。第一步,教师提供指导;第二步,学生解读课标和教材;第三步,学生根据教材梳理知识点;第四步,搜集相关资料;第五步,提出思考问题。针对相对宏观独立的历史事件,需要分析背景、内容、影响,小组合作分工是最好的方式。鉴于学生搜集的资料限于抽象化、结论化的认知,所以要求搜集的史料必须是实际的人物、具体的事例、明确的数据或典型的现象,也要有独立的解读和论证,要求他们回答:材料要点是什么,与本组探究主题的关联何在等。而对于内容较为分散的课题,教师精心选择的主题或核心素材就显得更重要。

三是,学生上课,教师听课。在课堂教学中,尝试让学生上"微课堂",可

---

① 林良展,毛帅. 高中历史翻转课堂实践探索[J]. 中学历史教学,2015(9):26-28.

以是对一个历史概念的解读,也可以就某一个历史问题提出自己的看法,甚至可以让他们上一节完整的课,老师则作为学生,参与课堂讨论,完成相关作业。

四是,教师上课,学生评课。课堂期间和课后,老师要认真听取学生的意见,然后根据学生的认知水平,引导学生先从感性印象上谈,逐渐达到理性层面的认识。

我们在"太平天国运动""美术的辉煌""古代中国的科技成就""罗马法的起源与发展"等课的教学设计均进行了实践探索。

四、实践效果

本项研究前后时间持续十一年,有效提升了学生的批判性思维和教师的研究力,改变了学生的学习方式与教师的教学方式。基于在广东两阳中学、深圳第二外国语学校的教学实践,笔者身兼阳江市历史学科带头人、深圳市高中兼职教研员、广东省特色高中历史教材编写人员等,在深圳、湛江、汕尾、梅州等地开设了相关专题讲座,研究成果在省内外有较大影响,专著《批判性思维在历史教学中的实践研究》2016年5月由海天出版社出版,被福建、黑龙江、安徽、陕西、山西等省以及广东的广州、中山、湛江、阳江、肇庆等地名师参考,相关成果被引用借鉴。

(一)学生的综合素养得到提升

近年来,在我们的历史教学中批判性思维已经成为重要指引。课堂上,学生敢于质疑教材的观点、质疑教师的观点,用自己掌握的材料说明自己的观点,用自己综合的材料整合出新的观点等;课堂外,学生走进图书馆博览群书,聆听大师们的讲座,与大师们论剑,视野拓展了,思维活跃了,看问题更有深度和广度了。几年来,我们指导的学生撰写了许多文章,有对历史的看法、影评、家史、对历史问题的感受等,都是他们在"面对相信什么或者做什么而作出合理决定的思维",他们用自己的判断力去决定,初步具备了提出恰当问题和作出合理论证的技能。

不少优秀学生还因此走上了历史教学与研究之路,江茂阳考进中山大学历史系,张月考进中山大学人类学系,陆燕南、黄丽玉等考进华南师范大学历史文化学院(陆燕南后保送至武汉大学研究生),李志恒考进黑龙江大学历史系,张波扬考进华南师范大学近代史专业研究生,黎淑思专门从事历史文化传播工作,等等。

撰写家史、发表文章:陆燕南同学在林良展老师指导下在《中学历史教学参考》发表《历史学家的价值判断》(2013年12月)、《我眼中的历史》(2014年1—2月)等专业性强的文章,正是在高中拥有的研究力使她得以打开武汉大学专业研究生之门。

文章获奖:熊文、毛帅、金谷榕、钟亮才老师指导学生在深圳市第十二届、十三届、十五届社会科学普及周之高中生征文比赛中获奖。

录制历史节目:2015年1月,在历史科组的策划下,《五味杂陈》节目正式录制。节目总长三四十分钟,由一名历史老师主持,四名学生参与,就某一个历史问题,联系现实畅谈自己的看法。2015年4月,学生自编自导自演的情景剧《三洲田起义》获得师生好评。

成立启明模拟联合国社、历史戏剧社、茶文化社历史兴趣小组等,其中启明模拟联合国社多次举办广东中学生模拟联合国大会,获得广泛赞誉。

(二)教师改变教学方式与提升研究力

1. 批判性思维下的历史教学方式成主流

近年来,教师们不满足于教学现状,以"批判"为主题,大胆进行各种模式的实践,开设了主题公开课,并及时撰写相关课例的实践与反思,逐渐改变了教学方式。

2. 教师的研究力得到提升

在课题和专家们的引领下,教师们围绕教学实践开展了各种研究,并进行了跨界思维的教研活动,逐渐把成果向学科课程研究转化。

(1)自主开展各项研究

第一,以小课题为驱动,以撰写教学反思为抓手,做到了"四个一",即每个备课组围绕科组的课题设定一个小课题,每个单元至少有一篇精彩的教学设计和教学反思,每个学期至少有一篇主题文章,每年至少有一篇文章在市级以上期刊发表。近四年来,科组主持两项市级以上课题,在市级以上期刊发表三十多篇文章,撰写了近三十万字的教学设计与反思。

第二,参与各级各类研究。林良展、熊文、金谷榕参与了2017年新课程标准(省内讨论)的修订,林良展等十人次参与了《知识与能力训练·历史》等市级以上政府工程项目的编写工作。

第三,开设主题讲座。笔者在广东省部分地级市、贵州省三都市以《历史逻辑性题目的分析与备考》《批判性思维在历史教学中的实践》为主题进行讲座三十多场。

(2)开展跨界思维的教研活动

2016年5月19日,历史科组组织了一场"中国茶文化"读书文化沙龙活动,《中学历史教学》(2016年第8期)以"茶亦醉人何须酒,书自香我何须花"为主题进行专题报道。2016年11月10日下午举办了跨界文化沙龙活动——葡萄酒与欧洲文化,《中学历史教学参考》(2017年第1期)以"人文科技合璧,历史生物齐飞"为主题进行专题报道。

(3)成功转化为课程研究

随着研究能力的提升,2015年以来,历史科组受深圳市教科院的委托,开发了"历史故事与人文素养""地方历史文化资源走进课堂实践研究"两节深圳市中小学好课,成果在全市进行展示。

五、结语

第一,批判性思维应成为建构历史教学新方式的指导思想,全面指导课程改革。当下我国中学课堂的教学文化整体上仍属于"记忆型教学文化",在这种文化中,教师的作用是向学生传递信息,学生的作用是接受、存储信息,并且按照这些信息行动。这种文化环境培养的是学生被动地接受知识的倾向,而不是积极地探寻和评价信息。然而,只有借助于批判性思维,超越教与学,鼓励学生进行有益的怀疑,启发他们提出问题,探查假设,寻求合理性,学生才能真正达到心智独立和自由,从而实现教育对于人的解放;只有发展学生对所学、所做采取批判态度和能力,教育才可以真正称得上成功。①

第二,批判性思维决定历史教学的质量。长期的试验性教学后,团队测试了课堂教学对学生批判性思维能力培养的效果,结果表明:历史课堂集中指导学生的批判性思维能力是有效的,这种效果并非立竿见影地显现于其行为的改变之上,而是体现于其思维意识的转变,最终在学习成绩方面有较为明显的体现,学生对史料的解读分析能力、判断评价能力、观点表述能力、观点创新意识都有了比较显著的提高,历史教学的质量步步改善。②

原文发表于《中学历史教学参考》(上半月)2018年第1期

---

① 马培培. 美国大学批判性思维教学解析[J]. 外国教育研究,2016(1):30-38.

② 武立红,贾宁,林温霜. 课堂教学指导对学生批判性思维培养的效果[J]. 中国应用语言学:英文版,2012(2):229-242.

批判性思维在情思历史教学中的运用

深圳第二外国语学校　林良展

广州市增城区历史教研员　陈洪义

教育是什么？华东师范大学终身教授叶澜长期研究生命教育,叶教授认为:教育是直面人的生命、通过人的生命、为了人的生命质量的提高而进行的社会实践活动,是以人为本的社会中最体现生命关怀的一种事业;教育通过"教天地人事,育生命自觉",实现人的生命质量的提升,体现教育中人文关怀的特质;教育通过提升人的生命质量,为社会提供各种人才,实现其社会功能;教育是人类和社会"更新性再生产"活动;社会发展要求实现终身教育,要求"社会教育力"的集聚与提升。①

在批判性思维应用于历史教学的实践研究中,笔者有效地把批判性思维融入情思历史教学中,追求生命教育,开展了系列实践活动。

一、树立学生的主动性地位

批判性思维是最富有创造性的思维形式与思维能力,是个体基于客观事实进行的多元、理性的质疑和思考。特点有四:一是主体是个体,二是思考与质疑,三是多元,四是理性。敢于质疑和思考是前提,多元是方法,理性是原则。因此,情思历史教学首先要突出学生的主体性与主动性地位。苏霍姆林

---

① 叶澜:"生命·实践"教育的信条[N]. 光明日报,2017年02月21日.

斯基说过:"只有能够激发学生进行自我教育的教育,才是真正的教育。"①"没有自我教育就没有真正的教育。"②

教育家李海林教授也认为,在教育哲学里面,所谓主动性,包括以下四个层面。一是目的主体性:教学的目标,就是为了学生,学生就是目的的主体。二是伦理主体性:学生是一个独立的主体,我们在教学中,要尊重学生的人格。三是活动的主体性:学生要自己展开学习活动,要有自己的亲身体验,教师不能代替学生学习。四是发展主体性:学生是一个发展着的主体,他正在发展中,教学的目的,正是促进学生的发展。"发展主体性"这一概念之所以成立是有一个前提的,这个前提就是:学生之所以是学生,就是因为他的发展是不充分。这是学生之所以为学生的一个基本特征;否则就不需要教了,他就不是学生了。我们必须承认学生与教师有一个"智慧上的差距",这是我们理解学生的"发展主体性"的基本前提,也是我们理解教师这个职业的一个基本前提,甚至也是理解教育的本质的一个基本前提。③

因此,他认为,教育的本义不是"改造",而是"寻找"。教育不需要把学生的个性改造成为教师认为的更好的样子,而是寻找学生的个性之美,成就学生的个性之美。

东北师范大学冷冉教授也从学生心理过程分析,提出"情·知教学"。学习一方面是"感觉—思维—知识、智慧(包括运用)"的过程,即认知过程;另一方面是"感受—情绪—意志、性格(包括行为)"的过程,即情绪、性格的过程。④

因此,情思历史教学的情境设计与思考过程,均要充分体现学生的主体性与主动性,重视学生的认知水平、个性差异和思考能力,才能真正体现批判性思维。

---

① [苏]瓦·阿·苏霍姆林斯基. 少年的教育和自我教育[M]. 姜励群等译. 北京:北京出版社,1984:99.

② [苏]瓦·阿·苏霍姆林斯基. 帕夫雷什中学[M]. 赵玮,王义高,蔡兴文译. 北京:教育科学出版社出版,1983:13.

③ 李海林. 语文教育的自我放逐(下)——评当前语文教学改革中的几种倾向[J]. 语文学习,2005(05):12-16.

④ 冷冉:冷冉教育文集[C]. 大连:大连出版社,1998.

有学者认为,批判性思维就是反思的倾向和技巧,许多历史大人物的性情、思想、行为都一直在变化之中,很难用三言两语来概括。情境化的教学有助于呈现历史人物的个性特征,也就有助于学生在发展中不断评判事物,努力还原历史的真相。黄牧航教授指出,历史学科的教学情境化有两种情况:第一种情况是指如何把该学科的知识运用到新的实践中,第二种情况是指如何从情境化的角度去理解历史上曾经出现过的人和事。①

笔者在设计《罗斯福新政》一课时,努力建构不同历史现场的情境,以"从美国人民四个时期的脸部变化再看罗斯福新政"为题,按时间顺序设计了四个情境环节。一是狂妄,理性的丧失(20世纪20年代);二是绝望,末日的到来(1929—1933年);三是期望,新生的曙光(1933—1939年);四是希望,繁荣的光临(二战后)。每个环节均以时人的脸部表情为切入,每个环节由不同的学习共同体去感受与分析,关注每个学生与每个小组对历史问题的理解与分析。

二、建构研究真问题的学习环境

赵亚夫教授指出,批判性思维旨在还原历史教学的本质,它首先是一个积极主动的思考过程,所有归纳、演绎、推理、分析、解释等学习技能,都蕴含在相当具体的脑力活动中,并皆以质疑并解决疑难问题的方式表现出来。②因此,情思历史教学与批判性思维两者相互融入,关键在于建构"真"问题的学习环境。

在建构主义学习环境中,学生是认知主体、是意义的主动建构者。教学设计通常不是从分析教学目标开始,而是从如何创设有利于学生意义建构的情境开始,整个教学设计过程紧紧围绕"意义建构"这个中心而展开,不论是学生的独立探索、协作学习还是教师辅导。总之,学习过程中的一切活动都要从属于这一中心,都要有利于完成和深化对所学知识的意义建构。③

---

① 黄牧航. 论历史情境命题[J]. 历史教学,2012(01):3-13.
② 赵亚夫. 批判性思维决定历史教学的质量[J]. 课程·教材·教法,2013(2):71-72.
③ 钟毅平,叶茂林主编. 认知心理学高级教程[M]. 合肥:安徽人民出版社,2010.

有句在教师中广泛流传的名言说,教育就是一棵树摇动一棵树,一朵云推动一朵云,一个灵魂唤醒另一个灵魂。情境脚手架的搭建即是问题创设的过程,教育的过程就是人与人对话的过程,对话才能真正唤醒人的灵魂。提出一个问题往往比解决一个问题更重要,因为解决问题也许仅仅是一个教学上的技能而已。而提出新的问题"新"的可能性,从"新"的角度去看"旧"的问题,都需要有创造性的想象力,而且标志着教学的真正提升。

情思历史教学重视学生"思"的过程,"思"的过程就需要教师设计系列提问,而提问是最有利于提高学生批判性思考力的方式之一。《2017年普通高等学校招生全国统一考试大纲·历史》历史指出,注重考查在唯物史观指导下运用学科思维和学科方法发现问题、分析问题、解决问题的能力。从而把"发现问题"首次列为高考考查能力,积极呼应了立德树人这一高考改革方向。但是,哪些问题值得被发现?为什么要去发现?如何去发现?发现问题并不重要,发现问题的质量才是评价的尺度,即发现真问题才是真正发现问题。如果问题根本不存在,那所谓的发现就是伪发现,讨论就是伪讨论。

什么是真问题?《现代汉语词典》指出,问题是指"须要研究讨论并加以解决的矛盾、疑难"。目前,历史教学活动中教师设计的伪问题或是无效问题屡屡出现。例如,只需答"是"或"否"的问题:富兰克林·罗斯福是不是伟大的人物?世界大战是不是给人类带来灾难?看似很好而没有意义的问题:农民为什么要参加土地革命,地主为什么要反对农民起义?貌似高深而无法回答的问题:如果你是光绪皇帝,会如何推行变法?等等。

如何设计出真问题?美国著名心理学家吉尔福特认为,每当你遇到不进一步做心理上的努力就不能应付的情况时,你就遇到了问题。设问要以教学目标为指南,以教学任务为方向,从学生的认知出发,抓住疑难点进行提问。笔者在情思历史教学的提问时尝试了如下的程序:创设情境,产生疑难——提出问题,引发思考——运用材料,分析论证——开展讨论,寻求答案——进行评价,深化总结,形成新的问题。

三、引导学生进行理性批判

梁启超先生指出："史家的工作和自然科学家正相反，专务求'不共相'。倘若把许多史迹相异的属性剔去，专抽出那相同的属性，结果便将史的精魂剥夺净尽了。"①治史要明变，要求异，但要在理性的原则上求异。赵亚夫先生指出："决定历史教学质量的关键因素是教师，由先进的教育观念和教学方法所产生的教师力量，远大于教科书所起的作用。"②为此，他认为，批判性思维决定历史教学的质量。批判性思维正是基于理性的求异，只批评不判断，只推翻不建构，不是真正的批判性思维。

"情思"基于"情"而聚于"思"，教学之中"思"既是课堂学习的目标，又是课堂学习方式和途径，作为课堂学习方式，"思"是思考，也是思路、思维、思想。要让学生真正认识真、善、美，形成正确的人生观、价值观与世界观，必须引导学生进行理性批判。

第一，提供不同角度的史料，善于制造"冲突"。例如，在学习"英国君主立宪制"一课时，可提供两则不同角度的史料：

材料一　凡未经国会同意，以国王权威停止法律或停止法律实施之僭越权力，为非法权力。凡未经过国会准许，借口国王特权，为国王征收，或供国王使用而征收金钱，超出国会准许之时限或方式者，皆为非法。除经国会同意外，不时在本王国内征募或维持常备军，皆属违法。

——摘自1689年《权利法案》

材料二　18世纪中叶，一位英国内阁成员在议会发言中说："诸位都知道，媾和与开战的权力是由国王掌握的……我们的宪法始终表明，国王在决定和平与战争时有权利让议会参与，也有权利不让议会参与。没有哪位明智的国王真的会冒险不让议会参与。"

教师向学生发问：材料一是否说明英国君主处于"统而不治"的地位？（学生根据教材和已有知识，一般都认为是）那材料二中的君主为何还有如此大

---

① 梁启超. 中国历史研究法[M]. 北京：中华书局，2009：5.

② 赵亚夫. 批判性思维决定历史教学的质量[J]. 课程·教材·教法，2013（2）：71-77.

的权力？学生的认知心理产生了冲突，自然开始对已有知识开始进行怀疑、批判与思辨。

第二，提供不断深化的史料，勇于突破传统。在学习"社会主义市场经济体制的建立"一课时，可提供两则不断深化的史料：

材料三　经济都能保证经济的昌盛和人民的幸福。实际情况并不是这样。市场经济是有好坏之分的。目前世界上实行市场经济的国家占了绝对多数，但是建立起规范的市场经济的国家并不多。

——摘自吴敬琏：《正本清源，分清是非》

材料四　工业化只是自由市场经济（加上代议政治）自然运作的产物……在20世纪有许多国家都曾试图避开市场经济来新辟一条工业化的道路。但这种抛弃市场的工业化战略并不成功。

——摘自刘军宁：《新加坡：儒教自由主义的挑战》

教师可要求学生自拟题目，从不同角度去论述社会主义市场经济建立的可行性思考。

第三，提供互相补充的史料，引导学生理性判断。在学习"抗日战争"一课时，可提供两则不同时期的史料。

材料五　1933年到1937年上半年，国民政府军事委员会先后统筹完成了江宁、镇江、虎门、马尾、连云港等要塞区的建设，又大规模构筑了京沪、沪杭、豫北、晋北、绥东等侧重于城市和交通线防御的工事。它反映了国民政府（对日持久防御作战的战略意图）。

——引自2015年全国历史高考Ⅰ卷第30题

材料六　1943年8月，国民党颁布《抗战期间宣传名词正误表》，把"亲日派""长征时代""争取民主""国共合作""抗日民族统一战线"等归为"谬误名词"，禁止刊载，这反映了国民党力图维护一党专政的局面。

——引自2016年全国历史高考Ⅰ卷第30题

教师可引导学生分析，如何正确评价抗战时期的国民政府与国民党的执政方针？要注意引导学生正确看待两者的特点，提升原有的认知水平。

批判性思维重在培养学生的创造性思维，情思历史教学关注学生的终极发展,把两者有机结合,或者说情思历史教学本身就是一种批判性思维方式的教学方式,充分体现了历史教育基于立德树人的教育本质,有效提升了教学质量。

原文发表于《中学历史教学参考》(下半月)2018年第2期

质疑与解疑：培养学生的历史批判性思维

深圳第二外国语学校　陈娟

"您认为，他未了的心愿是什么？"当记者把这个问题抛给钱学森生前多位挚友时，大多回答都一样："创新人才的培养。"①何为创新？创新就要有突破和批判，就历史教学而言，创新就是要培养学生历史的批判性思维，引导学生摆脱传统课堂束缚，不盲目相信权威，不受他人思想左右，学会质疑与释疑实为创新之要务。苏格拉底认为一切知识均从疑难中产生，愈求进步疑难愈多，疑难愈多进步愈大。由怀疑而引出问题，可从教学实践来看，学生几乎不愿提问。生命原本对一切未知的东西都是好奇，然而遥远的过去、迷雾一样缥缈而浩瀚的历史却激发不起学生提问的兴趣，这让笔者陷入了思考。

个人认为原因有二：其一是教师偏重教教材，偏重于知识灌输，习惯于将枯燥干瘪的结论直接剧透给学生，而这种剧透和灌输自然大大降低了学习者应有的兴致。学生的学习逐渐进入"背多分"模式，懒于阅读思考，概括、说明、理解、分析、综合运用这些能力逐渐变成白纸黑字的目标，真正实现的似乎只剩下"识记"。因为既然背即可多分又何必思考结论的来历，甚至结论是否正确呢？久而久之，孩子们忘记了质疑、思考和尝试。其二是学生不习惯或不能提出疑问。质疑本身也是一种能力，尤其是深层次的质疑是需要广泛

---

① 陈磊. 钱老晚年未了的心愿[N]. 科技日报. 2009年11月07日.

的阅读和积累的,没有广阔的视野就难有向权威发起质疑的勇气。如何改变? 批判性思维应用于历史教学实践,采用多种方式,鼓励学生多元、理性思考,让我们的学生得到了改变。

一、由教教材到用教材

学生对扑朔迷离的历史其实是有很多疑问的,但对于教材却提不起兴致来。二者的区别在于细节与宏大,在于生动与呆板,在于未知和已知。也有学生问笔者:既然现成的结论冰冷无趣,为何还需要教材?《基础教育课程改革纲要(试行)》定义了教材的概念:"教材包括依据课程标准编选的教科书和其他课程资源。"①个人认为,教材是一种示范,不仅仅是示范一种观点,更是向学生示范观点得出的逻辑过程,指导学生研究某一历史问题可从哪些方面入手,教材的这种示范性决定了教材的必要性,但也正说明教材存在的意义并非要学生单纯记住其中的结论,任何结论都不该是背下来的,而应该是在史料阅读基础之上独立思考的结果,正所谓"论从史出,史由证来;证史一致,史论结合"。教材是用来"用"的,不是用来"教"的,我们的课堂不该仅限于教材。

批判性思维应用于历史教学重在还原历史的本原,求真、求实,所以历史教学中需补充丰富的历史细节,让历史的血肉附着于基本史实的骨架之上,将枯燥、干瘪、跳跃的历史还原成活色生香、立体饱满、逻辑连贯的历史,从而还原历史的通俗之美,避免历史高处不胜寒的窘境。历史原本就是生活,我们就把它还原成生活。

对此,以人教版必修一第二单元《鸦片战争》一课为例。关于第二次鸦片战争的第二阶段的讲解,由于篇幅限制,教材对背景的表述比较简洁:英法两国不满清政府指定的进京换约的路线,再起冲突。如果仅仅满足于这样的表述,似乎在逻辑上有些奇怪:双方为何在路线上如此纠结? 学生难以理解,所以笔者布置作业让学生查阅资料,并在课堂上展现自己收集的历史细节。《天

---

① 朱慕菊. 走进新课程:与课程实施者的对话[M]. 北京:北京师范大学出版社,2002.

津条约》本已明确规定西方公使可以常驻北京,并得到了咸丰皇帝的亲自批准,但皇帝本人压根就没打算认真履行条约,而是不久就试图借上海关税谈判之机,极力想取消条约中关于公使驻京、内江通商、内地游历等条款,而公使驻京是皇帝特别想要打掉的"第一要事"。为此,竟不惜以全免关税和开放鸦片自由贸易为条件。也就是说,皇帝下旨,只要外国公使答应不常驻北京,中国关税也不收了,鸦片贸易也可以放开。①

学生由此发现,清政府接受《天津条约》但却极力反对《天津条约》中外国公使进北京这一条,甚至在签字之后仍不惜用全免关税来换取英法放弃此条要求,更加愚蠢的是在迫不得已接受全部条款之后仍在路线上对英法使团进行百般阻挠,从而引发了一场毫无必要的战斗,并由此给中国带来更大的损害:与两年前的《天津条约》相比,中方付出的赔款总额由银六百万两增加到一千六百万两,被迫增开天津为商埠,准许华工出国,允许自由传教并发还之前没收的天主教教产,英国还割得九龙司地方一区。为酬谢"调停有功"的俄国,中方又割让了乌苏里江以东四十余万平方公里的领土。由此看出在皇帝眼里国家利益是小,皇帝面子是大,民族主权是小,王朝宝座是大,就算是战败了,也还是面子重要。中国这头沉睡的狮子被隆隆炮声惊醒,但依旧睡眼惺忪,尚在上国之梦里徘徊。

此外由于历史具有主观性,历史结论并非唯一。历史的复杂在于难以一眼看穿,在于它不是一个平面而是多维的,不同的人站在不同时空,看到的历史却是不同的面貌,得出的结论自然不尽相同,已知的是别人的结论,未知的则是自己就能够掌握的史料所得出的看法。当我们把教材的结论、他人的结论和自己的想法,放在一起比较和辩驳时岂不是源于探索真相的乐事一桩?

以鸦片战争一课为例,在分析鸦片战争的原因的时候,设置如下问题:

问题一 依据教材分析鸦片战争发生的原因是什么?

问题二 依据补充材料分析鸦片战争的原因是什么?(提供材料:蒋大椿

---

① 袁南生. 不平等条约的另一面[J]. 同舟共进,2011(7):59-62.

《关于鸦片战争的评价问题》……1840年到1842年英国对中国发动的这场侵略战争。中国的历史文献从来都如实地称之为鸦片战争。当时的英国对此也是没有疑问的。但到了后来,英国的某些政治家和历史学家却力图证明鸦片在当时整个局势中只是一个次要的,而不是一个决定性的问题。因此他们认为称这次战争为鸦片战争是不恰当的。在他们看来,这场战争主要起因于东西方文化冲突。或者把这场战争说成是由于东西方法律制度不同而引起的争执,或者把这场战争说成是英国为了要求在"平等"地位上进行正常贸易。总之,力图说明这是先进的西方文化与落后的东方文化的战争。)

问题三　两种观点有何不同,你觉得哪种观点更加合理?为什么?不仅可以激发学生热烈的讨论,还可以使学生看到客观史实基础上的历史的主观性。

在分析鸦片战争影响的时候设置:

问题四　根据教材总结鸦片战争的影响。

问题五　依据补充材料分析鸦片战争的影响。

补充如下材料。

材料一　中国事事远出西人之上,独火器万不能及——中国欲自强,则莫如学习西方利器,欲学外国利器,则莫如觅制器之器,师其法而不必尽用其人。

——李鸿章:《江苏巡抚李鸿章致总理衙门原函》

材料二　19世纪40年代外商在中国开办的企业简表

时间	地点	国籍	企业名称
1843	香港	英	阿白丁船坞
1843	上海	英	墨海书馆
1845	广州	英	柯拜船坞
1845	宁波	美	美华书院
1846	广州	美	丹麦岛船坞

——孙玉堂:《抗戈集》

材料三　《南京条约》规定了五口通商,先后开放广州、厦门、上海、宁波、福州为商埠,五市的开市和开埠,促进了当时五市商业的发展,旧日的商业中心广州和新起的商业中心上海最为繁盛,其他次之,中国也出现了一大批商人如广州的吴健彰、扬坊等人。这些拥资百万的商人,尽管有些事依附于外国人,但是毕竟是中国较早的具有现代商业意识的商人,他们促进了当时中国商业的发展。

——梁国秀:《鸦片战争对近代中国的影响》

笔者提示学生关注:材料的看法与教材结论有何不同?

学生根据上述材料就会发现得出的结论与教材上只强调鸦片战争的消极影响是不尽相同的。从而进一步引导学生辩证评价历史人物与事件。

在引导学生分析鸦片战争中国战败的原因时设置问题:请学生阅读教材第51页中的"历史纵横",分析鸦片战争中国战败的原因是什么。学生很容易可以从一般的理解得出:中国军备落后,导致鸦片战争战败。

笔者进一步追问:如果仅仅是军备落后,逻辑上提高军备、缩小双方军事实力的差距就可以了,而事实是洋务运动中大力发展军备,但甲午战争中略占优势的清军再次失败,这是否说明另有原因。请学生阅读补充材料再进行思考。

材料四　水师副将韩肇庆,专以护私渔利,与夷船约,每万箱许送数百箱与水师报功,甚或以水师船代运进口,于是韩肇庆以获烟功擢总兵,赏戴孔雀翎,水师兵丁,人人充橐,而鸦片遂岁至四五万箱矣。大理寺卿许乃济,曾任广东雷琼兵备道,受大吏指,奏请将鸦片烟照药材收税,不报。

——芍唐居士:《防海纪略》

材料五　(民族英雄邓廷桢)他是一个大贪污犯。洋人说自从他当了两广总督以后,陋规(就是勒索)从每箱十六两上涨到八十两。他委派广东水师副将韩肇庆在稽私时受贿,每百箱抽取一箱。如果洋人走私船忙不过来,他也负责直接运送鸦片,一百元一箱,童叟无欺。邓大人自己还拥有四艘水师战船,专门负责走私鸦片,忙的时候运不过来,也雇英国人的船只运送,据说他的三位公子更加腐化。

——马谧挺:《鸦片战争的正面与侧面》

材料六　电影《鸦片战争》片段:林则徐面对满堂文武,怒不可遏地道出:

在座的诸位,有谁没有收受过鸦片的赃款赃物,当受我林某人三拜,而满堂文武面面相觑,无言以对。丰富而生动的史料引导学生总结出:官场腐败的普遍直指国家制度腐败,而这才是中国失败的根本原因,不仅是鸦片战争战败的原因,更是中国近代各方面落后的深层原因。

——白宪行:《正视历史　超越历史——我看〈鸦片战争〉》

笔者要求学生阅读后进一步分析鸦片战争中国战败的原因。

经常分析后,引导学生得出一个结论:随着研究的深入,教材不可能呈现出一个完整的历史表述,不一定就是历史的真相,历史学习不是背教材而是探求真相。学习的本质不在于背诵了什么而在于思考了什么,记下来其实只是深入思考和判断所产生的副产品,看得多了,思考得多了,自然难以忘怀。苏霍姆林斯基说过:如果教师不想方设法使学生进入情绪高昂和智力振奋的内心状态,就急于传授知识,那么,这种知识就只能使人产生冷漠的态度而不动感情的脑力劳动就会带来疲倦。历史由于遥远、主观和史料的不足导致客观、全面地看待历史变得非常不易,也正因为如此探寻历史的真相也就变得妙趣横生甚至惊心动魄。历史教学需将探求真相放在首位并且补充历史细节和不同观点以辅助学生侦破历史谜团,只有这样才能真正调动学生的高昂情绪和振奋的智力。

二、由问学生到学生问

苏霍姆林斯基说:"孩子提出的问题越多,那么他在童年早期认识周围的东西也就愈多,在学校中越聪明,眼睛愈明,记忆力愈敏锐。"对自然为何如此让人类战栗的质疑是宗教的起点,对世界从哪里来的质疑是哲学的起点,对什么是宇宙中心的质疑是近代自然科学的起点,对如何满足扩大的市场需求质疑是工业革命的起点……社会任何一个点滴的进步都是以质疑为基础,质疑是创新的起点。①明朝哲学家陈献章说"小疑则小进,大疑则大进"。教师根据自己的教学经验设置问题引导学生逐渐剥离历史真相的方法固然不可

---

① 田世宏. 思想政治课教学中课堂质疑的意义[J]. 广西中医学院学报,2012(02):142-144.

或缺,但更高的要求是引导学生学会自己发现问题。宋人朱熹说:"读书无疑者须教有疑,有疑者却要无疑,到这里方是长进。"引导学生质疑并释义才是学习的完整环节。具体方式可通过小组提问形式促进学生提出问题并自己收集资料解决问题。核心是阅读(阅读是质疑的载体)、质疑(抓住任何疑问的灵感,勿以问小而不为)、认领问题并释疑。

以《罗斯福新政》一课为例:课前布置学生以小组竞赛形式就相关内容进行提问。规则:提出一个问题即可得1分(意图:鼓励所有学生都能勇敢提出问题),认领一个问题得2分(依据学生集体荣誉感强的特点利用竞赛形式充分鼓励学生在预习过程中能广泛阅读并深入思考,提出或预测深层次问题)。在课堂实践中,学生提出了一些较有思考空间的问题。

如黎姝麟同学提出:胡弗也采用了国家干预的手段,为何没能起到罗斯福新政的效果?(如何评价胡弗政策)甘晓婷同学提出:罗斯福新政对美国社会不同阶层产生了怎样的影响?胡欣婷同学提出:罗斯福新政为何在当时的美国遭到强烈的批判?孙旭浩同学提出:美国学者狄克逊·韦克特在他的《大萧条时代》一书中这样评价:"在新政的这段蜜月期里,总统和人民之间是真正的爱情婚配,双方也许都有少许的不理性,相信对方是绝对可靠的——但话说回来,爱情毕竟是超越逻辑的。"这句话该如何理解?姜萍同学提出:美国罗斯福新政为何能使美国缓解危机并带来美国新的繁荣?有哪些经验值得中国借鉴?姚思任同学提出:不同时期的中国对罗斯福新政的评价有何不同?等等。

从学生提问和回答的效果来看,虽然不是完美的,但至少可以肯定的是他们为了提出更多更好的问题而阅读了大量相关书籍和论文,他们逐渐习惯了为了历史课而去泡图书馆而不是背诵教科书,习惯了在中国知网上广泛地阅读而不是在教辅材料上简单勾画,他们在别人的疑问中得到启发,在自己的疑问中不断求索和思考,在为别人和自己释疑的过程中收获真知和快乐。在理解渐次深入的过程中,他们也自然会产生更多的问题,而为了解决问题他们会阅读更多的资料,并由此产生质疑与释疑的良性循环,这不但是学生学习历史的方法,更是终身学习的不二法宝。

历史的批判性思维是历史教学中的创新,但质疑批判的目的并不在于标新立异、哗众取宠,而在于求真,求真才是历史最有趣的地方,也是历史学习的初衷,历史教学中的创新和批判无论走得有多远,其实都是要走向历史的起点,还原历史的本真。

原文发表于《中学历史教学参考》(上半月)2018年第1期

在"开卷"与"掩卷"中学会思考
——基于《清明上河图》的教学设计与分析

深圳第二外国语学校　姚璐甲

　　关于批判性思维有各种说法,国内外的研究成果众多。在诸多的成果中,笔者比较认同这个观点:"批判性思维追求思想真理,它虽然提倡'怀疑',却不为他人的思维设任何限制,尊重温婉也尊重激进,尊重'左、中、右'的任何表达及其方式,坚信真理越辩越明。"①这一过程中的各种质疑和批判都是一种形式,目的在于追求一种更高的人生境界,即真善美,也是人的一生应该具备的基本素养。因此,历史学科的批判性思维的培养应该体现在教学过程中,主要表现为:对学生的关注,充分发挥学生的个性,强调以学生为主。在实践中,我们可以采用小组合作的方式肯定学生个体在团队中的重要意义,树立学生的信心;还可以采用情境教学法,让学生在情境中感受历史、重现历史;可以在课堂中引入多元智能的理论,使学生各个方面的能力充分发挥。鉴于以上理解,笔者在教学设计中以多元智能理论为主,融合多种教学方式以提升学生的综合素养。

一、新课导入

　　设置问题:(播放动画片《麦兜响当当》片段)这个动画的背景是什么?

----

① 刘立新. 历史教学应提倡批判性思维[J]. 历史教学,2008(06):5-11.

（《清明上河图》）大家都观察到了哪些东西?(很多人、各种店铺、船、桥、河流、下棋、喝茶、吃饭、房子、街道……)

当然,真正的《清明上河图》里可能没有动画中出现的主人公。但是这种诙谐的方式为我们展现了动态的世界名画,非常有趣。目的是通过赏析这幅传世佳作,从而进一步了解北宋社会。

设计意图:动画中选取的是图中最突出的虹桥及周围的街市,热闹嘈杂的配音,诙谐幽默。对河上船只状态的模拟尤其逼真,给学生的印象更加深刻。

二、师生互动

(一)《清明上河图》简介

展示《清明上河图》摹本,请同学们谈谈对此图的了解。(作者北宋张择端,属于风俗画,描述了北宋都城汴京的繁荣景象。)

教师补充:宋徽宗赵佶做皇帝没做得太出色,但是他在艺术上的造诣却很高。他在位期间,宫廷画院招收了很多出色画师,并对画师严格要求,大力支持,使宫廷画院发展到鼎盛时期。张择端就是其中的一名画师。画师每天都在不停练习,作品包括山水、花鸟、人物等各个方面。这个时期的风俗画还有其他一些代表,如李嵩的《货郎图》、李唐的《村医图》、苏汉臣的《戏婴图》等。

设计意图:通过阅读课本及所学知识简单了解《清明上河图》,老师补充作画背景及同时代的其他风俗画代表。使学生了解到北宋时期绘画艺术成就较高。

(二)图中所见的北宋社会风俗

设置问题:通过观看以上佳作,大家认为风俗画的主要内容是什么?(百姓日常生活的各个方面。)

教师引导:我们观看《清明上河图》的时候,仿佛是画家带我们徜徉在北宋汴京的大街上,可以感受到当时百姓生活的方方面面。下面我们就跟随张择端来感受一下北宋京城人的生活。

1.发达的城市

材料一　南宋孟元老的著作《东京梦华录》中描述北宋都城东京有60平方公里左右,人口却有100多万,人口密度达到每平方公里2000人以上。①而英国伦敦的人口在17世纪才达到这个数字。

材料二　据齐藤谦所撰《拙堂文话·卷八》统计,《清明上河图》上共有各色人物1659人,动物209头(只),②比古典小说《三国演义》(1195人)、《红楼梦》(975人)、《水浒传》(785人)中任何一部描绘的人物都要多。

材料三

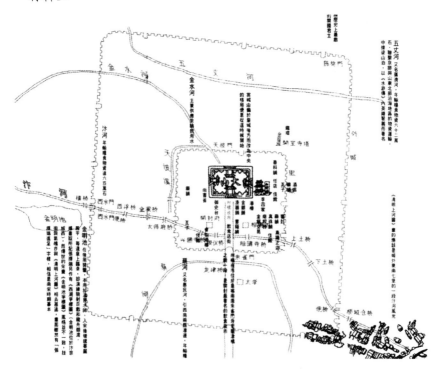

图1　北宋开封城地图③

---

① [宋]孟元老.东京梦华录[M].王永宽译.郑州:中州古籍出版社,2010.

② 周涵.历尽沧桑八百年,傲世子立无数赞《清明上河图》传世之谜[J].文史参考,2010(15):21-23.

③ 赵广超.笔记《清明上河图》[M].北京:生活·读书·新知三联书店,2005.

设置问题:从上述材料可以看出北宋都城东京当时是怎样的状况?(城市人口众多,人口密度大。)为什么会出现这种状况?(城市发达,商业繁荣,市民阶层壮大等。)

教师补充:北宋都城不仅在人口方面居世界之首,在城市建设方面也是非常先进的。有史料记载,在北宋政府的控制管理下,东京建设有专门的供水排水系统、专业的救火队;非常重视街道卫生及景观的改善,如绿化、街道洒水、禁止捕鸟等;还在进一步发展慈善事业——专门收养鳏寡孤独的福田院由两个增加到四个,北宋末年,又增设居养院、安济坊、漏泽园等。[①]总体看来,汴京有一系列先进的制度和办法,使其城市公共建设和管理达到世界先进水平。

设置问题:是什么原因导致北宋的都城能够如此先进,如此发达呢? 试从政治、经济两个方面论述:政治上,北宋初年宋太祖采取一系列措施加强中央集权,兵、权、钱都由中央政府控制,在城市建设方面就便于政府控制。经济上,北宋商品经济发达,尤其体现在都城,导致人口大幅增长,城市建设势在必行。

设计意图:将材料、数据、地图结合,向学生展示北宋东京的繁荣。在其分析材料的基础上,结合所学知识分析北宋人口众多的原因。讲述东京的先进城市管理制度,使学生进一步从史实中获取证据,进一步理解北宋都城繁荣的原因。

2.繁荣的商业

过渡:说到繁荣的商品经济,我们这就来看看北宋的商业与前朝相比有何进步之处? 首先看两幅图。

---

① 周宝珠.《清明上河图》与清明上河学[M].开封:河南大学出版社,1997:10-13.

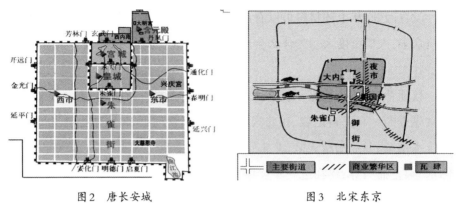

图 2　唐长安城　　　　　　　　图 3　北宋东京

设置问题:根据所学知识分组讨论,分析两幅图中都城的布局方面存在的差异。

小组讨论,选取代表回答问题:唐长安城的坊和市分开,有固定的东市和西市进行商品交易。而北宋东京打破坊市的界限,商业遍布街道,出现了夜市。

设计意图:通过小组合作探究的方式,学生可以从图中获取相应信息,更直观地感受城市的变迁。

展示图片:

图 4　大户与门前买卖

图 5　药铺和大户

　　观察图 4、图 5 所示《清明上河图》局部细节(选自赵广超《笔记〈清明上河图〉》一书,后文图 6—11 均出自此书),可要求学生描述图中主要场景、猜测人物身份、模拟人物对话等。

　　教师总结:在这两幅图中,我们已经看到市坊合一、商品交易遍布城市的各个角落,东京俨然一个敞开型的商业城市。与唐朝相比,北宋政府对于商业的管制相对放松,从而出现了夜市,"街心市井,至夜尤盛""夜市直至三更尽,才五更又复开张。如要闹去处,通晓不绝"①,草市、节日市,"正月十五元宵节前的灯市,五月端午节前的鼓扇百索市,七月七日乞巧节前的七夕市等。这些节日市几乎每月都有,交易场面极其壮观"②。

　　设计意图:学生仔细观察图片,充分发挥想象力,运用适当的语言还原历史场景。在欣赏名画的同时,还可以直接地从历史实物中获取论据。教师再补充相应史料来进一步论证学生的表述,从而使其对北宋商业有较为全面地了解,同时训练了历史研究的方法与技能。

---

　　① [宋]孟元老.东京梦华录[M].王永宽译.郑州:中州古籍出版社,2010.
　　② 周宝珠.清明上河图与清明上河学[M].开封:河南大学出版社,2004:8.

展示图片：

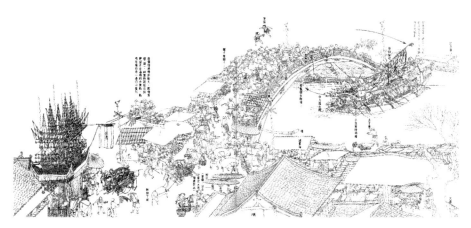

图6 虹桥

引导学生观察图6，结合课前动画，选取一两处场景进行描述或模仿，重点介绍各种商贩和摊位。

教师补充：这是整幅图的一个高潮场景，画师以虹桥为中心尽情展现社会百态。有为船家出谋划策的，有看热闹的，有为争道而吵架的，这些都是夹在一个又一个摊位之间发生的。而这艘大船，也是从别的地方进入东京的商船。

再来看下面两则材料：

材料四 图中所绘各种大大小小的舟船，共有28只，其中以虹桥上下为最多，集中反映了汴河交通及沿河河市的热闹繁忙状况。①

材料五 这座城市主要的工商业都是为封建皇室和官僚服务，庞大的官营手工业体系，掌握着近十万人左右的手工工匠、军匠和其他管理人员，皇室和官僚拥有大批的作坊和商店，大部分产品都为封建统治阶层所消费掉。②

设置问题：

(1)材料四的众多船只反映了什么情况？(水上交通便利，商业繁荣。)

---

① 周宝珠. 清明上河图与清明上河学[M]. 开封：河南大学出版社，2004：56.
② 周宝珠. 清明上河图与清明上河学[M]. 开封：河南大学出版社，2004：10.

（2）材料五所涉及的手工业属于哪种经营形态？有何特点？原因何在？（官营手工业。在北宋高度发达，在手工业中占据主导地位。国家权力的支撑，为统治者服务。）

（3）根据材料，结合所学知识，分析北宋商业繁荣的原因。（政局相对稳定，农业、手工业高度发达，政府放松对商品交易的限制，水陆交通便利等。）

设计意图：通过材料的提示，了解东京繁忙的水上运输及高度发达的官营手工业，进一步理解北宋商业繁荣的表现及其原因。

3. 丰富的市民生活

过渡：我们在《清明上河图》中看到了这么多人物聚集在东京的各个角落，或繁忙工作，或悠闲逛街，那么，在当时的这个大都市中，人们的娱乐活动都有哪些呢？大家在图中能找到什么呢？

学生仔细观察图片，寻找目标，抢答。要求说出娱乐活动的具体项目及具体位置。学生可能找出：喝酒、品茶、吃饭、买糕点、买甘蔗、听说书、看热闹、吵架……

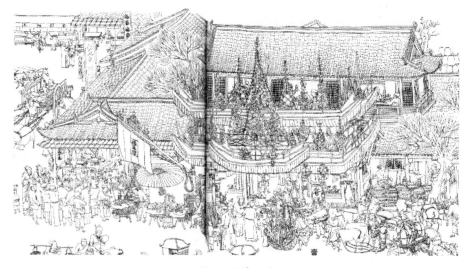

图7　孙羊正店

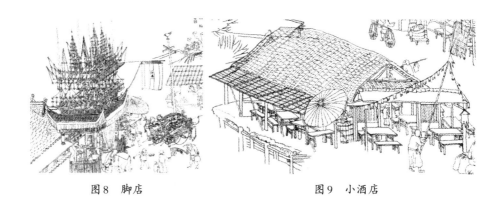

图8 脚店   图9 小酒店

教师补充:以上三幅图都是酒店,图7中的孙羊正店是整幅图中最大的一家店。"正店"类似于今天总店的意思。而图8则标示着"脚店",即分店。图9则是在画卷开始处人烟稀少的地方出现的一家小店,规模与气度都是无法与前两图中店家相比的。单纯喝酒吃饭未免枯燥无味,因此生意头脑极好的东京人还把娱乐活动引入酒店。有唱歌的、说书的、表演的,这也就为北宋文化的繁荣提供了条件。那么大家想一下,歌者会唱什么?(宋词)说书的怎么说?(用话本,有人将其话记录下来就形成了话本。)表演则有杂耍、舞蹈等形式。下面看看图中的两处说书场景,相当热闹。

展示图片:

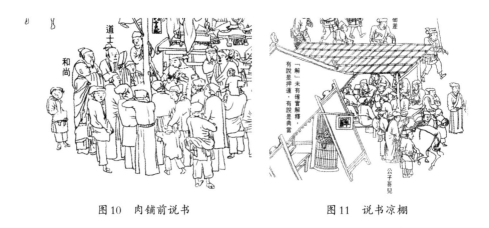

图10 肉铺前说书   图11 说书凉棚

设置问题:除了这些零散的娱乐活动之外,宋代最出名的专业娱乐场所叫什么？请同学来介绍一下你所了解的北宋娱乐圈。(学生简单介绍瓦子勾栏的情况。)

材料六　东京开封的瓦子，一般设在繁华街区，据《东京梦华录》记载，以东角楼街最集中，"街南桑家瓦子，近北则中瓦，次里瓦，其中大小勾栏五十余座，中瓦子莲花棚、牡丹棚，里瓦子夜叉棚、象棚最大，可容数千人"。三处瓦子，竟有五十多座大小勾栏，并且有三四个可容千人的大勾栏，规模那是相当大，如周宝珠教授所说："这样大型的文艺场地，在当时世界上是绝无仅有的。"①

设置问题：是什么原因促使北宋娱乐业如此发达呢？

学生讨论回答。(商品经济的繁荣、市民阶层的壮大、政府管制的放松等。)

设计意图：通过图片和材料的展示，使学生从史料和图片中获取史实。从而分析娱乐繁荣的原因，进一步了解北宋的市民生活。

三、课堂总结

观察《清明上河图》，我们仿佛跟随张择端漫步在东京大街上，感受到北宋都城的先进与发达——看到了人头攒动的繁华都市，听到了嘈杂热闹的市场叫卖，欣赏了雅俗共赏的歌舞音乐。张择端为我们唱响了一首太平盛世的颂歌，与题目"清明"遥相呼应。北宋社会是否真正的清明太平呢？画家也有小心翼翼的透露，比如城门前的小乞丐、店铺里的小童工、大户门前的懒汉等等，繁华盛世中夹杂着衰败的气象，就在《清明上河图》绘成不久，北宋王朝就灭亡了。可见，在专制制度进一步强化的宋朝，社会的各种弊端如毒瘤一样附着在繁华的表象之下，为日后的命运走向埋下了伏笔。

原文发表于《中学历史教学参考》(上半月)2018年第1期

---

① 瓦子勾栏市井风[N]. 大河报,2011年9月13日.

问渠那得清如许,为有源头活水来
——批判性思维在教学实践中引领我成长

深圳第二外国语学校　董光春

　　斯坦福大学玛格丽特·杰克斯教育与历史讲座教授山姆·温伯格(Sam Wineburg)在《像史家一般阅读》的中文版序言中有这样一段话:"教导学生一种不同类别的历史——一种由开放性问题与多项彼此竞争之诠释所构成的历史。本书之取径,并非背诵人名与年代,而是教导学生如何思考。学生学习如何比较不同的阐述,如何质疑作者之动机,如何将历史事件置于其所属之时代脉络之中,以及如何想象一个主要流行之思维方式迥异于我们的世界。这里所提供的历史不是为了昨天而存在的历史。这是一种为培育学生面对明天的历史。"这段话指出,教师教导学生如何思考比让学生背诵人名和年代更有意义。教导学生如何思考这就需要教师在教学过程中培养学生的批判性思维。批判性思维是指对所学的东西的真实性、精确性、性质和价值进行的个人判断。批判性思维最重要的作用是培养学生面对做什么和相信什么而做出合理决定的独立思考和判断能力。[1]作为一名历史教师,在培养学生批判性思维之前,自己首先必须先成为优秀的批判性思考者。历史教师如何成为一名批判性思考者呢? 得益于参加了批判性思维应用于历史教学的实践研究后,工作不满四年的笔者转变了教学观念与教学方法,使自己有

---

① 张玉珂. 论高中历史教学中培养学生的批判性思维[D],重庆:西南大学,2006.

所成长。

一、在质疑教材的说法中成长

在传统的教学课堂中,教师占据整个教学的主要地位,认为教师所讲所教的知识就是对的,教师的话就像圣旨,不能违背,学生必须听从,学生因此处于被动接受知识的位置。新课程改革对历史教师提出了新的要求,教师首先要改变传统的教学观念,要充分体现学生观,突出学生的主体地位,成为学生学习的促进者和同伴,促进学生个性的和谐、健康发展。要促进学生的个性和谐、健康的发展,批判性思维是不可缺少的,这要求学生在学习过程中不迷信教材、教师的言论、标准答案和权威,要有怀疑精神,在论证过程中批判地接受知识信息,通过不断的学习来构建新知识体系。

孟子曰"尽信书,则不如无书",这句话中已经包含了批判性思维。在与学生探究人教版必修一第2课《秦朝中央集权制度的形成》时,有一学生对秦始皇插图说明中的时间提出了疑问:教材上显示的时间是"公元前246—前210年在位",这个时间既不是秦始皇的生卒年,也不是他当皇帝的时间,因为秦始皇是在皇帝制度产生之后的称呼。学生的这个怀疑给了笔者很好的启发,我们很少留意图片的时间问题。为此笔者与科组同事查阅原始材料资料,发现教材的表述的确不够严谨,于是提出如下思考:如果图片说明是秦始皇的生卒年,那应该是公元前259—前210年;如果是秦始皇的在位时间,从他开始称皇帝开始算,应该是公元前221—前210年,据《史记·秦始皇本纪》①的记载:"秦昭王四十八年正月生于邯郸……年十三岁,庄襄王死,政代立为秦王。"嬴政在秦庄襄王三年继位为秦王,即公元前246年。嬴政作为秦国国君的时间,是从公元前246年至公元前221年,这期间应该称为秦王政,秦始皇的称呼是在建立了中国历史上第一个统一的中央集权的封建王朝秦朝之后,认为自己德兼三皇功过五帝,为显示自己的权势和地位而定的尊号。在此基础上,笔者又查阅人教版官网的秦始皇,发现纸质教材和官网的电子教

---

① 司马迁. 史记,安平秋译. 上海:汉语大词典出版社,2004:71.

材显示的时间不一样,电子教材将在位时间写成了秦始皇(公元前246—前
208年在位)。

另外,在人教版高中历史选修四中第5页也有一幅秦始皇的图片,但是
和高中历史必修一的图片在整个外形和服色上又不一样,为什么会有这个差
别?是编者故意为之,还是另有他意?江西师范大学附属中学张兆金在《对
高中历史教材中"秦始皇"插图的思考》一文中对此作了考证,认为"秦尚水
德,水德尚黑",所以秦始皇所着冕服服色应该是以黑色为主色调。虽然有一
定道理,但让笔者仍然心存质疑,需要进一步证实。

关于秦始皇插图图片说明的时间问题,是由于学生对于教材的怀疑而产
生的疑问,为了解答这个疑问,促进了笔者进一步去探究这个问题,而在课堂
中将探究的成果与学生一起分享,鼓励他们敢于质疑并提出问题,并尝试自
己去解答,这就在教学的过程中促进了师生之间的共同成长。

二、在改变教学方法中成长

批判性思维教学的目的在于通过积极的思考与反思,唤起研究的激情,
在思想中重新赋予知识以新的生命,形成有意义的理解。[1]如果教师教授的
知识没有意义,那么这些历史知识就是一堆没有血肉的古人和符号化的时间
事件,面对一堆没有生命力的物体,学生只会越来越不喜欢历史课,有可能因
为不喜欢历史课而不喜欢历史。只有当学生认为所学的知识是有意义的,是
有血有肉有生命力的,并且能够激起他们的兴趣和激情的时候,真正的批
判性思维才能发生。在教学中,笔者不断更新观念,改变教学方法,使自己得
到成长。

在探究人教版必修一第7课《英国君主立宪制的建立》时,有学生提出个
人看法:"如果我是斯图亚特王朝的国王,我会想办法把反对他的新贵族杀
掉,不给他们限制王权的机会。"笔者原来也因为经验的不足,一下子陷入困
惑,为此阅读了《大宪章》《权利请愿书》《大抗议书》的内容,用史料说明英国

---

① 霍银荣. 高中历史教学中培养学生批判性思维的理论和实践[D],长春:东北师范大学,
2008.

历史上有限制王权的传统和查理一世在位时期滥用王权、征收各种苛捐杂税、宗教迫害等行为,同时通过一个个小故事介绍英国君主立宪制建立和完善的过程,让学生通过讨论得出结论:不管是历史事件还是人生都不会是一帆风顺的,在这条曲折发展的道路上,暴力是解决不了问题的,人们可以尝试着用渐进的方式,去制衡权力,去学会妥协的智慧,有时候妥协更能实现双赢的局面。

另外,批判性思维重视把地方历史文化资源引入历史课堂,创新历史教学方法,引导学生树立正确的价值观。宋明理学是必修三的教学难点,笔者也对该课的教学处理感到苦恼。偶然的机会,笔者发现学校所在区域街道办宣传栏张贴《二十四孝》的内容,于是突然有了灵感,把这些内容拍了下来。在讲授《宋明理学》一课时,学生对于课本上理是万物的本原,要通过格物致知认识天理,心是万物的本原,对发明本心、致良知、知行合一的内容难以理解,认为理学的这些东西太高大上,而且又很玄妙,除了像二程、朱熹、陆九渊、王阳明等这些潜心学术的知识分子能够理解之外,普通老百姓的关注点是吃饱穿暖,那么他们是如何理解的呢?于是笔者将街道办宣传栏中《二十四孝》的内容展示给学生阅读,引导学生从宣传栏图片中去发现问题,谈自己的看法。绝大多数学生能够发现"孝"是这些图片宣传的核心价值观,而且通过图片的方式能够更直观地表达所宣传的内容,"孝"是中华民族的美德,但是像郭巨埋儿这样的行为太过于极端,在当今社会是不值得提倡的。

在学生得出自己的观点后,笔者又展示了樊树志先生《国史十六讲》里面的一部分内容:"(朱熹)他关注社会基层民众的日常言行、所作所为,希望从基层着手,改变家族与村落,建立一个理想的社会。因此他重视儒学的普及化、通俗化,他编著《四书集注》,用理学思想重新解释《论语》《孟子》《大学》《中庸》,使理学透过'四书'而深入人心。他编著《小学集注》,旨在教育青少年遵循'三纲五常'的道德规范。他编著《论语训蒙口义》《童蒙须知》,对儿童的衣着、语言、行为、读书、写字、饮食等方面的习惯,都提出了道德性的行为规范。例如:穿衣——要颈紧、腰紧、脚紧;说话——凡为人子弟必须低声下气,语气详缓;读书——要端正身体面向书册,详缓看字;饮食——在长辈面前,必须轻嚼缓咽,不可闻饮食之声。"①这就在课本的基础上结合地方的资源进一步理解理学,了解理学的深远影响在于它将儒家的教化推广到上至国家的统治阶层,下到社会最底层的平民百姓,进而将儒家的伦理道德观念推广到每一个家庭。

再有,批判性思维重视学生的逻辑思维培养。刚走上讲台时,一学期下来,笔者发现学生学习完必修一之后,仍然对内容的线索有点凌乱,于是又通读了课程标准,并请教了科组长林良展。科组长引导笔者用批判性思维来思考,充分运用归纳和演绎两种逻辑思维。于是笔者采用培养知识迁移能力和发散性思维的思维导图方法,要求学生找一找在教材中出现最多的词是什么。有的同学说是制度,有的同学说是政治,这些词在教学中出现的频率很高,但是也可以用其他核心词将教材串联起来。例如"法"字,以"法"字为核心,笔者引导学生进行思维的扩散,学生能够联系到罗马法(习惯法、《十二铜表法》、公民法、万民法、《民法大全》)、《权利法案》、1787宪法、法兰西第三共和国宪法、德意志帝国宪法、《中华民国临时约法》《共同纲领》《中华人民共和国宪法》《中华人民共和国民族区域自治法》《中华人民共和国村民委员会组织法》。法律是国家的统治工具,通过对法律的梳理,学生能够将零碎的知识整合起来,从纵向上了解各国法律的发展历史,又能从横向对各国法律进行比较,了解罗马法对世界各国法律的影响和各国法律之间的不同之处。

三、在研究的团队中成长

加入一个研究型的优秀团队,才能让自己更加优秀。通过集体备课,可以从有着丰富教学经验的优秀教师身上吸取宝贵经验,借鉴他们的教学智慧,也可以在同辈年轻教师身上发现自己的不足,取长补短。通过集体备课实现教师的合作,有利于提高课堂教学的有效性,促进教师团体的专业发展,带动教师合作文化的构建,推动新课程改革。尤其是参加了"批判性思维在历史教学的实践研究"后,笔者逐渐摆脱了刚毕业时的稚嫩,不断扩大自己的

---

① 樊树志著. 国史十六讲[M]. 北京:中华书局,2006:154-155.

阅读量，更新观念，敢于去探索，主动研究使自己不断成长。

多听课、多反思是让自己更优秀的一种方式。听不同年级、不同年龄、不同风格教师的课，既能直观感受成熟教师逻辑清晰、层次分明与年轻教师教学方式新颖、想法前卫的不同风格，也能学习到不同老师丰富的教学处理方式，从而使自己能够汲取经验，扬长避短。听课之后要不断反思自己的缺陷，找出存在的问题，这也是批判性思维的一种体现，在反思中成长。在平时的听课过程中，笔者会详细记录每一节课的听课笔记，课后再整理，在临睡前写日记时将自己听课的所听所思以思维导图的方式记录下来，以促进自己多去学习和反思，在反思中成长。

多上公开课也是一种鞭策自己前行的方式，在准备课的过程中，与备课组的同伴们一起磨课，找出一节课中的重难点，如何突破，以什么样的方式突破，如何评价等。在和其他同事同课异构中，可以更加多元化地看待问题。例如在讲授人教版必修三第11课《从"师夷长技"到维新变法》一课时，李琛老师从严复的西方寻梦来分析中国向西方学习的过程，从睁眼——师夷长技、寻梦——中体西用、梦醒——维新变法的角度出发，而笔者则结合地区历史文化资源，以那地、那人、那事为角度，形成虎门—林则徐—开眼看世界，水陆师学堂—张之洞—中体西用，万木草堂—康有为—维新变法的结构。笔者的教学风格与效果也得到师生的高度认可，多次上全校公开课，并被推荐参加深圳市基本功比赛，获得好评。

一名历史教师除了掌握历史学科的基本知识外，一定要不断增加自己知识储备，尤其是在当今这个信息爆炸的时代，否则只会被时代淘汰。"鸟欲高飞先振翅，人求上进先读书"，欲扩充自己的知识储备，开阔自己的视野，多读书无疑是一个很好的方式，这样才能做到"为有源头活水来"。由于从教以前的专业是中国近代史，所以对于中国史的了解比外国史要多一些，为了弥补这个缺憾，所以必须多阅读，例如《许倬云说历史：中西文明的对照》一书就让笔者更好地了解到在同一时空，中西由于地理环境、社会制度、价值观念、经济发展、国家形态等方面不同，导致两大文化系统起起伏伏，看到了两者的成败因缘，从而理解中西方从新石器时代到近现代历史方向发展不同的原因，在讲解中西方政治、经济和思想文化时就不至于如无源之水无本之木,不知如何下手。因此了解史学发展的新趋势和最新研究成果,具有一定的学科科研能力成为笔者的追求。

历史课程有助于学生培养历史意识、提高文化素质、增强人文素养,促进学生全面发展的一门基础课程,旨在培养学生健全的人格,促进个性的健康发展,而这离不开批判性思维与教学的紧密结合。"教育之本,教师为先",教师要做一个具有批判性思维的历史教师,转变自己的教学观念和教学方法,才能培养学生的怀疑精神。

原文发表于《中学历史教学参考》(上半月)2018年第1期

以流程式结构图呈现历史事件发展的内在合理性

——以《美国联邦政府的建立》为例

深圳第二外国语学校　毛帅

中学历史教参以及各位老师在课件制作和课堂板书中,往往运用的是大括号加小括号这种层层包含式的结构图形式。笔者在备课和授课中发现,这样的结构图固然有利于简明扼要地呈现一节课的主要内容和总体结构,但并不能充分揭示原因(背景)、过程(内容)、影响(评价)之间存在怎样的必然关联和合理过渡,从而使一个历史事件在前因后果的发展方面合乎逻辑和情理。愿以人教版必修一第8课《美国联邦政府的建立》为例,与读者分享笔者在具体授课中对此问题的感悟,并求教于方家。

在进入课题之前,笔者首先向学生呈现一个新情境:美国各州代表决定于1787年5月25日共聚费城,举行制宪会议,英国《泰晤士报》决定以莫里特作为特派记者,前往会场作专题报道,并就各类疑问采访美国的开国元勋们。之后便以采访中的问答形式贯穿始终,将本课需要探究的问题从莫里特之口提出,再由华盛顿等历史人物的代表性言论作出解答,并适当穿插历史人物与学生的互动,以调动其课堂参与、思考的积极性。

莫里特:贵国大陆会议曾于1777年制定《邦联条例》,1781年才生效,作为美国的第一部宪法,它有什么重大而不可弥补的问题吗? 现在为何又要制定新宪法?

乔治·华盛顿:新英格兰出现的骚乱,我们商业上的不景气以及笼罩全国各地的那种普遍的低迷消沉情绪,在很大程度上归咎于最高权力机构的无权……我们想要联合成一个国家,却不愿给管理者足够的权力去管理国家事务,岂不怪哉!

在此提示学生根据课本第一个子目的内容总结:美国在建国初期所出现的一系列问题的根源是什么? 由此得出1787年宪法制定的必要性:邦联制的缺陷造成联邦政府的虚弱,现实形势迫切需要建立一个强有力的联邦政府来协调各州关系、维护统一和稳定。

莫里特:既然邦联制导致联邦政府软弱无力,君主权力的集中和强化自然可以避免国家的混乱,为什么不像其他国家一样在中央集权的基础上实行君主制呢?

乔治·华盛顿:我们的国家一定要彻底实行共和政体,如果不能遵循这一原则、试图采用其他政体,就是叛逆。

曾有人建议华盛顿出任美利坚国王,而华盛顿凭借崇高的政治军事威望也完全有可能登基称王,但他之所以严词拒绝君主制,就是认为:如果要建立一个真正民主自由的国度,就必须排除一切世袭和特权的因素,避免权力过于集中和不受制约地滥用。

笔者在此再作延伸:从1620年11月11日,一百零二名为躲避宗教迫害而逃离欧洲的清教徒乘坐五月花号木制帆船抵达北美时,四十一名成年男子在登岸之前签署美国历史上第一份政治性契约——《五月花号公约》,到独立战争时期美国向世界发表掷地有声的《独立宣言》,无不宣扬着美国的建国理想。此时在屏幕上呈现如下材料:

我们在上帝面前,彼此庄严约定:将我们全体组成公民政体,以便更好地生存下来并创造良好秩序。为了殖民地的公众利益,我们将根据这项契约颁布我们应当忠实遵守的公正平等的法律、法令和命令,并视需要而任命我们应当服从的行政官员。

——《五月花号公约》

我们认为下面这些真理是不言而喻的:人人生而平等,造物者赋予他们若干不可剥夺的权利,其中包括生命权、自由权和追求幸福的权利。为了保障这些权利,人类才在他们之间建立政府,而政府之正当权力,是经被治理者的同意而产生的。当任何形式的政府对这些目标的实现起破坏作用时,人民便有权力改变或废除它,以建立一个新的政府。

——《独立宣言》

在文化领域,美国既是英国自由主义和启蒙运动的结果,也是本土环境的产物。可以肯定,美国人从一开始就拥有强烈的自我意识,认为自己是没有受到旧世界熏染新世界公民和例外的人群。

——孔华瑞主编:《剑桥美国对外关系史》

使学生由此认识,美国不同于之前既有的欧洲或东方所存在的等级社会,它从一开始即坚持必须以明确的公共契约来构建社会秩序,秉承主权在民和法律至上的基本理念,一个新生国家对自由、平等、法治、民主有如此强烈的执念,也就无怪乎美国从领袖到公民普遍存在笃定的共和信念了。这种立国理念与主观意愿深刻影响了美国政体的确立。

莫里特:这样就出现一个矛盾——你们既希望有一个强大的联邦政府能够维系国家的统一稳定,又不愿权力过分集中以致形成专制进而威胁公民的自由意志,如何才能在二者之间取得平衡,从而两全其美呢?

詹姆斯·麦迪逊:在设计一个由人来统治人的政府时,最大的困难在于,你必须首先使政府有能力控制被统治者,其次要强制政府控制自己。

启蒙思想恰好为权力的重新和合理分配、创建一个新型权力结构提供了必要的理论支撑。孟德斯鸠说:"一切有权力的人都容易滥用权力,这是万古不易的一条经验……要防止滥用权力,就必须以权力约束权力。"后来美国权力结构的构建正是彻底贯彻了这种分权制衡的原则,实现了对政府权力的有效约束。

从上述三个方面的背景可以水到渠成地推出1787年宪法的基本内容:

莫里特:麦迪逊先生,您被誉为美国的宪法之父。新宪法是否解决了邦联制的缺陷?

詹姆斯·麦迪逊:我们曾经有两种选择——13个邦完全分裂或完全联合。现在,它们成功地成为一个完整的共和国的郡县,受到一部共同法律的约束。

1787年之前世界在中央与地方的关系上仅存在单一制和邦联制两种模式,美国通过新宪法成功地创建了第三种模式——联邦制:联邦集权与地方分权相结合。《美国式民主》一书指出:"联邦制的独特之处是:权力不是由联邦政府授予各州的,因而不能从各州收回。确切地说,是宪法划分权力,某些权力授予联邦政府,另一些权力留在各州。"这两句话深刻揭示了联邦制下联邦与地方的权力分配得到宪法的明确规定和保障,不得相互逾越和侵夺。实行联邦制便是为了解决邦联制的缺陷,所以这是1787年宪法的首要内容。

当各州代表们在宪法文本上签字时,富兰克林曾说:会议期间,我对结果有时充满希望,有时又忧心忡忡。我总是凝视着主席座位后面画的那轮红日,分辨不出它究竟是在升起还是在落山。现在我终于高兴地明白了,这是一轮喷薄东升的旭日。

莫里特:富兰克林先生,听说您的心情和态度在会议前后变化迥然。新宪法是如何分配联邦政府的权力,从而使您不再担心权力的过分集中以致产生专制、危害民主的呢?

本杰明·富兰克林:根据新宪法,我们国家的权力结构比较复杂,我可以画一幅示意图给您看。听说你们记者瞬时记忆能力都很强,不如看完之后我们来玩个测试记忆力的小游戏,可不要晕头转向哦!

在引导学生完成对美国联邦政府权力结构图的绘制之后,笔者以判断事件真假的形式强化学生对总统、国会、联邦最高法院三者之间权力分配的理解和记忆:

(1)2008年12月1日,奥巴马正式提名希拉里·克林顿出任国务卿,参议院于1月21日批准。(√)

(2)1941年12月7日,日本偷袭珍珠港,富兰克林·罗斯福总统下令美国对日本宣战。(×)

(3)2011年3月19日,奥巴马在未经国会授权的情况下宣布对利比亚采取"有限军事行动"。(√)

(4)2009年9月27日,中央情报局局长里昂·帕内塔当选国会议员。(×)

(5)2007年11月9日,在布什总统否决水资源管理法案后,国会以三分之

二多数票强行通过。(√)

(6)1972年8月8日,因遭众议院弹劾,理查德·尼克松总统被迫辞职。(√)

(7)2009年5月20日,戴维·苏特大法官因与总统政见不合而被迫辞职。(×)

(8)2009年5月26日,奥巴马提名拉丁裔索托马约尔担任最高法院法官,8月6日获参议院批准,正式就任。(√)

(9)2006年8月18日,安娜·泰勒大法官作出裁定,布什政府以反恐为名义的民间秘密监听计划违反宪法赋予人民言论自由和保护隐私的基本权利,命令政府立即停止该项违法行为。(√)

通过练习,学生可以更为清楚地认识到:宪法分别赋予总统、国会、最高法院以行政、立法和司法权,而三种权力均要受到另外两种权力的制约,这是一个标准的三权分立结构。同时在屏幕上呈现如下内容:"美国的政治体制背后的政治哲学是实行平衡政府的哲学,其核心是阻止任何个别势力单独控制联邦政府——伯恩斯等著《美国式民主》。"三权分立原则是1787年宪法的第二大内容。

莫里特:杰斐逊先生,作为《独立宣言》的起草者和民主自由派的领袖,您认为通过彻底的分权制衡,新宪法是否能够切实保障自由和民主呢?

托马斯·杰斐逊:我们的总统将是世界上第一位由选举产生而非世袭的国家元首;相对于英国由贵族世袭的上院,我们的参众两院全部由选民选举产生。这是我们目前所能想到的最理想的民主模式。新宪法也许并不完美,但再完美的制度也不可能时时、处处适用,因为死人不能统治活人。值得庆幸的是我们对宪法的修改程序作了明确规定,这就为今后的不断修正和完善提供了无限可能。

1787年宪法在确立民主共和制的同时实现了华盛顿等人关于建立共和制国家的愿望,选举制在美国政治中空前范围的运用切实保证了民主,这便是第三个主要内容了。

至于对新宪法的评价,笔者将其寓于美国民众在接受采访时的各种言论之中,由学生通过分析材料自己尝试着归纳出论点:

莫里特：美国民众对于新宪法的制定高度关注并议论纷纷，身为本报读者的您在看了下面的评论之后，又有何高见呢？

民众甲：一个国家首先应该保证统一，否则国内乱成一团、国际上也被人小视！

民众乙：新宪法授予联邦政府的权力也不太多，咱地方也有财力物力从事建设啊。

学生由上述两种看法可归纳出实行邦联制的积极作用：兼顾联邦和地方利益，在巩固国家统一的同时，也有利于调动地方发展的积极性。

民众丙：既然上到总统下到议会都是咱选民选举产生的，民主和自由就应该有了切实的保障。

民众丁：好的法律应该提供的不只是程序正义更应该致力于达到实体正义。程序固然美好，但各个机构也必须严格遵照宪法设置和运转才可以。

从美国后来的历史看，1787年宪法为美国国家权力的分配、机构的设置与职能范围提供了根本依据，因而奠定了美国政治制度的法律基础。不但通过彻底的分权制衡行之有效地保障了民主，依据宪法而构建起的制度体系也造就了美国长期的稳定、富强与繁荣。正如被众多老师在授课中广为引用的汤姆斯·弗里德曼的那句评说："美国成功的秘密不在于华尔街和硅谷，不在于空军和海军，而在于长盛不衰的法治及其背后的制度。这是一种由天才们设计，并可由蠢材们运作的体系。"

至于1787年宪法对于世界的意义，笔者同样以材料的形式呈现斯塔夫里阿诺斯在《全球通史》中的一段话：

一个独立的共和国在美洲的建立，在欧洲被广泛地解释为：它意味着启蒙运动的思想是切实可行的——一个民族有可能建立一个国家，有可能制定一种建立在个人权利的基础上的切实可行的政体。

1787年宪法是世界第一部资产阶级成文宪法，对资本主义制度的建立起到了示范作用，民主共和制后来被许多国家所仿效。

至此，学生在学完本课之后逐步绘制出流程式结构图（见图1）：

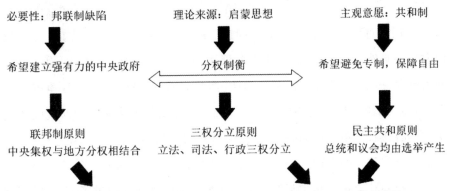

图1 流程式结构图

为了加深美国联邦制、总统制共和制确立的伟大意义,笔者最后以一首热情洋溢的颂扬诗作为本课的结束语:

她以《独立宣言》号召人们推翻暴政

她将天赋人权、自由平等作为立国之基

她敢于率先在辽阔疆域内尝试共和

她产生了第一位民选总统作为国家元首

她在国家权力分配中坚决贯彻分权制衡

她以联邦制开创中央与地方的全新模式

从而造就了国家的全面繁荣与长盛不衰

通过上述结构图,学生不仅可以整体把握本课的基本内容,也更加清晰地认识到历史事件原因、内容、作用之间的内在发展逻辑和必然关联。同时,笔者在讲课中频繁运用流程式结构图,也是希望从长远的角度使学生逐渐领悟和养成如下思维习惯:

一是,某一历史事件的发生乃是必要性和可能性、必然性和偶然性共同作用的产物。必要性解决的是"为什么要"的问题;可能性解决的则是"为什么能"的问题;必然性包括以历史趋势、时代潮流为代表的政治、经济、社会关系、思想文化等领域的时代性变动;偶然性则是指具体环境中所包含的有利条件,如个人能力、主观意志和有利时机等。以辛亥革命为例,民主化作为政治发展的必然方向,中国的民主革命浪潮即使不是在1911年发生,也必定会在另外某一时期发生,这就是必然性;清政府腐败无能,在对外战争屡屡失败、赔款、割地、求和,既不能"保境"又不能"安民",无法使中国摆脱民族危机、走向富强,使革命成为必要;民族资本主义的发展、民主革命思想的传播、革命团体与政党的出现、一系列武装起义的准备等,这些政治、经济、军事、思想等有利的社会条件和主观努力为其爆发和最终的成功提供了可能性;而湖北新军入川镇压保路运动造成湖北兵力空虚、起义因事前泄密而于10月10日爆发,则属于偶然因素。

二是,原因决定性地影响内容。以工业革命为例,生产力的突然跃进乃是源于既有生产能力无法满足急剧扩大的市场需求,因此,商品热销行业便围绕如何提高劳动生产率而出现技术革新和机器发明浪潮。再如百家争鸣局面的出现,其基本背景即春秋战国时代社会的大动乱,思想文化作为社会生活的一种反映和回应,诸子百家所致力解决的根本问题是相同的——"天下一致而百虑,同归而殊道。夫阴阳、儒、墨、名、法、道德,此务为治者也"(司马谈《论六家要旨》)。它们的思想与学说都以秩序作为根本追求,本质区别也在于对由乱致治途径的不同选择。

三是,要全面分析某一历史事件的影响,需要遵循:空间角度,对自己(本国)/对他人(别国、世界);时间角度,对当时、对后世;按领域,对政治、经济、军事、思想文化分别有何影响。在具体分点罗列时,这些维度尽管往往是重合交织的,但为了保证思维的严谨和全面,这些视角需充分考虑。其中,目的对于影响和评价也有直接的关联。当初为什么要做这件事,等事情完成后,自然会实现目的,那么目的就是作用;如果失败了,也很有可能"在一定程度上"达到了目的;即使失败得很彻底,其对正当、伟大理想之勇于追求的精神也值得肯定,这就是意义。以此来看历次重大改革,或者是为了解决或缓和国内的政治、阶级、民族等各种社会矛盾,或是为了使国家摆脱贫弱落后和由此引发的民族危机、谋求富国强兵,那么改革的措施就必然以此为宗旨展开。

孝文帝改革希望解决的主要是阶级矛盾和民族矛盾,改革成功了,其作用自然首先是缓和了阶级矛盾和民族矛盾;王安石变法希望解决的是冗官、冗兵、冗费造成的积贫积弱局面,改革虽然最终失败,但"在一定程度上"扭转了积贫积弱的局面;戊戌变法希望通过急切的变革使中国摆脱民族危机,改革时间过短且措施大部被废除,失败得比较"彻底",但其爱国热忱、改革精神值得肯定,作为一次思想解放运动推动了更多中国人的觉醒,这便是其意义。

综上所述,利用流程式结构图可以清晰地呈现事物发展的内在合理性,并为教师揭示、学生把握历史事件之原因、内容、影响之间的必然联系和整体规律打下坚实基础,不失为一种行之有效的教学方法,值得尝试。

原文发表于《中学历史教学参考》(下半月)2012年第8期

自由引导人民：一幅名画与一场革命
——《美术的辉煌》一课教学设计与实施

深圳第二外国语学校　毛帅

人教版必修三第23课《美术的辉煌》涉及18世纪末至20世纪以来的众多美术流派，每一派别都有其鲜明的时代背景、风格特点和代表作品。笔者在备课时考虑到：如果依据教材按照时间顺序一一展开介绍，可能会陷入面面俱到而缺乏深入探究的僵局之中，过多的作品展示也可能将本课演变为单纯的美术鉴赏课，偏离历史学科的基本属性。所以根据"欣赏19世纪以来有代表性的美术作品，了解这些美术作品产生的时代背景及艺术价值"的课标要求，采用"小切口，深挖掘"的方式，以一幅名画《自由引导人民》为主线，展现美术作品背后的大时代——一场为了争取真正自由、平等、博爱之理想国度而不懈斗争的法国大革命，进而挖掘出浪漫主义文艺作品超越艺术价值本身的重大意义。下文谨呈现笔者的教学过程，并求教于方家。

一、品鉴经典：主题、取材与表达方式

正式授课前，组织同学观看BBC纪录片《旷世杰作的秘密09：德拉克洛瓦〈自由引导人民〉》视频片段，借用其中的言语"它是所有艺术品中最能代表革命的，没有其他的画作能像它一样总结归纳革命的理念……这幅画的迷人之处在于，它呈现了掌握和改变历史的喜悦……画中的自由女神甚至被视为自由法国的象征，成为永难磨灭的革命偶像"引出课题："能够拥有如此丰富

的内涵、赢得如此崇高的地位,这会是哪一幅世界名画呢?我们这节课就来层层揭开它的神秘面纱,看看它究竟有哪些伟大之处。我们先请一位未来的画家,从专业的角度引导我们欣赏这幅经典之作吧。"

学生代表:这幅画又名《1830年7月27日》,取材于1830年7月27日巴黎市民推翻波旁王朝的七月革命中的一场巷战。当时,一位名叫克拉拉·莱辛的姑娘首先在街垒上举起了共和国时期的三色旗;少年阿莱尔把这面旗帜插到巴黎圣母院旁的一座桥头时中弹倒下。画家德拉克洛瓦目击了这一真实而悲壮的场景,决心为之画一幅画作为永久纪念。强烈的光影、丰富而炽烈的色彩形成了一种强烈的视觉冲击力,塑造出紧张、激昂的气氛;人物造型各异,代表了不同身份的社会阶层,但无不斗志昂扬、奋勇向前。这幅画传达出反对暴政、追求自由的理念,具有催人奋进的力量。

这位同学从题材来源、色彩运用、人物造型等方面分析了作者表达主题的方式。那么取材源于现实却超越现实、仰望理想化的未来,侧重从主观的内心世界出发,以瑰丽的色彩、奔放的笔法、鲜明的形象来抒发对现实丑恶的不能容忍和对真善美的热烈追求,这种风格特点应该属于哪一个艺术流派?

学生:浪漫主义。

法国文艺批评家波德莱尔认为,浪漫主义既不在于主题的选择,也不在于准确的真实,而在于感受方式。在他看来,德拉克洛瓦"只用轮廓就可以表现出人的动作""只用色彩就能表现出人们可以称之为人类悲剧的气氛或创造者的心灵状态的那种东西"[①]。

德拉克洛瓦曾高度赞扬保罗·德拉罗什的一幅浪漫主义油画作品中"既具现实主义又具诗性的层次——既有对历史真实的追求,又包含着善与恶之间斗争的象征意义"[②]。

浪漫主义女作家乔治·桑说:"艺术的使命是一种情感和爱的使命,不是对实际存在的现实的研究,而是对理想真实的追求。"[③]她曾对现实主

①[法]波德莱尔. 我看德拉克洛瓦[M]. 毛燕燕,谢强译. 济南:山东画报出版社,2005:29、83.
②[法]马丁·菲吉耶. 浪漫主义者的生活(1820—1848)[M]. 杭零译. 济南:山东画报出版社,2005:57.
③[法]乔治·桑. 魔沼[M]. 郑克鲁译. 上海:文汇出版社,2015:8.

大师巴尔扎克说:"你既有能力也愿意描绘人类如你所眼见的。好的!反之,我总觉得有必要按照我希望于人类的,按照我相信人类所应当有的来描绘它。"①

根据上面的几段材料,大家能否试着概括浪漫主义的共性特征?

学生讨论:对现实不满,强调对理想世界的追求,注重主观情感的表达,常用热情奔放的语言、瑰丽的想象和夸张的手法来塑造鲜明的形象。

教师:大家总结得非常好。既然浪漫主义作品需要心中怀着对理想的炽烈和执着,那么作者在创作这幅画的时候,心中孕育着怎样的理想与情感呢?这就需要我们探本溯源,追问这幅作品的创作背景了。

二、还原背景:高扬三色旗的法国大革命

学生讲述瓦尔密战役:1792年9月20日,未经训练的法国青年志愿军在瓦尔密面对强敌,高呼"祖国万岁,法兰西万岁",给训练有素的奥普联军以迎头痛击。法国士兵的高昂斗志成为战役胜利的决定性因素。瓦尔密战役的政治意义远大于军事,它被宣传为"人民的军队打败了旧军队"。第二天,法兰西共和国旋即成立。

诚如富凯所说的:"在瓦尔米一战后,任何持枪佩剑的法国人,都莫不以英雄自命,认为他们所拥护的理想是必胜的。"②他们的梦想就是把自由、平等和博爱的思想带到被奴役的国家中,使所有的国王都被消灭,在地球上建立天堂!

法国人持枪佩剑为理想而斗争,因而莫不以英雄自命,他们坚信必胜的理想是什么呢?

学生:建立一个自由、平等、民主、共和的国度。

那么,这种理想国度又是谁赋予他们的呢?

学生:启蒙运动。

---

① [丹]勃兰兑斯. 法国作家评传[M]. 北京:国际文化服务社,1951:2.

② [英]J.F.C.富勒. 西洋世界军事史·卷二:从无敌舰队至滑铁卢[M]. 钮先钟译. 桂林:广西师范大学出版社,2004:295.

　　启蒙思想家秉承理性主义的信念,相信世上存在一种完美的前景,相信只需借助某种严密的逻辑推理原则或类似自然科学的研究方法,就可以"达到某种近乎绝对的真理来整饬世界,创造某种理性秩序,由此,悲剧、罪恶、愚蠢,这些在过去造成巨大破坏的事物,最终可以通过应用谨慎获得的知识和普遍理性得到避免"①。他们从理论上证明封建制度的不合理,提出一整套改革方案,试图以理性之光驱散现实的黑暗,将人类导向建立在理性基础上的理想王国。理性因而成为启蒙运动的旗帜和核心。那么到了1830年的法国,启蒙运动所宣扬的"理性王国"是否得以实现呢?

　　学生回答:没有。但说不出所以然来,是因为他们对法国大革命不甚了解。

　　1814年,路易十八在反法联盟军队的支持下复辟了波旁王朝,宣布实行君主立宪制。国王尽管保留众多特权,但也承认和维持了法国大革命的许多原则和措施,因此并未招致国内过于激烈的反对。但是查理十世即位后政策更加保守,于1830年7月签署四道敕令,试图解散众议院,取消出版自由,缩小选举权范围,波旁王朝对于本就不够充分的自由民主权利的全面剥夺彻底激怒了广大人民,由此引发了为了再次捍卫自由权利的七月革命。

　　法国大革命未能实现它所宣布的大部分目标,标志着启蒙运动作为一种运动和思想体系的终结。它的继承人以及在一定程度上由其激起又受其影响的反对运动,在美术领域便表现为新古典主义和烂漫主义激烈的竞争了。浪漫主义把人的一切活动都视为个人自我表达的形式,认为艺术和所有创造性活动都是一种独特个性在它借以发挥作用的事物或媒介上打下的烙印,以努力实现那些并非既定而是由创造性自我产生的价值。启蒙运动的中心原则和关键信条——普遍性、客观性、合理性,由此也从实践和理论上被否定了。②

　　显然,对资本主义现实社会的失望引发的不是对"理性王国"更加坚定的信念和更加执着的追求,反而是对理性主义的叛逆,所以浪漫主义流派的兴

---

① [英]以赛亚·伯林. 浪漫主义的根源[M]. 吕梁等译. 南京:译林出版版,2008:10—11.
② [英]以赛亚·伯林. 反潮流:观念史论文集[M]. 冯克利译. 南京:译林出版社,2002:20、22、28.

起不仅是艺术家表达独特个性的个人行为,更是对社会共性情绪与心理的抒发——人的内心积蓄着一种情感,便是对于永恒而崇高生活的敬仰,当我们不能从现实中得到满足时,艺术家和诗人便用想象赋予这种情感以形式和生命,[1]从而通过燃烧着浪漫主义激情的作品去激发人们心底对于未来理想世界的热切渴望,迸发出斗争的勇气,以饱蘸激情的行动去实现它。

大家在上课一开始观看视频时,想必最大的疑问便是作者对革命态度的前后变化。出身上层社会并为政府服务的德拉克洛瓦事实上并没有参加这次起义,甚至曾将革命者称为"暴民",他说:"自由不是人们拿着刀枪在街上搏杀,而是你可以随时举行一次盛大的晚宴。"但当1830年7月27日阿尔高勒桥上再次出现三色旗时,抑制不住心中的激动,转而赞扬起那些先前把他吓得魂不附体的革命者。那么究竟是怎样的场景和情感感染了画家,使他产生了如此急剧的变化呢? 现在能否对这个疑问作出合理的解释呢?

德拉克洛瓦在给兄弟的书信中这样写道:"这次的主题比较现代,是一个防御工事,我虽然没能为祖国而战,但至少可以为国家作画。"最终,他在上百幅草图的基础上完成了这幅不朽之作——在硝烟弥漫的战场上,一个象征自由的女神高擎着象征自由、平等、博爱的法兰西共和国三色旗,引导着革命者不避生死、奋勇向前,只为反抗暴政、争取自由,使人间能够建立起符合自己理想的国度。而红、白、蓝三种颜色在画作中也随处可见、彼此呼应,以热烈激昂的情感鼓舞着追求自由的人民。

三、追问价值:超越艺术本身的意义

相信同学们对视频结尾的一段话仍印象深刻:"画中的自由女神甚至被视为自由法国的象征,成为永难磨灭的革命偶像。"那么问题来了:作为一幅美术作品,它为什么能够拥有如此广泛而持久的影响力?

《1830年7月27日》虽然只是取材于七月革命中的一场巷战,却折射出一个波澜壮阔的法国大革命时代,每当有统治者无耻地背叛自由、肆意地践踏

---

[1] [法]德拉克洛瓦. 德拉克洛瓦论美术和美术家[M]. 平野译. 石家庄:河北教育出版社,2002:196-197.

民主,人民心中不愿屈从于专制、暴政的正义感便会喷薄而出,引导他们奋起反抗的精神力量,正是对自由的向往。这种力量不同于严谨客观的理性主义,而是极具主观色彩的炽热情感。民族的、个人的理想便在这种不屈不挠中昂扬前行,直至将现实改造成理想。高扬三色旗的自由女神不过是把这种抽象的信念形象化地表达出来,却产生了永恒的激励力量。

1848年6月,巴黎工人爆发起义,它被当时的政府下令摘下,理由是"太具有煽动性"。然而正是在这幅名画的"煽动"之下,1875年1月30日议会以353对352一票微弱优势通过法兰西第三共和国宪法,法国的共和政体得以艰难确立。

它是作者德拉克洛瓦一生都引以为豪的巅峰之作;它是对浪漫主义作家雨果名著《悲惨世界》的有力呼应,影响了整整一个时代的文学与艺术;德国浪漫主义诗人海涅曾专门为它写下赞美诗;它曾出现在1978—1995年版的100法郎和1980年的纪念邮票上,画中的自由女神甚至被视为自由法国的象征,二战胜利后作为法国形象大使赴各地展览。《自由引导人民》更超越时空的界限,其对现实的影响力直至今日。

席勒评论说,浪漫主义便是"试图用美丽的理想去代替那不足的真实"①,理想主义是其灵魂和心脏,炽热昂扬的奋斗激情是充斥其身的血液,华丽的色彩、奔放的笔法构建起一个奋发有为的青年形象,即使你已不再年轻,看到这番场景,也会不禁想起曾经无畏一搏的青春,心中泛起扬帆冲浪的激情。

这就是浪漫主义文学、艺术、音乐的共同力量:现实与理想之间的落差并不能使满富诗性的人们就此屈从和沉沦,他们会以饱蘸激情的昂扬斗志去追求主观化、理想化的未来世界,决不困顿、决不屈就。

原文发表于《中学历史教学参考》(上半月)2016年第9期

---

① [波]罗莎·卢森堡. 席勒评传[M]. 傅韦译. 北京:作家出版社,1955:55.

摩根风云与镀金时代
——《第二次工业革命》小切口深挖掘案例

深圳第二外国语学校　毛帅

　　第二次工业革命是近代经济史的一个重要内容,鉴于教材对基本史实的阐述既高度概括又富有条理,相信学生通过自主学习可以掌握大部分基础知识,但要实现深入认知尚且需要在适当补充史料的基础上做思维的引导。笔者尝试采用"小切口、深挖掘"的模式,以美国金融巨头约翰·皮尔庞特·摩根的创业经历来反映同时期的美国镀金时代,从而深刻理解第二次工业革命的成就、特点及垄断组织等重难点知识。

　　首先截取CCTV-2财经频道纪录片《华尔街·第4集:镀金时代》片段作为导入:

　　这里曾经点亮了世界第一盏灯泡,这里曾经完成了20世纪初最大的一场并购,这里曾经化解了一次金融危机,这里传出的每一个讯号都成为华尔街的指令,他的主人有着传奇的一生。

　　教师:乍一看第一句介绍,大家可能还觉得会是发明大王爱迪生,但越到后面越觉得不像——爱迪生应该不是华尔街的主人。那么我们这节课的主角会是哪一位传奇人物呢?

　　约翰·皮尔庞特·摩根简介:1837—1913,生于商业世家,通过"摩根体制"掌控大批企业,把美国企业资本的1/4集中到自己麾下。曾以一己之力拯救1907年金融危机。1913年国会的《货币托拉斯调查报告书》显示:1912年的摩根财团控制着53家大公司,资产总额达127亿美元(同年美国联邦政府的财政收入为6.93亿美元,GDP为374亿美元)。他是美国史上最著名的金融家,被誉为"华尔街的拿破仑",与洛克菲勒、卡内基并称当时经济界的三巨头。

1859年,摩根通过倒卖巴西咖啡赚到人生的第一桶金。1862年在南北战争期间从事商业投机,赚到约500万美元,25岁的他,创业生涯刚刚起步。第二次工业革命也恰好同时展开,人类进入一个全新的时代。

同学们不妨替摩根先生制订一个你认为利润最大化的投资计划:用500万美元如何在50年时间里赚到127亿美元? 要求:一是,不得超出摩根所处的时代范围(1862—1912);二是,说明你的投资领域并阐述理由;三是,可以根据时代发展更新投资行业,但资本规模应符合该行业的基本准入条件。

这个活动主要考查学生对第二次工业革命主要成就的自主学习效果。学生的投资方向集中在了电力、交通、化工、钢铁等领域,切合教材相关表述,理由大多是新兴行业的市场发展更迅速、钢铁需求量巨大市场广阔等。

教师: 英雄所见略同,摩根先生与大家的想法不谋而合。下面我们就循着他的人生经历来管窥第二次工业革命时期的恢宏气度吧。

材料一 1882年摩根买下位于麦迪逊大街219号的一处豪宅,这里很快成为纽约第一个采用灯泡照明的私人住所。摩根对这个新能源的兴趣来自一桩生意——1878年爱迪生创办电业照明公司所需的资金正是来自摩根等几个财团,而他之前在电灯实验过程中每周800美元的高额支出也是由摩根财团支持的。为了表示感谢,爱迪生后来还特意身穿礼服出席了向华尔街23号摩根办公室首次输送电力的典礼。1892年,在摩根的撮合下,爱迪生通用电气公司和汤姆森-休斯敦电气公司合并为通用电气公司,第二年新公司濒临绝境时,摩根拯救了它。从此,通用电气公司对摩根财团始终忠诚不二。[①]

问题一 摩根对爱迪生的屡屡支持给了你哪些感悟?

学生: 摩根善于把握未来商机,也说明资本对于实验发明和工业生产的

---

① [英]罗恩·彻诺. 摩根财团:美国一代银行王朝和现代金融业的崛起[M]. 金立群译. 北京:中国财政经济出版社,1996:59-60、73.

重要性。

教师:确实如同学们所说,摩根的眼光敏锐独到,抢先抓住了商机。其实他的父亲曾教导说,绝对不做有风险的投资。但摩根在电力这一新能源身上看到了未来,冒着投资失败的风险,把数百万美元投入爱迪生通用电气公司。所以,如果说爱迪生用电灯点亮了世界,那么摩根就是那位不可或缺的支持者。

例题一 "1870年以后,在工业革命的第二阶段中,经济组织的主要形式又发生另一变化,这种新形式的突出的特点表现在投资银行家开始成为在经济事业中居支配地位的人物"。材料观点认为第二次工业革命促进了(   )

A.商业资本主义的兴起   B.工业资本主义的兴起

C.金融资本主义的兴起   D.国家垄断资本主义的兴起

这道选择题可以印证大家刚刚的感悟:第二次工业革命期间,金融资本对企业的迅速发展起到了至关重要的作用。至于原因,我们在后面的学习中还会进一步探究。

问题二 爱迪生在发明电灯后立即创办属于自己的电气公司,将新科技运用到工业生产,这又可以说明哪些问题?

学生:说明发明家也可以成为企业家,通过科技创新来发财致富。

教师:大家能注意到这个现象非常好。能不能列举更多事例?看看这在当时是否属于普遍现象。

材料二 美国电话之父贝尔于1877年创办贝尔电话公司;德国卡尔·本茨1885年制造出世界第一辆汽油动力的"奔驰一号"车,第二年便成立奔驰汽车厂;意大利无线电之父马可尼1897年成立马可尼无线电报公司;美国莱特兄弟1903年制造出第一架飞机"飞行者一号"后,于1909年创办莱特飞机公司;瑞典化学家诺贝尔不但发明了炸药,还拥有100家工厂,每天收入达4万法郎……

透过这些现象看本质,我们从这里可以看出第二次工业革命的若干特点:一是,许多人既是科学家也是企业家,表明科学与技术的紧密结合;二是,从分布的范围来看,第二次工业革命在多国、多领域同时展开;三是,从集中的行业类型来看,重工业成为这一时期发展的重点。

教师:随后一段时间,摩根把投资集中在了铁路。当时欧洲有大量资金投入美国的铁路建设,但竞争的混乱无序和投资过度使许多铁路公司在1893年的经济危机中濒临破产。这是美国历史上仅次于1929年大萧条的第二大经济危机(经济危机不是本节课探讨范围,这里提及既是出于对史实的尊重,也为以后《空前严重的资本主义世界经济危机》一课做了适当铺垫)。摩根对破产的铁路公司进行大规模重组,通过合并同类企业、减少行业内恶性竞争、降低企业运行成本等措施来保证行业利润。他建立的这种新模式被称为"摩根化经营管理体制",结果将美国超过1/3的铁路系统掌控在自己手中。

教师:大家觉得摩根对铁路公司的重组是否合理?依据是什么?

许多同学对"摩根化"表示赞同,认为企业的自我调整与优化管理有利于解决出现的一系列问题、提高效益。他们尚且不能由此认识到重组行为中的垄断倾向,但有利于认识垄断组织的积极意义,需要进一步的材料铺垫和思维引导。

教师:同学们不妨推测一下,摩根在控制铁路系统后,下一步该向什么领域投资呢?

有同学想到了铁路承载的运输业,也有学生觉得是铁路建设的上游产业——钢铁生产。

教师:大家说的都没错,其实这两个领域摩根都有涉足。我们继续看一段视频,了解一下所谓的"20世纪初最大的一场并购":

材料三 1901年3月的一天,钢铁大王安德鲁·卡内基经过24小时的考虑之后,在一张纸条写下了自己钢铁公司的售价——4.8亿美元。摩根看了一眼价格,说:我接受。

在收购卡内基的钢铁公司后,摩根于1901年正式成立美国钢铁公司,首先通过抬高产品价格、提升行业门槛来挤压中小公司,然后趁其财务吃紧时予以兼并或收购,最终控制全国钢产量的65%,总资本达14亿美元,而当时美国制造业的总价值也不过90亿美元。20世纪初,并购浪潮席卷美国,每年约有3000家中小公司消失,大企业控制了大部分市场。①

教师:华尔街有句谚语"上帝在公元前4004年创造了世界,但在公元1901年,世界又被摩根先生重组了一回",同学们能从材料中概括出美国钢铁公司哪些不同于传统企业的特点呢?

学生从规模、资本方面得出,美国钢铁公司的规模更大、资本更雄厚。由此可见第二次工业革命以来生产与资本高度集中的趋势。正是由于这种趋势,银行资本和工业资本逐渐融合形成金融资本,在此基础上产生摩根这样的金融寡头,通过雄厚资本控制生产,进而操纵大批企业。

但规模和资本的扩大并非本质不同,由美国钢铁公司的经营行为引出概念——托拉斯。这是垄断组织的高级形式,由生产同类或相关产品的企业联合组成股份公司,对生产、销售的各个环节实行全面整合,董事会集中掌握全部业务,所有加盟的企业作为股东,按照股权分配利润。材料中的"并购"即组成托拉斯的重要途径。1882年成立的标准石油公司是美国第一个托拉斯组织。19世纪末20世纪初,托拉斯在美国迅速发展,在主要工业部门占据统治地位,对社会产生极大影响,美国甚至一度被称为"托拉斯帝国主义"。结合教材漫画《被垄断组织操控的美国参议院》可以得出结论:垄断组织已经广泛渗透到资本主义国家的政治经济生活。

学生之所以在摩根前期对铁路公司的重组中判断不出垄断行为,是因为这种摩根化的企业属于垄断组织的初级形式——卡特尔。参与的企业为了垄断高额利润而在生产、价格、市场等方面签订合作协议,但保持各自的经济独立性。当认识了美国钢铁公司之后,再回过头去看摩根体制时,就不再难以看出其垄断的实质:

材料四 对于作为铁路垄断象征的摩根来说,绝对的自由竞争永远是不可取的。多年以后他说:"美国公众似乎不愿承认这样一个事实……他们可以选择受管制的法律协议或不受管制的非法律协议。早在50多年前,我们就应该摒弃那种站不住脚的教条,即认为自由竞争能保护公众利益。"我们将

① [美]R.彻诺.银行业王朝的衰落——19~20世纪摩根、罗斯柴尔德、华伯格银行家族兴衰史 [M].公涵译.成都:西南财经大学出版社,2004:84.

不断地看到,摩根财团总是认为政府调控胜于自由竞争,而私人垄断又胜于上述两者。①

大企业间达成的非法律协议是为了通过联合垄断来保障共同利润,违背了自由竞争和平等竞争的原则,也并非出于人民的意愿,因此属于垄断组织的范畴。材料中摩根财团认为,垄断组织在一定程度上克服了自由主义经济体制下的盲目与恶性竞争,通过引进生产技术、改善经营管理、提高生产效率等方式推动了生产力的进一步发展,企业间的"合作"也在一定程度上顺应了生产社会化的趋势。正是因为垄断组织存在上述积极作用,无怪乎同学们在评价摩根化时会表示赞同。

教师:不过上述材料最后的表述反映出,垄断组织究竟属于私人性质还是政府调控行为?

学生基于材料比较容易形成区别:第二次工业革命期间出现的垄断组织不同于罗斯福新政后的国家垄断资本主义,它是私人性质的大型企业在激烈市场竞争中对生产组织形式的自发调整,这种局部调整并没有改变生产资料私有制的本质。

摩根在投资和垄断的道路上越走越远:1902年建立IMM国际商船队,这个托拉斯垄断了横渡大西洋的航运业务。同年出资买下英国最大的白星轮船公司,后者在IMM的支持下建造三艘豪华巨轮,其中即包括1912年处女航时因撞上冰山而沉没的泰坦尼克号。

材料五　摩根曾出席泰坦尼克号的命名仪式并预订了本次处女航的船票,后来因临时决定继续留在法国泡硫磺浴疗养而逃过一劫。与摩根一样幸免于难的还有意大利无线电之父马可尼,美国糖果业巨头、赫尔希系列产品的所有者弥尔顿·斯内夫利,匹兹堡钢铁大亨亨利·克雷·弗里克,航运、铁路巨头范德比尔特家族的阿尔弗雷德·格温尼。而在这次海难中遇难的名流也有不少:获得涡轮引擎等多项专利的富商约翰·雅各布·阿斯特四世、著名管道巨头本杰明·古根海姆、梅西百货创始人之一伊西多·施特劳斯。

---

① [英]罗恩·彻诺. 摩根全传[M]. 金立群译. 重庆:重庆出版社,2010.

教师:除了感悟生命的幸与不幸只在毫发之间外,大家有没有想过,一艘豪华邮轮为什么可以汇聚如此多的富豪呢? 其中有没有一定的必然性?

其实个体不能脱离所处的时代,众多个体的共性便是特定时代的表征。因此对个体的探究可以折射出一个时代的若干特征。这正是本课的立意所在:摩根的惊人财富既得益于个人奋斗,更离不开社会经济的整体发展。他的传奇人生也足以反映第二次工业革命时代的辉煌。

1913年3月31日,摩根在罗马去世,12小时内有3698份表达哀悼的电报从世界各地如潮水般涌来,华尔街降半旗、纽约股票市场关闭两小时以示敬意。然而100多年来,摩根始终毁誉参半,有人称赞他是工业化进程中的英雄,在美国没有中央银行的时间里承担了类似的职能;也有人把他们那些靠着买低卖高手段大发横财的人称为"强盗大亨"。同学们又如何评价摩根的一生功过及其所处的时代呢?

同样是以小见大,对摩根的不同评价在很大程度上反映的是垄断组织的利与弊,而垄断组织又是第二次工业革命期间资本主义社会的一个缩影,足以显示其两面性:表面是生产力极大发展促成的经济富足与社会繁荣,暗地里又潜藏着垄断组织代表的社会不公、贫富分化代表的尖锐矛盾、联合太平洋铁路公司破产案代表的惊人腐败、周期性经济危机代表的投机泡沫。这些潜伏的危机到了1929年最终爆发出来,造成了史无前例的破坏和萧条。

可以用一个怎样的词汇来概括这个时代呢? 许多同学想到了"繁荣与危机并存""表面繁荣,内部危机重重"等等。意思到了,但还可以精炼。

1874年马克·吐温在出版的第一部长篇小说《镀金时代》中这样描述他所生活的时代:在很多人看来这是一个"黄金时代",但只不过是内里虚空、矛盾重重的"镀金时代"。尽管这本书在其所有作品里并不如《汤姆·索亚历险记》那样脍炙人口,但人们只要谈到从南北战争结束到20世纪初的那段历史,往往都会用"镀金时代"来指代这个由自由资本主义阶段向垄断资本主义阶段急剧转型的时期。

原文发表于《历史教学》(上半月)2017年第3期

从"云深不知处"到"除却巫山不是云"
——2017年全国卷Ⅰ历史试题对教学的启示

深圳第二外国语学校　林良展

2016年高考广东恢复使用全国卷,我们因为"不识山"而"云深不知处",经过一年的研究与思考逐渐明确了全国卷的命题特点与规律,对2017年高考全国卷Ⅰ历史试题有了"除却巫山不是云"的感觉。试题充分体现基础教育改革的方向,坚持立德树人,紧扣高考考试大纲和历史学科素养,突出考查历史求真求实的特点,进一步引导中学历史教学的方向,强化批判性思维在中学历史教学中的实践。

一、历史多角度理解为宗旨

2015年,教育部考试中心相关人士指出,多角度综合运用相关学科原理和方法探究问题,辨析不同观点,符合逻辑、规范地进行表达和阐释,或者能够找到新发现、得出新规律、提出新结论。《普通高中历史课程标准(征求意见稿)》指出,普通高中历史课程是在义务教育历史课程的基础上,进一步用历史唯物主义观点,多角度地反映历史演进的基本过程,展现人类在历史上创造的文明成果,揭示人类历史发展的基本规律和大趋势。两者均强调多角度理解历史。

综合近年全国卷Ⅰ历史试题,不难发现其中的命题特点(所引试题若无特别说明均出自2017全国卷Ⅰ历史试题)。

(一)选择题

选择题的材料选择有如下特点:一是,以某时期的经典文献为材料,如第24题出自《左传》,第26题出自《旧唐书》《新唐书》;二是,以某时期的拓展类或比较类的史实或言论为材料,如第33题的工业革命期间英国国民收入变化与工人实际工资变化表;三是,以某时期的知识冲突性或发展性的史实或言论为材料,如第35题。

设问和选项设置有如下特点:一是,选项不重在覆盖面,重在对题干的理解;二是,难度不在题干而在选项的设置,干扰项一般不超过两个;三是,设问可问原因、内容、结果、比较项,也有非明确指向性选项;四是,不设计否定问法,但允许有否定的选项,不设计组合性选项,但往往可以通过排除法选择出答案。

选择题考查的均是考生熟知的主干知识,强调多角度理解。多角度体现为两个特点:一是,综合运用了文字、漫画、表格等多种材料;二是,不同的切入点,如第24题从推动文化的交流与文化认同的角度看分封制,第25题从郡级政区变化看推恩令推行的条件,第26题从不同史籍关于唐武德元年(618)同一事件的历史叙述看唐朝政治格局,第27题从明朝饮食器具使用看商品经济的发展,第28题透过开平煤矿看洋务运动的发展,第29题从留日学生分布的不同区域看近代经济结构变动的特点,第30题从陕甘宁边区的文件看抗日民族统一战线,第31题从提交给中共中央的报告看经济体制改革,第32题从希腊神话看人文主义思想起源,第33题从英国国民收入变化与工人实际工资变化表对比中看工业革命,第34题从漫画《又是斯大林格勒》看冷战,第35题从八国集团与金砖四国的关系看多极化趋势加强。

我们知道,任何一个版本的教材都无法呈现宏大历史的方方面面,所以用教材来教历史、用教材来备考是不能适应社会发展的。恢复高考40余年来,考查的主干知识不知道重复了多少遍,始终没有两道题是一模一样的,命题者也是绞尽脑汁去设计每一道题。因此,中学历史教学要切实重视课程观,改变传统的教材观,引导学生从不同角度去理解历史、分析历史、比较历史和认识历史,完成从学史到学理的转变。

(二)非选择题

非选择题命题时,选择材料往往突出以下特点。一是,定好考题的主题或专题,一般选择有现实意义的主题。二是,以主题为驱动寻找纵向或横向联系的典型材料。第41题(2017年以前为第40题)注重选择纵向和横向混合联系的材料,选择了18世纪法国和20世纪中国有关民族主义发展的材料,2016年第40题选择了清朝中期和近代时期有关人口问题的材料。选考题注重选择特定时期的典型材料,例如2017年选择了20世纪80年代的工资改革、20世纪40年代的开罗会议、战国时期的儒家学者季札。第42题(2017年以前为第41题)材料注重反映主题性、热点性和问题性,有发现问题的意义、论证问题的价值、对比评析问题的作用。三是,材料往往综合经典著作或学者著述,较少源自一部著作或报刊网络材料,材料体现主体性和多元化,多用"摘编自某某著作等"。

设问设警有如下特点:一是,第41题和选做题的设问方式大体一致,重在从背景、条件、特点、内容、影响、评析等方面设问;二是,第42题注重独立发现问题,能够引导考生调动起时空联系的史实,考查考生的综合素养;三是,设置分数和答案时,概括材料往往与分析问题同等重要。

高考命题是"依据高校人才选拔要求和国家课程标准",所以每一科高考试卷均是国家选拔人才的需要。历史高考需要考查对史料的阅读能力,所以史料一定不是"应景式材料",答案也不能完全用教材的知识回答,这需要教师教学中提供多角度史料,基于所学知识,引导学生学会概括、理解、分析运用、批判、比较、评析等,不要让学生从接触历史开始就被禁锢头脑。

二、历史逻辑性思维是关键

2017年高考考试大纲指出,历史学科注重考查考生对基本历史知识的掌握程度、学科素养和学习潜力。教育部考试中心于2017年6月8日公布的《2017年高考历史试卷评析》也指出,2017年高考历史科考试大纲强调考查历史思维过程与方法,如对历史事实和历史叙述这两种不同史学概念的理解和辨别程度。为体现这个考查要求,第26题的题干以表格形式提供了官修史书中关于唐代初期唐军与泾州之战的四种不同叙述,要求考生确认能够被认定为历史事实的部分。这充分体现命题者对历史思维的重视。

其实,全国卷的题干(材料)都不难理解,命题者尽量让考生能够从整体上理解题意,在读题上不难为考生,文言文也尽量让学生能够不在阅读时遇到困难。那么,难度在哪儿呢?难度就在于题干(材料)与选项(设问)的逻辑联系,命题者的命题意图就是需要考生寻找之间的关联(包括古今中外的关联),充分调动所学知识完整理解题干(材料)的意思。

历史学习或考试就像审案子一样,需要综合各种线索,然后将线索形成相互联系的证据链条,最后得出较科学的结论,所以一方面需要完整性,另一方面需要联系性,缺一不可。最能体现逻辑思维的第26题,需要归纳分析四则材料的内容,然后形成有联系的证据,只有C项符合要求。A选项中李世民是"秦王"尚未当皇帝;B选项中,刘文静只是将领之一,李世民才是主帅;D选项中,李世民有疾导致失败仅是一则材料有述,其他三则材料均未涉及,难以全面体现。类似的题目还有第33题,要综合运用图表数据和年代特征分析才能得出答案。

归纳和演绎是逻辑思维两大核心能力。归纳注重学生的集聚思维,选择题考查的就是学生的归纳能力,需要将题干汇总,得出结论:非选择题中的"概括""提出论点""发现问题"等设问,均要求学生归纳。归纳要学会"找异同",然后进行本质性提升归类。例如第42题需要从14—17世纪中外历史事件简表中,提取相互关联的中外历史信息,可以归纳得出"中外交流加强"的结论;又如对比唐朝的长安城地图与宋朝的开封城地图,归纳提取信息后可以得出"城市管理的变化"这一结论。

演绎注重学生的发散思维,在非选择题的"分析""说明""评述""结合所学知识予以阐述"等设问中体现,尤其是在第42题中的论述中非常突出。演绎需要用横向联系与纵向联系的史实对一个论题进行拓展性说明,即多角度、大跨度理解论题。例如2016年全国卷I第41题考查的"制度的构想与实践"就需要用伏尔泰、孟德斯鸠、卢梭、马克思等思想指导实践的史实进行说明;又如第42题就需要用中外政治、经济、思想文化、科技、外交等方面的知识进行阐述。

历史教学中要善于培养学生的逻辑思维,因为高中历史教材编写的专题性,往往使学生的知识碎片化,我们更需要进一步对其进行归纳与演绎。国家政策、课标、考纲、教材四者之间有逻辑关系;教材中的标题级目录、二级目录有逻辑关系;教材中目录与目录之间、内容与内容之间有逻辑关系;三本必修教材的内容本身也有逻辑关系,必修教材、选修教材、校本教材、相关学科教材等之间也有逻辑关系,从而形成一个大历史观、大课程观。

三、历史现实性意识成潮流

考试大纲指出,命题不拘泥于教科书试题运用新材料,创设新情境,古今贯通,中外关联,把握历史发展的基本脉络。

遵循继承、弘扬、创新的发展路径,注重传统文化在现实中的创造转化和创新性发展,从而实现考试的社会意义和现实目的。考查历史与热点的联系已经不再是"犹抱琵琶半遮面"。教育部考试中心发布的《2017年高考历史试题评析》指出,命题根植于深厚的历史渊源和广泛的现实基础,紧扣当前热点;一是突出体现社会主义核心价值观,如第30题体现了民主、平等的社会主义核心价值观,第47题强调了儒者重"信"的理念,重申了诚信的积极意义;二是重点考查国史、党史、改革开放史、社会主义发展史,如第44题考查工资改革;三是弘扬中华优秀传统文化、革命文化和社会主义先进文化,如第24题强调分封制与文化交流、认同的关系。

但是,历史学科的现实性不等于时事热点,而是与现实有着密切联系的长时段热点,历史学习要回到历史现场,才能领会历史对现实的意义,即历史教学的核心点。哪些属于核心点呢?

一是主干基础知识。首先是主干"点"和"线",即重要的历史概念和历史线索,如商周政治制度,中央集权制度的加强,君主专制的演进,科举制度和明清君主专制的加强,雅典民主与罗马法对后世的影响,西方各国近代政体建立过程的整体特征,西方列强的侵略与中国人民的抗争,对新民主主义革命道路的理解和对抗日战争的理解,各国对马克思主义的不同认识,中国从古代到近代及当代对外关系的关联,二战后世界格局的演变与影响世界格局的因素以及不同时段国际关系的特点与影响,古代中国土地政策、商品经济的发展与经济政策,新航路的开辟和工业革命对世界近代化与世界市场的形成与发展的影响,晚清中国经济结构的变动和洋务运动,"一五"计划与中国现代化,中国农村经济政策的调整,改革开放后经济体制改革,罗斯福新政的现实意义,斯大林模式,经济全球化与欧洲经济一体化,秦汉时期儒学的发展和宋代理学的变化,儒学与现代政治及法治的关系,人文思想发展的总体趋势和阶段性特征,从近代化角度认识欧洲人文主义的发展,古代科技的对比性发展,科学技术对人类社会、思维的影响,近代中国思想解放潮流的历程和影响。

选做题中"改革类"题目选材多是经典性史学著作,其中重点在唐宋明清的经济改革,也会出现政治改革,第45题就考查了现代中国经济(工资)改革:"战争类"以两次世界大战前后为核心,考查背景及内容:"人物评说类"以战国、宋、晚清、民国为主,考查人物所处时代重大事件的联系、评价人物的行为。

其次是主干的"面",即重点考查历史转型时期,如先秦、东汉、唐宋、明清、14—17世纪等。

二是长时段热点。立德树人、社会主义核心价值观、中国传统文化的创新、依法治国等是长时期的热点,可以从不同的角度命题。例如2017年是俄国十月革命100周年、南昌起义90周年、抗战全面爆发80周年、《中国土地法大纲》颁布70周年、"一五"计划完成60周年、恢复高考40周年、香港回归20周年等,都是长时段热点。另外,与历史紧密联系的改革转型、近代化、"一带一路"与中外交流等也是长时段热点。

三是易混淆点。历史学科涉及的历史概念很纷杂,概念之间往往容易混淆,要从本质上进行理解和区分。例如宗法制、分封制、井田制,郡县制与行省制,焚书坑儒与罢黜百家独尊儒术,古代的百家争鸣与现代百家争鸣,内阁与军机处,中国明朝内阁与西方近代内阁,程朱理学与陆王心学,民贵君轻与天下为主、君为客思想,井田制与均田制,冷战,雅尔塔体系,两极格局,自由主义,凯恩斯主义,新自由主义,国家资本主义与国家垄断资本主义,新经济政策,罗斯福新政,维新变法,新文化运动,清末新政的"新"等。

四是把握联系点。平时教学要引导学生建立知识体系,例如人文主义发展,涉及古希腊人文主义起源、文艺复兴、宗教改革、启蒙运动、马克思主义等考点:中国传统文化主流思想发展,涉及古代儒道法思想、近代儒学地位的变化、现代儒学的发展、世界对待儒学的态度;经济全球化,涉及新航路开辟、殖民扩张、两次工业革命、二战后经济全球化新发展等。孤立且联系性不强的知识点不容易命题。

四、历史哲学化思想变核心

对比2016年和2017年全国高考历史考试大纲,前者强调"注重考查在科学历史观指导下运用学科思维和学科方法分析问题、解决问题的能力",后者强调"注重考查在唯物史观指导下运用学科思维和学科方法发现问题、分析问题、解决问题的能力"。前后相比,后者更突出"唯物史观"和"发现问题"。如第42题列举14—17世纪中西方若干政治经济、文化、对外关系等领域的重要史实,要求考生提取信息并形成论题,进行论述。该题囊括了唯物史观、历史解释和家国情怀等方面,从多角度、多层次考查了学生的综合素质。

《普通高中历史课程标准(征求意见稿)》指出,唯物史观是揭示人类社会历史客观基础及发展规律的科学历史观和方法论。人类对历史的认识是由表及里、逐渐深化的,要透过历史的纷杂表象认识历史的本质,科学的历史观和方法论是非常重要的。唯物史观使历史学成为一门科学,只有运用唯物史观的立场、观点和方法,才能对历史有全面、客观的认识。历史哲学化思想逐渐变为历史教学和考试的核心。

唯物史观主要包括社会存在与社会意识的辩证关系、生产力与生产关系的相互作用及其矛盾运动,经济基础与上层建筑的相互作用及其矛盾运动、人民群众的作用等。选择题的选项设置和非选择题的第41题中有关开放性问题和第42题往往会考查这些理论。选择题中,表面上看起来是考查"生产力决定生产关系"但实际是考查"生产关系反作用于生产力",选项中有生产力和生产关系两个选项,要用史实和时代背景进行区分。如2016年全国卷第31题:

1980年与1975年相比,我国粮食播种面积减少6884万亩,总产量却增加674亿斤;棉花播种面积减少53万亩,总产量增加652万担;油料作物和甜菜播种面积共扩大3626万亩,其总产量分别增加70%和150%。出现这一现象的主要原因是

    A. 农民生产自主权的扩大

    B. 农业生产技术有了革命性的改变

    C. 农村经济体制改革完成

    D. 国家取消对农副产品的统销政策

1980年中国农业产量为什么会迅速提高,选项有农民自主性提高和农业技术发生革命性变化。

根据唯物史观,首选农业技术,但1980年的中国,改革开放刚刚开始,农业生产技术仍然很落后,反倒是家庭联产承包责任制解放了农民,促进了农民生产自主权的扩大。

随着基础教育课程教材改革进入深化阶段,唯物史观将成为学习和探究历史的核心理论和指导思想,历史课程要以唯物史观为指导,对人类历史发展进行科学的阐释,将正确的思想导向和价值判断融入对历史的叙述和评判中,加强学理性,加强历史哲学化思想的渗透。

哪些问题值得发现呢?梁启超在《中国历史研究法》中指出:"史家的工作和自然科学家正相反,专务求不共相。倘若把许多史迹相异的属性剔去,专抽出那相同的属性结果便将史的精魂剥夺净尽了。"这要求师生都要有批判性思维,一是发现问题与发现的问题的质量,二是发现问题的质量才是评价的尺度,三是处处都有发现问题的可能。

为什么要去发现?发现问题是哲学中三个关键问题(是什么、为什么、怎么办)的前提,2016年全国卷第41题要求从材料(清末自开商埠图)中提取一

个有关自开商埠的信息,并加以简要分析。第42题要求从14—17世纪中外历史事件简表中发现问题,并结合史实阐述。这些均要求"发现问题"然后分析问题和解决问题。

如何去发现呢? 历史教学中师生往往容易混淆历史观点和历史结论。历史观点是个人对客观的概括抽象,主观性很强。历史结论是已经经过验证,并被相当多的人接受的观点。教师经常会提问学生,你的历史结论是什么? 学生往往会用教材的叙述回答,但重复教材的话既不是历史结论也不是历史观点。例如,有学生通过学习辛亥革命一课,说自己得出了"民主共和深入人心"的历史结论。学生能够综合历史信息作出主观的判断才是历史观点,才算是发现问题,但要成为历史结论必须经过验证和相当多的人接受,这是不容易的。所以,教师提问时不是追问历史结论,而应该追问学生的历史观点,最后引导学生试着得出历史结论

"不畏浮云遮望眼,自缘身在最高层"。全国卷的命题特点与规律让我们能够站在更高的位置思考历史教学改革,培养学生扎实的素养和宽阔的视野,使其能够在知识积累、素质养成和能力提升中形成正确的价值观。

原文发表于《中学历史教学参考》(上半月)2017年第7期

关注知识体系，让历史照亮现实
——2017年深圳一模历史试题关键词剖析

深圳第二外国语学校　林良展

历史与现实之间的关系异常密切，不可分割。前者不是无意义的故纸堆，后者也不是无源之水、无本之木。掌握历史能够更好地理解现实，关注现实也方便人们更深刻地认知历史。本文将结合2017年深圳市高三年级第一次历史学科调研考试试题（下文简称"深圳一模"）的命制意图，探讨备考中应该如何进一步构建历史知识体系、在历史与现实之间架起沟通的桥梁。

一、关注历史发展的延续性

教育部考试中心公布的《2017年普通高等学校招生全国统一考试大纲》中指出，历史学科要"考查对基本历史知识的掌握程度"。虽然历史学科"分析"的特点愈发被重视，但它仍然强调扎实的知识基础。尤其是在宏观层面注重考查对通史和历史阶段特征的整体把握，在微观层面关注历史发展延续过程中的"盲区"，以此引导学生夯实基础，2017年深圳一模中比较典型的题目是。

1920年9月出版的《新青年》第八卷，封面设计了一个地球图案，从东西半球伸出两只手紧紧相握，代表了革命团结的力量。该寓意

A. 对东西方文化存在绝对的肯定与否定

B. 暗示《新青年》成为中共的机关刊物

C．象征国共两党准备第一次合作

D．表达出"以俄为师"的思想

【答案】D

【命题意图】本题关注新文化运动发展全过程。尤其是《新青年》杂志在1919年之后，性质逐步变化所折射出的时代性特征。

在学生的知识体系中，与本题相关的是新文化运动、马克思主义在中国的传播、中国共产党成立和第一次国共合作。以1919年为分水岭，随着《新青年》等刊物的介绍，俄国革命的经验，马克思主义中"无产者团结起来"口号等深入人心，很多年轻人开始主张"以俄为师"。因此，从封面图片选择的意象来看选择D选项。题干中给出的时间信息是"1920年9月"，位于1919年五四运动和1921年中国共产党成立之间。根据这一信息，可以排除B和C两个选项，因为存在明显的时间错位。

该题可进行如下变式训练：

1920年，《新青年》从第八卷起成为中共上海的机关刊物。第一期的封面设计很好地体现了全新的编辑意图：封面正中是一个地球，从东西两半球伸出两只有力的手，紧紧相握。这反映出

A．民主革命完成了向新民主主义革命的转变

B．新文化运动民主科学的思想已经深入人心

C．新文化运动由启蒙向劳工和社会实践转向

D．中国思想解放运动得到了苏俄的大力支持

【答案】D

典型例题还有：

(2017·深圳一模·33)1879年，一位在西非的德国巡视员说："我们德国从英国兄弟那里学习□□□□并与他们竞争是明智之举。""如果新的德国想长久保持它新获得的国家地位，就一定要注意它的'文化使命'。"该巡视员话语中的□□□□可能是

A．君主立宪　　B．文化传统

C．殖民技巧　　D．工业技术

【答案】C

【命题意图】关注工业革命后,英德殖民扩张的内容。以德国在非洲的殖民活动为切入点,考查的"点"是第二次工业革命对国际政治经济格局造成的影响,"线"是资本主义世界市场的发展历程,"面"是19世纪晚期西方国家的发展史。

第一次工业革命后,英、法为首的老牌资本主义强国占据了世界上大部分殖民地。19世纪六七十年代至20世纪初,第二次工业革命改变了国际格局。美、德两国凭借技术优势后来居上,试图重新瓜分世界,德国在这方面的诉求更为明显。统一后的德意志,国力迅速增长,开始追逐"阳光下的地盘"。因为美洲、澳大利亚以及远东的中国、印度等地已被瓜分,德国人只得把目光投向非洲。并在当地与英国展开争夺,于是才有了题干中出现的历史情境:1879年,一位德国巡视员来到西非,宣称要学习英国并同它竞争。这反映出,德国人把英国看作殖民方面的典范,主张像英国宣扬传播自身文化一样,要在殖民非洲的过程中扩张德国的文化影响力。与A、B、D项相比,C项是最符合该历史情境的选项。

该题可进行如下变式训练:

(2015·海南单科·12)据统计,1850年德国的专利授予数目为243项,1870年为4132项,1900年达到8784项。这反映出德国

A.海外市场的拓展主导着科技发明

B.在整体科技力上遥遥领先于他国

C.政府在科技发展中扮演重要角色

D.从欧洲其他国家大量引进技术发明

【答案】C

既然知识结构如此重要,那么在备考时,教师应该两手都要抓,两手都要硬。一方面,教师要整合知识体系,帮助学生从宏观的层面把握历史的发展变迁,然后再逐级细化,特别要留意初中与高中两个阶段、必修与选修两个部分的衔接;另一方面,教师要注意培养学生对于时间、地点、人物的敏感性,引导学生将已有知识作为解读新情境的参照系,当遇到新信息时,能够迅速在

知识网络中找到其前后左右的参照物,界定它在知识体系中的相对位置,从而更精准地进行分析。

二、用历史照亮现实

与高考真题一样,深圳一模也隐性地关注时代热点,依托一些与热点相关的题目来体现人文关怀,彰显历史思考。比如第24题体现出对中国古代优秀传统文化的重视,第31题对当今社会深入推进农业供给侧结构性改革有所关照,第34题呼应了当前欧洲、美洲、中国等国家和地区出现的移民潮,尤其是欧洲的难民迁入、美国时任总统特朗普的"禁穆令"等国际焦点问题。笔者接下来以第31、34两题为例进行分析。

(2017·深圳一模·31)1983年,中共中央印发《当前农村经济政策的若干问题》,对"超过规定雇请多个帮工"采取"不宜提倡""不要公开宣传""也不要急于取缔"的"三不"政策,"因势利导,使之向不同形式的合作经济发展"。这说明当时

  A. 实现从传统农业向现代农业的转化

  B. 以市场调节为主要的经济手段

  C. 明确公有制为主体多种所有制并存

  D. 继续稳定发展联产承包责任制

【答案】D

【命题意图】关注改革开放初期,经济形势的整体状况。关注从"家庭联产承包责任制"到"联产承包责任制"再到"公有制为主体多种所有制并存"的社会主义市场经济体制的确立,这样一个渐进的历史探索过程。题目取材于1983年中央1号文材料,也暗合时政热点。

在学生的知识体系中,与本题联系紧密的是改革开放后,农村和城市的经济改革实践。农村的改革措施主要包括推行家庭联产承包责任制,取消人民公社,实行按劳分配。城市方面则实行扩大企业自主权,变单一公有制为以公有制为主体多种所有制并存,实行按劳分配等。本题提供的历史情境是1983年的农村改革,此时农村经济改革已经实行了一段时间,取得了一些成

就,也反映出一些问题。中共中央基于稳健推进改革的出发点,提出"三不"的处理意见,一方面防止地方竞相模仿引起问题扩散,另一方面也避免出现"一管就死"的局面,不利于改革的继续深入。综上所述,《当前农村经济政策的若干问题》反映出中共中央对农村改革的重视,体现了以联产承包责任制为中心、扎实推进深化农村改革的决心,所以 D 为正选项。

该题可进行如下变式训练:

(2015·海南单科·23)1956年,浙江温州有合作社曾实行包产到户,到1957年温州地区实行包产的农户占入社农户的15%,与此同时,四川、广东、安徽等省一些农业社也先后实行了包产到户。此后直到70年代,仍有一些地方曾实行包产到户。这一现象反映了

A. 农村基层政权管理体制薄弱

B. 市场经济在农户经营中起重要作用

C. 基层的探索为农村经济体制改革奠定基础

D. 农村经济体制改革基本上是自下而上推进

【答案】C

典型例题还有:

(2017·深圳一模·34)从二战后到50年代初。大约有1500万到2000万移民获准进入英国、法国、德国和北欧国家。他们大多来自西班牙、葡萄牙、希腊、南斯拉夫和土耳其等国家,也有来自印度、巴基斯坦、北非等其他地区。这股移民潮

A. 有助于欧洲推进经济复兴计划

B. 使冷战局势更加严峻

C. 实质是宗教冲突下的难民问题

D. 促使欧洲走向一体化

【答案】A

【命题意图】本题将"移民"和"难民"两个话题同时呈现在试卷中。关注"移民"问题与经济发展之间的关系。实质探讨人力资源与经济发展的关系问题,也从一个侧面折射出世界人口的流动问题,隐性关怀当下的一些热点

话题。

二战以后,美国投入大量资金援助英国、法国、联邦德国等西欧国家进行战后重建。随着"冷战"开始,"马歇尔计划"进一步推动了西欧经济复兴的进程。1950年,欧洲煤钢联营建立,宣告法、德两国主导的欧洲一体化进程开始启动。二战后,随着亚非拉殖民地民族独立和解放运动的开展,一批先前居住在殖民地的欧洲人纷纷回迁。题干提供的历史情境出现在二战后到50年代初,与上述背景处在同一时期。移民的流向主要是从南欧国家流向西欧和北欧,也有自亚非地区流向西北欧地区的。移民进入这些国家的途径是"获准进入",即英、法等国有选择地接纳移民进入,这与二战期间人口损失严重、经济重建需要大量劳动力有密不可分的关系。这些移民为西欧的经济建设提供了大量劳动力,促进了经济复兴,所以A是正选项。由于这波移民浪潮主要来自南欧,比如西班牙、葡萄牙等国,并不涉及与苏联、东欧的关系,不构成激化两大阵营矛盾的因素,所以B选项可以排除。用宗教冲突导致的难民问题难以解释西班牙、葡萄牙等国为何会产生大量移民,故排除C选项。

该题可进行如下变式训练:

(2016·新课标全国Ⅰ卷·35)1947年,美国国务卿马歇尔提出援助欧洲复兴计划,并敦促欧洲方面首先拟定一项联合性质的计划,要求该计划即使不能得到所有欧洲国家的同意,也应征得一部分国家的同意。马歇尔计划体现出来的美国对欧政策

A. 有利于煤钢联营的建立

B. 成了欧美平等伙伴关系

C. 导致欧洲出现对峙

D. 成为德国分裂的根源

【答案】A

时事热点在试题中会有一定的体现,然而这并不意味着教师要带学生去追逐热点事件,押宝猜题。它指出了另外一条路:备考过程中,要多尝试活学活用,用"历史照亮现实",应对"热点冷考"。让学生在历史和现实的交织中既能提升自己的历史思考能力,也可以增进对现实的理解,从而收到事半功

倍的效果。

三、结语

　　每个学生都具备自己的知识体系,或粗疏或繁密。备考工作的目的之一就是帮助学生掌握繁多的知识点,在它们彼此之间建立起有机的联系。唯有如此,学生才能将所学知识融会贯通,在遇到新情境时可以随时调用知识储备。视域再放宽一点,我们就会发现,历史与现实、教材与生活之间也存在千丝万缕的联系,倘若能打通教材内部的体系,建立历史与时事的联系,学生的能力将会更上一个台阶,成绩提升自然会水到渠成。

原文发表于《中学历史教学》2017年第5期

人文科技合璧，历史生物齐飞
——深圳第二外国语学校历史科组举行跨界文化沙龙

深圳第二外国语学校　林良展　董光春

2016年11月10日下午，深圳第二外国语学校历史科组与生物科组联袂举办了跨界文化沙龙活动——葡萄酒与欧洲文化。历史学科从人文历史角度阐释酒的历史与文化，生物学科从科学角度和学生配制药菌酒，展示学科素养。广东省教研院课程科主任、省历史教研员魏恤民老师，国际品酒师坎迪（Candy）女士，深圳第二外国语学校校长黄海强、副校长李方和刘应龙等行政领导以及历史和生物科组的全体老师参加了沙龙活动。

一、葡萄美酒夜光杯，欲饮琵琶马上催

沙龙活动由历史科组的钟亮才老师和生物科组的许凡老师主持。活动一开始，许凡老师从生物学和女性的角度讲解了人们钟情红酒的原因：红酒的酒精含量和热量较低，其中所含的一些"酚类物质"具有很强的抗氧化作用，对人体心血管具有保护作用，能够降低血液的凝固性，从而降低心肌梗死、中风等症的危险性。钟亮才老师从历史的角度讲解了葡萄酒传入中国的历程：汉武帝时期培植葡萄种子，唐太宗时期开始酿制葡萄酒。两位主持人的讲述，让人既领略了理科的科学知识，也感悟了文科的人文情怀，随后生物科组徐静老师展示了葡萄酒的制作原理及传统发酵过程，这种原生态酿酒方法引发了大家想要自制葡萄酒的兴趣。

二、兰陵美酒郁金香,玉碗盛来琥珀光

特别受邀参加活动的国际品酒师坎迪女士则分享了葡萄酒的品鉴和欧洲文化以及她从事该行业的经历。为了本次活动,坎迪女士自带了四款不同种类的进口葡萄酒和两种功能各异的专业品酒杯。在她心中,葡萄酒的地位和爱人一样重要,因此她每年都会到国外葡萄酒产区参观考察。坎迪女士认为酒和人生一样需要慢慢品尝,她从专业角度展示如何用大小不同的酒杯品尝不同种类的葡萄酒,还介绍了葡萄酒中常被提及的拉菲分级制度、产区差异、发展历程和如何区分真假。坎迪女士和老师们积极互动,现场氛围十分活跃,大家从坎迪女士身上领略了不一样的人生理念与追求。

三、人文科技合璧,历史生物齐飞

黄海强校长兴致勃勃,对活动赞叹不已,鼓励多举办跨学科、跨文化的沙龙活动。他指出教师不仅要教书育人,还应格物致知,不能仅局限于自己的专业,要多向其他学科学习,学校也会为教师提供更多外出学习的机会,增加教师的见识。

最后,魏恤民主任做了精彩总结,提了三点感受:学校教师将教学与现实结合起来,能够学以致用,改善自己的生活;生物科组和历史科组的跨界,实现了人文与科学合璧,可以将这种方式运用于教学中,提高学生的学科素养;学校能够积极与社会相结合,引进校外资源,拓宽了视野,实现学校与社会的良性互动。

历史科组与生物科组跨界,人文与科技双剑合璧,让我们发现理科的科学知识和文科的人文情怀是一个有机的统一体,二者缺一不可,我们既要掌握世界的一般规律,也要感悟人文历史带给我们的美。既要了解中国历史文化,也要知晓世界历史文明。人文与科技齐飞,培养具有中国情怀和世界眼光的现代公民才能更加适合时代的需要。

《中学历史教学参考》2017年第1期报道

茶亦醉人何须酒，书自香我何须花
——深圳第二外国语学校历史科组"中国茶文化"读书文化沙龙

深圳第二外国语学校　林良展

陆羽《茶经》载："茶者，南方之嘉木也，一尺、二尺乃至数十尺，其巴山峡川有两人合抱者，伐而掇之。"从饮茶历史看，茶的饮用大致经过了药用—食用—饮用三个阶段，相应衍生出三种关于饮茶的起源说：一说神农时期，《茶经》曰："茶之为饮，发乎神农氏。"二说西周时期，常璩《华阳国志·巴志》载："周武王伐纣，实得巴蜀之师……茶蜜皆纳贡之。"三说秦汉时期，顾炎武《日知录》说："自秦人取蜀而后，始有茗饮之事。"茶文化的历史发展，见证了中国农耕文明的发展史。

2016年5月19日，深圳第二外国语学校历史科组组织了一场"中国茶文化"读书文化沙龙。深圳市教科院历史教研员唐云波、深圳大学常彧博士、深圳第二外国语学校校长黄海强、副校长李方和刘应龙、部分中层干部和名教师代表欢聚学校历史活动室，聆听古典韵味的博士细梳茶香的前世今生，品潮汕美女调制的各色茶品，享耳福、口福。

沙龙在幽雅的古琴音乐伴奏下拉开帷幕，深圳第二外国语学校历史老师、北京大学博士高丹丹和潮汕茶文化新生代传人金谷榕分别展示不同风格的茶艺。金谷榕老师一边演示茶艺，一边道出泡茶、饮茶步骤的文化雅名，展示了潮汕茶文化的独特风格。

与会者在品味各色茶品的同时，聆听了高丹丹博士关于"中国古代茶文化"的讲座。讲座介绍了茶文化的起源、形成、兴盛和转型,雅俗兼备,图文并茂,史料丰富,高端大气。

享受耳福、口福后进入品茶论道阶段,市教科院唐云波老师用珍藏的"私货"考验丹丹博士和谷榕老师的茶艺;黄海强校长兴致勃勃,不断抛出问题;张少军等老师也提出独到的见解……整个过程气氛轻松,文化味浓厚。原定一个小时的活动进行了三个小时。

近年来,深圳第二外国语学校历史科组在组长林良展的带领下,立足学校"多元教育,外语本色"的办学理念,打造"主题教研活动",取得良好的效果。科组现有省级课题一项、市级重点规划课题一项,编著校本教材两部,出版专著一部,五人次主编省厅指定的高考或学业水平教辅资料,三人参与广东省特色高中历史教材编写,在市级以上刊物发表近三十篇文章,获各级各类奖励三十多项,学生在省级核心刊物发表历史类文章三篇。

《中学历史教学》2016年第8期报道

掌握规律，精准答题
——2012年广东高考历史非选择题分析及备考策略

深圳第二外国语学校　林良展

2012年广东高考历史卷秉承新高考的特点，以"鲜活见长"，学术味和时代气息浓厚，而非选择题更是突出时代感，重在考查运用历史知识去解决现实问题的能力。所以，科学分析命题规律、评分和答题规律，拓展思维，做到精准答题，对于提升非选择题的解题和备考能力显得十分重要。

一、把握命题规律，抢占制高点

（一）历史概念大热门

历史概念是最基本元素，为历年考查不容忽视的要点，例如第38题考查"传统手工业（家庭手工业）"，第39题更是前所未有的以历史概念为主题，考查科举制度、格物致知、格致、赛因斯、民主、经济、中学等概念。

考查历史概念的方式主要考查它的内涵（背景、含义、特点等）和外延（影响、意义、比较、变化等），不是简单考查"是什么"，重在考查"为什么""怎么办"及与相似的历史现象进行比较等。

在备考中，重要历史概念要吃透，例如高频出现的宗法制、分封制、郡县制、三省六部制、资产阶级代议制、冷战、苏联解体、东欧剧变、多极化，小农经济、资本主义萌芽、新航路开辟、工业革命、战时共产主义政策、新经济政策、罗斯福新政、福利制度、布雷顿森林体系、全球化、百家争鸣、三教合一、理学、文艺复兴、宗教改革、启蒙运动、(新)三民主义、毛泽东思想、邓小平理论、浪漫主义、现代主义等。

(二)时代背景最关键

随着新高考的不断发展,考查历史过程的非选择题基本退出历史舞台,重点考查历史背景、历史原因、历史目的、历史条件(可能性与必要性)等。

2012年非选择题考查历史原因(背景)高达34分,远超去年的11分,创历史新高。

对历史背景的考查要求对阶段特征的掌握,理解历史发展的来龙去脉,多从当时的政治、经济、思想文化科技等去考虑,综合顾及国内外因素。

由于新课程编排上的特点,考生对历史时间及相关特征很不熟悉,所以在新高考中,熟悉阶段特征是最关键的一环。在备考中,可以改变备考的惯性思维,从复习通史开始,掌握突出时间发展顺序的通史,对阶段特征达到信手拈来,再进行专题加模块复习,在时间线索的指引下复习的效率更高。

(三)逻辑推理更重要

《2012年高考考试说明(广东省)——文科综合》明确指出,考查学生"认识历史事物的本质和规律,并作出正确阐释",要求能对历史事物作出合理的逻辑推理。

例如,第38题"简要说明其(手工业)衰落与工业革命的历史联系",2010年第39题说明"工业革命与自由贸易的关系",都旨在考查历史事物之间的逻辑关系。

在备考中,必须提高对历史事物的阐释能力,注意历史事物之间的综合比较,理解其中的内在联系。例如井田制与分封制的关系、近代自然科学与启蒙运动的关系、资产阶级革命与工业革命的关系、工业革命与近代中国民族资本的关系、工业革命与马克思主义的关系、罗斯福新政与现代资本主义的关系等。

考查逻辑思维还有类似"启示类""理解类"的题目,例如2011年考查对历史客观性和主观性的理解。

(四)时代气息味更浓

新材料、新情景始终是新高考命题的大趋势,与时代同进,继去年把研究性学习列入考试主题后,"潮"起来成为今年的亮点,例如第39题考查"粉丝"的含义或用法的历史变化,以今连古,古今结合。

历史服务现实,历史紧跟时代发展是历史研究的发展趋势,"躲进小楼成一统"的做法已经过去,引入新史学观、新考古成果、新研究成果、鲜活的生活史料等成为命题材料的主渠道。

在备考中,要把近三年历史学界的研究成果摘录提供平时阅读,或命制相关试题供学生完成,提供给学生的内容要保证有针对性、科学性和完整性,不能断章取义,造成误解。

二、分析评分和答题规律,力求精准答题

(一)非标准答案,发挥空间大

以史实为依据,采意给分仍然是高考评卷的重要原则,基本没有标准答案,考生有话可写,言之合理可给分,这既顾及由于版本不同带来的不同表述,又兼顾考生的拓展性阅读。例如第38题第(1)问,答案是"新航路开辟",与之相似的表述有"地理大发现""殖民扩张"等;第(2)问中的"旧工业"可以写与"手工"相关的大量词语,例如"家庭手工业""手工业""手工纺织业"等。第39题第(1)问"'格物致知'的目的",答案是"究天理",与之相似的表述有"获得天理""求理""理是万物的本原"等。

在备考中,多方面去理解历史事物的相关表述,避免因不同角度的材料而导致难以理解。

（二）重视大背景和概括性的论述

考生答题往往走向两个极端，一是完全依靠材料，不考虑史实；二是完全脱离材料，全部堆砌教材内容。以第38题第（1）问为例，从材料上看，有两个信息点，"16世纪西班牙胡椒""17世纪，海外的美味，荷兰人的功劳"。但往往容易忽视大背景（新航路开辟）的论述，该小问主要得分点是"新航路开辟"（4分），因为这一切的变化都是由于新航路开辟引起的，起着最关键的作用。

又如2011年的第38题，分析布鲁尼的历史撰述反映的思想潮流。单从材料上得出的答案是"摆脱神学束缚，关注现实生活"，而概括性的论述是"反映人文主义思潮"却是得分的重点所在。

所以在备考中，要加强大背景下的历史事实的整理与熟悉，答题先从大背景再到小背景；掌握从现象到一般的概括性论述，既有现象又有本质的论述。

（三）避免貌似相同，差之千里的表述

由于对历史事物的一知半解，考生往往把貌似相同，但实质上差之千里的内容写下来，既不合理，又不科学，导致得分不高。例如第38题第（2）问的"旧工业"，与之差别较大的有"小农经济""自然经济""民族工业""官僚资本""洋务企业""外国资本""蒸汽工业"等，都是影响得分的。

另外，答案不完整或只罗列史实也会影响得分。例如第38题第（3）问第一个问题，分析中国20世纪五六十年代的社会状况时，只列出"'一五'计划""三大改造""公有制占主导"等表述是影响得分的。

又如2011年第38题考查对分期方法进行史实依据的分析，既要列举相关史实，又要回答该史实产生的影响：1640年英国资产阶级革命开始（史实），开启资本主义新时代（史论）；1917年俄国十月革命胜利（史实），建立第一个无产阶级领导的社会主义国家（史论）。

所以，要做到精准答题，必须紧扣题目要求，平时重视科学性、完整性、逻辑性的表述，史论结合，做到心中有数；重视历史概念的核心理解，避免混为

一谈,例如小农经济与家庭手工业,国民大革命与北伐战争,中共民主革命纲领和新三民主义,工农红军与八路军、解放军,土地革命与土地改革,"左"倾与右倾,近代工业与民族工业等。

(四)加强规范性答题

规范性答题是得高分的保证,必须明确各种题型的答题格式,例如第39题第(2)、(3)、(4)问都要求答出相关历史事物变化的内容、原因或影响等,"变化"的回答格式必须体现"从……到……"或"由……到……",体现前后者的对比,堆砌史实式的答题格式往往导致扣分。

近年来高考还加强考查"情感态度与价值观"一般以"启示""评价""认识"等表述为提问方式,按照有多少分就答多少个要点的方式,各个要点的内容要紧扣主题,层次分明,意思不能重复,着重从经验或教训中去思考。例如2011年第39题第(4)问,通过上述探究学习,你获得什么历史启示?

三、养成良好的思维习惯,做到扬长纠短

在课程观和新高考背景下,需要能用发散的思维,多角度多层次地评价历史,摆脱教材观的束缚。重史实依据,不死记硬背。在备考中,提高思维能力显得十分重要,不尊重思维习惯往往导致事倍功半。但不良的思维习惯要及时进行纠正,做到扬长纠短,百战百胜。

一是,做思维导图。

思维导图可以说是"异想天开",要根据老师的提示和帮助下,建立立体的知识网络图或树状知识图,这是训练发散思维的很好方式。例如,主题"洋务运动",纵向可以从其背景、内容及影响去思考,横向可以与第二次工业革命、明治维新、俄国农奴制改革等联系,做到点、线、面三者结合。

二是,多角度、多层次审视历史。

同一主题,不同的材料或情景,不同的设问点或角度,都令高考题扑朔迷离;虽然万变不离其宗,但发散思维较薄弱的考生答题往往会失之毫厘,差之千里。在备考中,需要围绕一个主题提供多个角度的材料供平时阅读,科学

分析不同角度的史料,认识一个"立体"的历史。

三是,表达语言要规范化、专业化。

近年来,历史命题的历史味、学术味越来越浓,这直接关系到答题的专业化,表达时要体现"历史味",尤其是学科交叉的问题,不要把历史问题用政治学科或语文学科的表现形式来回答,例如第39题第(4)问,考查"粉丝"的含义或用法,不能只是简单说明其原意。

原文发表于《广东教育》(高中)2012年09期

近三年全国高考文综历史试题
对我省高考备考的启示

深圳第二外国语学校　林良展

2010年是新课改后高考的第四年,也是我省采取3+文/理综考试方式的第一年,研究近三年全国高考文综试题有利于我省文综的科学备考。本文着重分析近三年全国高考文综历史科试题对我省今年高考的备考启示。

一、考查重点

近三年全国高考文综历史试题的选择题紧扣新课程观念,强调以新材料、新信息、新情境为主干,考查学生对新材料、新情境的理解,充分运用历史知识分析相关的历史背景与历史特征。

一是,以图片、图表为材料,考查获取信息和正确解读信息的能力。

图片、图表材料是历史的最直接反映,最能考查学生对历史知识的认识,所以以图片,图表为材料成为选择题考查的热点。从近三年全国文综历史试题来看,所采用的图片、图表主要有两大类,第一类是代表历史阶段特征的历史遗迹,例如2007年全国文综卷Ⅰ采用北京某街道老路牌照片,四川文综采用的"拆毁柏林墙"图片,2008年北京文综采用"今日箭楼"图片,2009年北京文综采用蓟城柱图和北京孔庙图,重庆文综采用圆明园的文物照片,天津文综采用明朝征收赋税的"鱼鳞图册"。第二类是反映社会变化的历史总结,例如2007年全国文综卷Ⅰ采用"1956—1965年我国粮食生产的基本状况图",

上海文综采用"1500—1800年间欧洲主要国家商船抵达亚洲的数量图表"。2008年天津文综采用"1850—1950年日本东京人口变化状况图""1870—1900年世界铁路发展状况图",宁夏文综采用"1870—1910年中国的进口货物占总进口值的百分比图表",2009年全国文综Ⅰ卷采用"汉至宋南北户数变化表""1978、1979年我国工业总产值中各种经济成分比重表",辽宁文综采用"19世纪后期美国钢铁业统计表"等。

二是,以古文献资料、媒体报道等作为新材料,考查提取关键信息的能力。

在2010年广东高考文综历史科考试说明中,如何从各种新材料提取出关键信息是基本要求。在新材料中,古文献资料是最常用的,例如2007年北京文综采用1691年出版的《论语》,重庆文综采用1919年重庆的《川东学生周刊》。2008年宁夏文综采用《旧唐书·良吏传》《四库全书总目提要》。2009年山东文综采用《红楼梦》,辽宁文综采用《东京梦华录》等。以媒体报道作为新材料是新高考的亮点,2008年全国文综Ⅰ卷采用美国《时代》周刊的评论。2009年全国文综Ⅰ卷采用抗战时期《新华日报》和19世纪中期英国记者有关工业革命的报道,山东文综采用《申报》和路透社的报道,天津文综采用1919年《大公报》的报道,福建文综采用1984年《福建日报》和《人民日报》的报道等。

三是,以名人名言作为新材料,考查对评价历史人物和历史事件的理解。

从近三年全国文综历史试题来看,名人名言主要分成两大类。第一类是政治要人对社会问题的看法,例如2007年上海文综采用邓小平对南北问题的看法,山东文综采用1964年周恩来对国际形势的看法,天津文综采用1971年周恩来接见来访的美国乒乓球代表团的讲话、富兰克林·罗斯福的有关言论。2008年全国文综Ⅰ卷采用1932年英国张伯伦对国际形势的评论,全国文综Ⅱ卷采用列宁对近代中国的评论。2009年山东文综采用苏联领导人的讲话,天津文综采用毛泽东在1954年的讲话,四川文综采用邓小平对中国国际地位的论述,福建文综采用尼克松在1971年的演讲词等。第二类是历史学家(学者)对历史事件的看法。例如2007年全国文综Ⅰ卷采用史学家陈寅恪对武周之代李唐的评述,2008年全国文综Ⅱ卷和宁夏文综都采用美国历史学家斯塔夫·阿诺斯看待历史的方法,2009年全国文综Ⅱ卷采用美国历史学家弗格森、平森和英国历史学家霍布斯鲍姆的观点,天津文综采用希腊历史学家希罗多德对克利斯提尼的评价,四川文综采用历史学家罗荣渠对英国国际地位的叙述,福建文综采用历史哲学家柯林伍德的论述。

四是,以历史情境作为新材料,考查对历史现象与本质的认识与理解。

历史情境是历史的直接演绎,是新高考考查的亮点,主要有两种类型。第一种以真实的历史情境体现社会本质,例如2007年宁夏文综采用俄国十月革命前的情景,天津文综采用1970年联邦德国总理勃兰特在波兰纪念碑前下跪、1873年天皇剪掉长发的情景;2008年全国文综Ⅰ卷采用热月政变时巴黎街头的变化现象的情景,宁夏文综采用珠海的变化情景,天津文综以纽约、莫斯科、哈瓦那等地的表现为情景材料;2009年安徽文综采用抗战时期延安吸引美国军政要人和外国记者来访的材料。第二种以历史史实设计历史情境反映社会问题。例如2007年山东文综以一个英国人在1760年来到中国可能经历的事情为材料;2008年宁夏文综以十二生肖和唐玄宗热衷斗鸡的情景为材料;2009年重庆文综以汉武帝时一位前往中国的日本人途经朝鲜半岛的情境为材料,安徽文综以公元前453年由三名贵族组成的罗马考察团前往希腊的考察为情景材料。

五是,以时事热点问题作为新材料,考查运用历史解决现实问题的迁移能力。

近三年高考充分突出当今政治经济热点问题。例如2007年宁夏文综以2007年的周年热点事件为材料;2009年上海文综以美国总统奥巴马的经济刺激计划为材料,北京文综以人民海军举行建军六十周军阅兵为材料,天津文综以巴以矛盾及冲突为材料,重庆文综以如何解决全球金融危机为材料等。

六是,以新的历史观点为材料,考查对历史研究方法的掌握。

从近三年全国高考的试题来看,考查新史观和历史研究方法成为新高考的新亮点。例如2007年全国文综Ⅱ卷采用美国历史学家斯塔夫里阿诺斯有关如何运用科学的史学观看待西方或非西方的历史的方法的观点;2008年全国文综Ⅱ卷采用法国历史学家布罗代尔对史观的阐述;2009年辽宁文综采用法国史学家朗格诺瓦和瑟诺博司的史学观点,考查如何选择或鉴别史料。

二、备考启示

根据上述分析和2010年广东高考文综历史科考试说明要求,结合2009年广东高考历史科试题,2010年我省高考历史科选择题的备考要做好如下三方面内容。

一是,精心选择或命制以新材料、新情境、新史观等为材料的选择题,培养学生获取和解读历史信息的能力。根据考试说明,2010年历史科试题只有12道选择题,每道4分,共48分,为了保证选择题的区分度,所以题型与难度不会降低,大都要通过分析题干中的相关材料才能得出答案(2009年广东高考历史选择题只有两道题可以直接得出答案)。

二是,进一步梳理历史知识体系,强化学生对历史阶段特征的认识。2009年广东高考题考查了1896—1911年、1929年、民国初年、1959年中国的社会特征,1494年、1830年世界的社会特征。由于学生普遍对通史认识不足,所以对历史阶段特征难于把握,会导致对历史评论认识的不足,也不能正确阐述和解读历史。在整合知识体系时,一方面要注意挖掘具有重大历史意义的历史事件,以点带面,以小切口反映大问题;另一方面要学会设计历史情境,通过自主设计,达到更深层次的理解。

三是,引导学生关注时事热点和新史学观,多写历史评论。2009年广东高考题考查了对约瑟夫·奈教授关于对多极化问题看法的理解,考查了活学活用历史的能力,所以要注意引导学生多读报,科学上网,了解时事热点;多到图书馆浏览历史科学书籍,写读书笔记和历史评论,形成一种创造性历史思维。

原文发表于《广东教育》(高中)2010年04期

历史的归类比较

深圳第二外国语学校　林良展

高中历史学科内容繁多,体系复杂,许多同学在学习高中历史新课程时都感到很困难,但是如果掌握一定的学习方法,则会事半功倍。笔者将着重分析历史学习中的归类比较方法,并举一些常见的例子以抛砖引玉,同学们在学习的过程中可比照总结。

一、将不同的时间相似的历史事件归类

不同的时间、相似的事件是指历史的纵向联系。在高考中,历史的纵向联系经常在选择题中体现,特别是组合型选择题。所以,平时要注意归纳。如对中共重要会议的知识点梳理,可以制作表格进行展示(见表1)。

表1　中共重要会议

会议	年份	内容
一大	1921	建党
二大	1922	制定民主革命纲领
三大	1923	确定国共合作方针
八七会议	1927	纠正陈独秀右倾错误
遵义会议	1935	纠正王明"左"倾错误,成立新领导集体
洛川会议	1937	制定全面抗战路线
七大	1945	确立毛泽东思想为党的指导思想
七届二中全会	1949	确立党的工作重心由乡村转移到城市

99

会议	年份	内容
八大	1956	指出当时中国的主要矛盾和主要任务
十一届三中全会	1978	三大路线、伟大转折
十四大	1992	确立建立社会主义市场经济体制目标
十五大	1997	确立邓小平理论为党的指导思想
十六大	2002	提出全面建成小康社会的奋斗目标

对中共土地政策的演变(民主革命时期和解放后的土地政策要分开),可以做如下处理。

土地革命时期:在革命根据地打土豪、分田地。

废除封建剥削和债务。影响:广大贫雇农政治上翻了身,经济上分到了土地,生活上有了保障,革命积极性大大提高。

抗日战争时期:地主减租减息,农民交租交息。

影响:团结了地主阶级进行抗日,为抗战的胜利奠定阶级基础。

解放战争时期:1947年制定了《中国土地法大纲》。规定没收地主土地,废除封建剥削制度,实行耕者有其田,按农村人口平均分配土地。

影响:各解放区的土地改革运动轰轰烈烈地开展起来,使解放区一亿多无地和少地农民分到了土地,激发了农民革命和生产的积极性。

1950年土地改革:将地主的土地所有制转变为农民的土地所有制,私有制形式没有改变。

1953—1956年社会主义改造:将农民的土地私有制转变为土地公有制。

1958—1978年人民公社化:没有改变土地公有制,只是经营方式的变化。特点:一大二公、一平二调。

1978年家庭联产承包责任制:也没有改变土地公有制,只是经营管理方式变化。特点:包产包干到户。

国共两次合作:1924—1927年第一次合作,1937—1946年第二次合作。

国共两次和谈:1945年重庆谈判、1949年北平谈判。

战争类:中外战争集中一起。

条约类:不平等条约和平等条约分开。

工业革命篇:对三次工业革命归类比较。

起义、运动、革命类,例如太平天国运动、辛亥革命、五四运动、五卅运动等。

中外政治制度归类,例如中国古代的分封制、案法制、郡县制、三省六部制和内阁制等,世界近现代史的代议制,君主立宪制、责任内阁制和总统共和制等。

二、将同一时间不同的历史事件归类

同一时间、不同的事件是指历史的横向联系。近年来,高考、中考查横向联系的题目在非选择题中越来越突出,如2006年广东历史卷第29题关于《四库全书》和《百科全书——科学、艺术和工艺详解辞典》的比较。平时多总结多练习。如:

1840年:英国完成工业革命;鸦片战争,中国开始沦为半殖民地半封建社会,中国历史进入近代史。

1861年:中国洋务运动开始;俄国1861年改革使俄国走上资本主义道路;美国内战使美国解放黑奴;意大利统一,使意大利走上资本主义道路。

1956年:社会主义改造基本完成,社会主义制度建立,中共八大召开。

1964年:新中国三届人大召开,提出"四个现代化"目标;中国成功爆炸原子弹。

1997年:邓小平同志逝世,香港回归,十五大召开。

三、总结同一个历史事件在不同时间的表现

按照时间顺序概述一个历史事件经常在非选择题部分的材料题中体现出来。如:

民族资本主义在民主革命时期的发展:其发展经历了兴起(1861年)、初步发展(19世纪末期)、短暂春天(1914—1918年一战期间)、较快发展(1927—1936年)、萎缩(全面抗日战争时期)、陷入绝境(解放战争时期)。

民主革命时期的国共两党关系:国民大革命时期:首次合作→土地革命时期、对持→抗日战争时期、第二次合作→解放战争时期、内战。

四、归类当年的历史事件周年纪念

每年的周年纪念经常会在当年的高考题中反映出来,如 2006 年是国共合作后的北伐战争开始 80 周年(1926 年),广东大综合就考查了该事件,所以平时要注意总结并思考,例如 2007 年的周年纪念的主要事件如下:

1917 年(90 周年):俄国十月革命胜利。

1927 年(80 周年):国民大革命失败,南昌起义,秋收起义,井冈山革命根据地建立。

1937 年(70 周年):日本发动全面侵华战争(中国全民族抗战),南京大屠杀,平型关大捷。

1947 年(60 周年):美苏冷战开始,关贸总协定成立,中共制定《中国土地法大纲》,刘邓大军挺进大别山。

1957 年(50 周年):苏联发射第一颗人造地球卫星,中国完成第一个五年计划。

1967 年(40 周年):欧洲共同体成立,第三次中东战争爆发,中国第一颗氢弹爆炸成功。

1977 年(30 周年):中国恢复高考制度。

1987 年(20 周年):美苏签署"中导条约",中葡签署关于澳门问题的联合声明,中共十三大召开。

1997 年(10 周年):东南亚爆发金融危机,邓小平逝世,香港回归,中共十五大召开。

此外,还要注意的是,2007 年的高考主要考查 2006 年 9 月至 2007 年 5 月周年纪念的历史事件,所以 2006 年的周年纪念历史事件同样要留意。如长征胜利 70 周年(1936 年 10 月长征胜利),西安事变发生 70 周年(1936 年 12 月 12 日),社会主义制度确立 50 周年(1956 年)等,这些也是高考的一大热点。

原文发表于《广东教育》(高中)2006 年 22 期

基于历史思辨教学的实践

　　2018年,林良展老师带领的研究团队在批判性思维系列成果基础上,首创"历史思辨教学"理念,并结合学生综合素养提升的行动研究,形成历史思辨教学的三大策略,分别是搭建积木·历史情境重构策略、逆向推演·历史结果逆推策略、散点透视·历史时空流动策略。

　　历史思辨教学把教、学、评三合一,提出的每一个策略均有相应的实施方法、评价体系以及成熟的教学案例,为中学历史教师研究课堂教学、探索思维教育提供了很好的视角和切实可行的实施路径。17年来,历史思辨教学的研究持续深入,取得了丰硕成果:

　　2010年,获全国基础教育课程改革教学研究成果奖;2016年,获深圳市第三届教育教学科研成果奖三等奖;2020年,获广东省教育教学成果奖二等奖;2021年,获深圳市第四届教育教学科研优秀成果奖一等奖;2022年,获广东省中小学教育创新成果奖三等奖。

　　据统计,与历史思辨教学相关的省、市级课题有七个,目前有三个仍处于研究阶段;核心成员出版著作十部,在省级以上期刊发表论文共计四十余篇;在各类学术会议上作主题发言二十余次,其中林良展老师于2011年、2022年在中史参主办的全国学术研讨会上围绕历史思辨教学作专题报告;《中学历史教学参考》2019年6月、2023年4月以及《广东教育》(综合)2019年第1期和2期对历史思辨教学的系列成果进行专题报道,《中学历史教学》2023年第7期对深圳市林良展名教师工作室2022年围绕历史思辨教学的教研活动进行专题报道,其他报刊、媒体的宣传报道也有将近二十次。

在历史思辨教学引领下,众多研究成员转变教学理念与方式,逐渐成长为研究型、创新型教师和教学骨干,在教学实践、各类竞赛、课题研究、著作出版、论文发表方面取得长足进步,斩获广东省中学青年教师基本功大赛一等奖等多项荣誉。

经过连续多届的实验班与对照班数据跟踪和对比研究,学生在历史思辨教学的指引下学科素养有了明显的提升,还在全国"青史杯"历史剧本制作大赛、历史漫画比赛、"燕园杯"历史写作大赛等活动中屡获佳绩,甚至有在校学生在《中学历史教学参考》发表文章。据不完全统计,深圳第二外国语学校近年来有五十多名学生本着对历史学科的浓厚兴趣,报考或从事与历史学有关的专业。

历史思辨教学已经在全国范围内产生越来越大的行业影响,得到教育部基础教育教学指导历史专业委员会主任委员叶小兵教授等众多名师的肯定和推荐。

历史思辨教学的实践探索

深圳第二外国语学校　林良展　毛帅

纵观历史,技术变革乃是时代发展、社会进步的基本动力,每一次技术族群的涌现都深刻改变了产业结构、组织形态、生活方式、思想观念乃至世界格局。当今更是堪称技术时代,云计算、大数据、物联网、人工智能等新技术纷至沓来,对社会的变革是全方位的,教育也概莫能外,技术对课程内容、教学方式、教育形态、人才需求都产生了全方位的影响。如何充分利用技术手段提高教学的有效性,成为广大教师普遍面临、不断探索的问题。与此同时,新课标、新教材有力推动着以核心素养为培养目标的教学理念与方式变革,但教师的课程观、教材观、教学观、教师观、学生观仍未完成更新迭代,小组探究、情境创设、大单元大概念的应用有时流于形式,核心素养的培养效果也相对有限。因此,教师当前面临着两大挑战:一是技术时代下技术与教学的深度融合,二是以核心素养为培养目标的教学变革。

林良展老师带领工作室团队提出"历史思辨教学"的理念,积极探索技术时代下历史思辨教学的原则与策略,目前已形成阶段性的研究与实践成果。

一、技术应用与思辨教学的融合原则

技术时代下历史思辨教学的实践应当遵循如下基本原则:

（一）技术辅助性与思辨主体性的统一

作为满足教学需求、实现教学目标、提升教学效果的辅助性手段,技术应用从根本上说是为教学服务的,因此必须坚持以教学为主体。在历史教学中,既然辩证化思维是认识、理解历史问题的关键,也是形成学科素养的核心要素,那么技术应用的合理与否,应该以是否有效促进历史思辨教学为基本标准。

以《中外历史纲要（下）》第五单元《影响世界的工业革命》一课为例,《普通高中历史课程标准（2017年版2020年修订）》规定:通过了解工业革命带来的社会生产力的极大发展以及所引起的生产关系的深刻变化,理解工业革命对资本主义世界体系的形成及对人类社会生活的深远影响。

《普通高中历史课标标准（2017年版2020年修订）》要求首先集中于对工业革命影响的认识,因此确定影响为教学重点。如果花费过多时间用视频或3D动画来展示蒸汽机的工作原理,显然有些喧宾夺主。其次,对影响的理解需要辩证认识生产力与生产关系之间的关联互动,是工业技术直接带来生产力大发展,再引起生产关系的适应性变化。最后,工业革命对资本主义世界体系形成以及对人类社会生活的深远影响,既需要容纳极广阔空间的全球视野,也必须在时间流动中考察历史变迁。技术应用应该着力于后两点,利用自己可以动态、立体呈现复杂关联或结构的优势,帮助学生达成上述辩证化的理解。

（二）应用必要性与功能充分性的统一

技术在历史思辨教学中的应用首先需要考量应用的必要性,必须是合理和适宜的。不基于实际教学需求、无益于达成特定教学目标或是脱离学生基础认知,即便有酷炫的技术展示,也属于无源之水,难以收获实际的教育意义。与此同时,一旦选定某项技术,便应该充分发挥其功能。如果是利用虚拟现实技术来创设情境,便追求充分的细节展示、高度还原的场景;如果是利用结构模拟展示逻辑推演或知识体系,便突出线索的清晰明了、结构的多维立体。

基于初中所学,学生对工业革命原因、历程、影响等基本史实已经具备初步认知,更需要的是变换视角和打开视野后构建多元、立体、深度、辩证的理解。利用网络平台搜索海量资源、利用关键词快速搜集有针对性的资料的必要性以及技术优势,随之凸显。因此笔者采用翻转课堂模式,要求学生自主搜集历史研究中对工业革命影响的不同表述,以通过小组合作绘制思维导图的形式实现头脑风暴,发现视角、视野差异下的多元认知。学生在学校图书阅览室登录中国知网,搜集到大量经典论述,例如:

英国自上一世纪(指18世纪)中叶以来经历了一次比其他任何国家经历的变革意义更重大的变革……英国的革命是社会革命,因此比任何其他一种革命都更广泛,更有深远影响。[①]

我们在这里把1789年的法国大革命和同时期发生的(英国)工业革命称为"双元革命"(dualrevolution),本书所追溯的1789—1848年的世界变革,正是从"双元革命"这一意义上着眼……如果说19世纪的世界经济主要是在英国工业革命的影响之下发展起来的话,那么它的政治和意识形态则主要是受到法国大革命的影响。[②]

有了这个学生利用技术手段自主学习的前置环节铺垫,历史思辨教学的课堂效率与效果都有了显著提升。

(三)目标、过程、效果的高度一致性

历史思辨教学以批判性思维为核心,在辩证化认知的延展式发展过程中,潜移默化地改变学生的学习方式,从而实现其核心素养的切实、高效提升。技术在其中的应用自然应该遵循历史思辨教学的既定目标,在教学过程的实施是为了实现既定教学目标,对其应用效果的评价也必须以教学目标为

[①] [德]恩格斯. 英国状况[M]//中共中央马克思恩格斯列宁斯大林著作编译局. 马克思恩格斯文集:第1卷,北京:人民出版社,2009:87.

[②] [英]艾瑞克·霍布斯鲍姆. 革命的年代:1789–1848[M]. 王章辉等译. 南京:江苏人民出版社,1999:序言、69.

参照。

　　笔者将"人类文明的一次大迈步"确定为《影响世界的工业革命》一课的主题,这个表述既在全面认识工业革命影响的基础上抓住主要矛盾,从全球视野和人类进步的高度突出了工业革命带来的巨大进步,在辩证认识工业革命历史局限之后依然做出旗帜鲜明的价值判断,对于学生树立唯物史观也是一次积极的示范和引领。

　　为了彰显这一主题的引领作用,笔者利用Google地球在线的高清街景技术访问伦敦科学博物馆,线上资源既可以直观看到一楼第一厅展出的蒸汽机等动力机械、世界现存最古老的火车头、第一部由穿孔卡控制的福尔肯织布机,还可以与其他展厅内的第二次科技革命、现代科技成果紧密衔接,在时间流动中感受技术族群的阶段化发展及其带给人类文明的一次次大迈步。这次云端访问,对于感悟主题和视野突破都有明显的帮助作用,也为接下来基于1851年伦敦万国工业博览会的一系列情境解构与重构的步骤实施奠定了基础。

二、技术在历史情境重构策略中的应用

　　历史思辨教学实施有三大策略:

　　一是,历史情境重构策略。重构就像搭积木游戏,"积木"即组成历史情境的一个个元素,在学生拥有一个个历史元素和掌握基本的历史脉络后,教师利用这些"积木"(历史元素)搭建一个示范性模式,讲解其中会运用到的方法或技巧,可能是一座"小桥"(如时代轴),也可能是一栋别墅(如思维导图)等。为了检验学生是否真正掌握"搭积木"的方法,教师要把这些"小桥"果断拆掉,再让学生自己去创造,建造不一样的建筑,例如学校、医院等。如果学生可以做到,那说明其历史思辨能力得到了培养和提升。[①]

　　二是,历史结果逆推策略。旨在打破"背景—内容—影响"惯性思维带来的单一性与单向性,通过反思历史结果产生的可能性、科学性与合理性,寻

---

① 林良展. 历史情境重构实施策略探索[J]. 历史教学问题,2022(01):154–160.

找、补充相关材料进一步佐证既定结论,运用比较分析法寻找和理解历史发展规律等多种方式,形成更加辩证化的历史认知。

三是,历史时空流动策略。不但要求还原、构建某个特定的时空,还要让时空"流动"起来,通过横向与纵向更加多维、多元的关联,构建起基于长时段、广视域、辩证发展的宏大历史观。

情境创设已为教师所熟悉并普遍应用,然而并非所有的教学内容都适合于情境的创设、还原或重构,如果问题相对简单或者学生已经熟悉,在有限的教学时间内实无必要展开;另外,情境很多时候仅仅作为导入环节的亮点存在,既未贯穿课堂始终,也缺乏细节的支撑。学生难以在充分的身心体验中实现认知各要素的协同进化,认知发展的实际效果自然也大打折扣。历史情境重构策略是基于思辨教学对情境的深度利用,通过评估、解构、重构三个步骤,对复杂历史问题形成辩证化理解,切实提升唯物史观、时空观念、历史解释等核心素养。下面仍结合《影响世界的工业革命》一课教学实例加以详细说明。

一是,基于情境认知的科学评估。

2007年,在美国佛罗里达大学召开的认知科学会议上,"4E+S"认知理论模型首次被提出。其中,"4E+S"的四个"E"分别代表具身(embodied)认知、嵌入(embedded)认知、生成(enactive)认知和延展(extended)认知,"S"代表情境(situated)认知。……情境认知的主要观点是人的心智是在情境中发展的,依赖于人、情境、物理环境的共同互动……包括认知和学习在内的智能行为并非是能动者内部系统对世界所存规则的符号表征或心理计划,而是在很大程度上依赖于人所处的情境。[①]

在"4E+S"认知理论模型中,前四种认知往往都是在情境认知所强调的特定情境中发生的,因此情境在促进个体认知的过程中起着十分关键的作用。尊重认知科学、吸收前沿成果,是保障教学效果、提高教学效率的一大法宝。在选择情境重构策略前,需要对情境应用的合理性进行科学考量。

---

① 张婧婧,牛晓杰,刘杨,王辞晓. 学习科学中"4E+S"认知理论模型的内涵与应用[J]. 现代教育技术,2021(8):23-31.

一方面,工业革命自在英国发轫以来,带动了一系列别的革命,而且它本身也尚未完成,眼下还在继续进行,并向着未来奔去……工业化与工业革命一样涉及一切领域:社会、经济、政治结构、公众舆论等等。即使最典型的帝国主义国家的历史也不能概括工业革命的全貌,要用一个自命简单、完整、不容置辩的定义进行概括,当然更不可能。换句话说,先把英国、后把全世界搞得天翻地覆的工业革命,在其进程的任何时刻,不是一个界限明确的课题,不是集中在一个特定时空中的若干特定问题。①

鉴于工业革命是一个时空边界模糊、内容包罗万象的复杂历史进程,学界尚且存在争论,学生要对其形成整体、辩证认知的难度自然更大。利用技术优势创设或还原具有充分交互性的历史情境,分割或浓缩时空、凸显主线脉络与整体框架,从而推动学生内部认知系统的延展式发展,就显得尤为必要。

二是,基于历史合力论的因果解构。

历史是这样创造的:最终的结果总是从许多单个的意志的相互冲突中产生出来的……这样就有无数互相交错的力量,有无数个力的平行四边形,由此就产生出一个合力,即历史结果。②

相互作用是事物的真正的终极原因。我们不能比对这种相互作用的认识追溯得更远了,因为在这之后没有什么要认识的东西了……只有从这种普遍的相互作用出发,我们才能认识现实的因果关系。③

恩格斯晚年提出的"历史合力论",相关表述主要集中在1890年9月21—22日《致约·布洛赫》和1894年1月25日《致瓦·博尔吉乌斯》的书信中。历史合力论既强调主体意志自觉性和自发性的统一,也阐明了历史进程中各因素之间相互作用,其中经济基础起决定作用的辩证关系。基于历史合力论,对

---

① [法]费尔南·布罗代尔. 15至18世纪的物质文明、经济和资本主义:下册[M]. 顾良,施康强译. 北京:生活·读书·新知三联书店,2002:621,644-645.

② [德]恩格斯. 恩格斯致约瑟夫·布洛赫[M]//中共中央马克思恩格斯列宁斯大林著作编译局. 马克思恩格斯文集:第10卷,北京:人民出版社,2009:592.

③ [德]恩格斯. 自然辩证法[M]//中共中央马克思恩格斯列宁斯大林著作编译局. 马克思恩格斯文集:第9卷,北京:人民出版社,2009:482.

历史进程中原因或结果的解释往往需要先用分析法解构出参与相互作用的历史元素，再综合考察最终的合力，形成整体、辩证的认知。

英国1750年后的欣欣向荣是万道光线辐辏而成的聚光点……如果人们画出时间跨度相当大的一系列共时切面图，工业增长就能大致无误地显示出工业增长的演进过程。但为做到这一点就必须先确定一个观察模式，历史学家还必须经过协商一致，分别在不同的时间和地点付诸实施。[①]

以原因作为"一个观察模式"，在白板上将教材第一子目所列的历史元素，如原料、资金、技术、市场、劳动力等，以思维导图形式呈现出来，结构的不完整一目了然。因此笔者课前布置的另一个任务依然是利用技术手段，搜集更多关于工业革命原因的史料或论述，然后在原图基础上添加更多历史元素，绘制更加完整的思维导图，最终在课堂上使用投屏技术实现即时的分享与点评。在这个过程中，学生逐渐形成规律性认知：历史结果的出现并非相关历史元素的简单相加，而是需要特定的组合方式、特定的合力程度形成特定的组织架构。如果元素组合改变、合力大小出现偏差，就有可能出现的是另外一种结果。

工业革命的影响同样是各历史元素合力作用的一个典型例证。《全球通史》的观点也与历史合力论不谋而合："某一行业的发明总是会促进其他行业发展。例如新的棉纺机引起对动力的需要；新的棉纺机和蒸汽机要求增加铁、钢、煤的供应量；纺织、采矿和冶金工业的发展又引起对改进运输工具的需求……"[②]

基于前期资料搜集和课堂上的一系列思维引导，学生通过白板思维导图功能呈现的结构图，构建生产力发展、政治变革、经济形态、社会关系、生活方式、观念习俗、世界格局这些影响的"点"，由此认识到历史并非单线程的孤立发展，而是交互式地互动关联，由此构成人类社会进步的复杂进程。

---

①［法］费尔南·布罗代尔. 15至18世纪的物质文明、经济和资本主义：下册[M]. 顾良，施康强译. 北京：生活·读书·新知三联书店，2002：621、644–645.

②［美］斯塔夫里阿诺斯. 全球通史：从史前史到21世纪：下册[M]. 吴象婴等译. 北京：北京大学出版社，2006：492–493.

三是，新情境下的历史元素重组。

历史情境的重构基于学生的元认知，而又打破原有知识结构，力争做到实施的普适性、可行性、重复性和可借鉴性等。实施时既要避免片面甚至歪曲认识，也不可过多使用历史结论，以免影响学生自主思考；应抱着"理解之同情"，避免以现代人习以为常的标准去苛求历史人物；还要注重正确价值引领下对历史细节的挖掘，比如细致的情节、冲突的思想、动容的人物、精彩的画面。简言之，即尊重历史情境原貌，同情历史情境人物，寻找历史情境亮点。①

对于英国工业革命成因的研究，学界多从中国工业化经验和英国工业革命对比的视角来进行观察。这些研究大都是通过在二者中间"找不同"进而用"中国式例外"去反驳他人的主张。而事实上，改革开放时期计划经济的转型和基于社会主义市场经济的工业化，反而恰恰可以看成英国工业革命发生机理的一个例证。②

基于这个思考方向，笔者要求学生对中国改革开放时期工业化的发生机理作出历史解释。学生搜集资料的方式一如之前，技术在此方面的优势再度凸显。学生发现解释改革开放的历史元素确实与工业革命存在许多相似，例如经济体制改革释放农村劳动力，不断成长的国际市场形成旺盛的市场需求，国际、国内生产分工的不断深化和趋于发达。改革开放之所以存在与工业革命相似的发生机理，根本在于它们都遵循人类社会发展的一条根本规律：

我们所研究的领域越是远离经济，越是接近于纯粹抽象的意识形态，我们就越是发现它在自己的发展中表现为偶然现象，它的曲线就越是曲折。如果您画出曲线的中轴线，您就会发现，所考察的时期越长，所考察的范围越广，这个轴线就越是接近经济发展的轴线，就越是同后者平行而进。③

---

① 林良展. 历史情境重构实施策略探索[J]. 历史教学问题，2022(01)：154-160.

② 朱格锋. 从马克思的社会发展理论看英国工业革命的发生机理——兼谈改革开放时期中国工业发展的历史经验[J]. 河北经贸大学学报，2021(6)：30-38.

③ [德]恩格斯. 恩格斯致瓦尔特·博尔吉乌斯[M]//中共中央马克思恩格斯列宁斯大林著作编译局. 马克思恩格斯文集：第10卷. 北京：人民出版社，2009：669.

这条中轴线并非考察历史时的主观设定,而是贯穿于历史进程的根本性规律——人类社会的一切变化都是在生产力发展这条中轴线的带动下波动式前进、螺旋式上升。中国近代化理论巨擘罗荣渠先生透彻地概括工业化与现代化的辩证关系说:

广义而言,现代化作为一个世界性的历史过程,是指人类社会从工业革命以来所经历的一场急剧变革,这一变革以工业化为推动力,导致传统的农业社会向现代工业社会的全球性的大转变过程,它使工业主义渗透到经济、政治、文化、思想各个领域,引起深刻的相应变化……工业化是现代化的核心。现代化实质上是现代工业生产方式和工业化生活方法的普遍扩散化的过程。①

当学生站在这样的高度去认识和理解工业革命,视野的宏大、思维的深度就是自然而然的结果。

当然,中国还具备若干基于自身独特性的有利因素。例如坚持深化改革,不断解放工业生产力;坚持对外开放,成功融入全球产业体系;坚持"五化协同",走新型工业化道路;正确处理市场与政府的关系,构建"有效市场"+"有为政府";尊重群众的首创精神,探索适宜的区域工业化路径。②

在新的情境下,历史元素结合具体变化进行了重组,构建出新的历史结果。在运用辩证思维进行新的历史解释过程中,学生的唯物史观、时空观念等核心素养获得了切实的培养。

四是,旧、新情境迁移中的价值引领。

历史思辨教学所要提升的素养,不仅包括必备知识、关键能力,更要树立正确的世界观、人生观、价值观。实现旧、新情境连接的,也不仅是知识和逻辑的贯穿,更有旗帜鲜明的价值引领。

"人是历史剧作者"是唯物史观基本命题之一……唯物史观所指称的"历史",不是按照时间顺序简单地、笼统地反映出所有社会性实践活动的过程的

---

① 罗荣渠. 现代化新论——世界与中国的现代化进程[M]. 北京:北京大学出版社,1993:16-17、124.

② 郭朝先. 改革开放40年中国工业发展主要成就与基本经验[J]. 中国社会科学,2021(7):1-11.

"历程史",而是揭示出人类实践活动能力发生转进和创造结果发生演变的"状态史"……只有当人们的实践活动与过往的生产生活方式和社会活动方式相抗争,与各种阻力相斗争,不在斗争中崛起,就在斗争中毁灭时,历史才会在沉静的时间流逝状态中被激活,进入演变的可"记录"状态。[1]

人类社会的发展并不完全是一个客观演进的历程,人类也通过种种主观能动,发挥着"历史剧作者"的作用。在历史人物身上,往往能看到不畏艰险、坚持不懈、追求进步、憧憬未来等种种美好品质或时代精神。学生学习历史,不只在于了解过去,更重要的是传承与利用,以历史照亮现实,甚至指引未来。

世博会是全景式地反映世界各国政治、经济、社会、文化和当代科技成就与发展前景的全球性盛会,是体现世界文化相互交流与融合、反映人类思想最新结晶与发展方向、记录全球文明发展轨迹与成就的历史性坐标。……世博会的真正基础一直建立在"时代的希望与欲望"之上,它代表着观众的热情,能折射出一个世纪的历史动态。[2]

基于价值引领的目标,笔者以第一届世博会1851年伦敦万国工业博览会为具体情境,设计开放性活动:尝试给第一届世博会设计一个主题语。

举办这次世博会的核心人物是维多利亚女王的夫君阿尔伯特亲王。在举办博览会的前一年,阿尔伯特亲王对其目的有如下说明:"这个时代的特征就在于这是一个充满变化的时代,这点是毋庸置疑的。这些变化都向着人类历史的伟大目标——人类的统一快速前进……"博览会举办期间,维多利亚女王就衷心表白:在上帝的祝福下,我诚挚地与诸位一起祝祷,此次盛会能增进吾国人民之福祉与全体人群之利益;能激发和平与工业的巧艺;能凝聚世界各国间的关系;更能将仁慈上帝所赋予人的禀赋用于友爱与高尚的竞争,以促进全体人类的美善与幸福。[3]

材料多角度提醒学生:尽管英国举办本届世博会存在扩大贸易的利益驱

---

[1] 龚培河. 矛盾的三种出场形态及其视角下的历史运动特征[J]. 理论探讨,2019(5):98-103.

[2] 乔兆红. 世界博览会与世界历史整体发展[J]. 社会科学,2011(4):158-167.

[3] 乔兆红. 强国世博与世博强国[J]. 上海经济研究,2009(10):111-121.

动,但主办方的发言和世博会本身也传达了一些追求进步和美好、指向希望和未来、代表人类共同愿景的价值理念。

第一届世博会并没有官方明确给出的主题语。"发展,人类共同的追求""进步永无止境""工业文明的交流盛会""增进交流,共同进步"等表述,都是不错的构思。

积极的主观能动性不仅存在于工业革命的历史进程中,在改革开放的新情境中,中国成功走上新型工业化道路的经验中也有许多属于充分发挥主观能动性的表现,例如党的正确、坚强领导、人民对于美好生活的向往以及为此付出的不懈努力。回到恩格斯的历史合力论就是:当一个个指向进步和未来的个人意志形成压倒性的优势时,这股强大的合力必然推动着历史的车轮滚滚向前。

恩格斯说:"马克思的整个世界观不是教义,而是方法。它提供的不是现成的教条,而是进一步研究的出发点和提供这种研究使用的方法。"[1]套用这句话来概括技术时代下历史思辨教学的实践问题,那就是:技术本身不是目的,而是手段。与历史思辨教学的三大策略一样,它提供的不是循规蹈矩的教条或者束缚,而是实现教学方式变革,使认知思维趋向辩证唯物主义的方法。

原文发表于《中学历史教学参考》(上旬刊)2023年第4期

---

① [德]恩格斯. 给韦尔纳·桑巴特[M]//中共中央马克思恩格斯列宁斯大林著作编译局. 马克思恩格斯文集:第10卷,北京:人民出版社,2009:691.

历史逆向推演策略在历史思辨教学中的应用

深圳市新安中学(集团)高中部　陈育

在高中历史教学中运用历史逆向推演策略,培养学生逆向思维能力,对于促进学生历史学科核心素养培养、激发学生的创造性,满足新时代对高素质人才的需求具有重要意义。

在高中历史教学中,往往使用"论从史出"的唯物主义方法,先陈述史实,再由史实得出结论;或者通过史料教学引导学生概括信息、得出结论。这基于历史发展的脉络,也符合学生认知规律,是学习历史的重要思维方式。著名史学家严耕望先生认为:"有些问题,史料很丰富,若只留意有利于自己意见的史料,那么几乎任何问题都可以照自己的意见方向去证明,这可说是抽样取证。"[1]他认为是不值得提倡的。在高考答题时,学生也常用"正向思维",即先加工处理题干的材料信息,再分析各选项具体表述,直至判定选择题正误选项;或根据材料概括信息,得出结论,进行非选择题作答,但往往受思维定式和答题套路所限,无法对有效信息进行完整、合理的解释。由此,运用历史结果逆推策略,打破传统思维方式,用反向思维和目标导向思考问题,和进行学习反思,更有利于探寻历史真相,提升学生历史思辨能力。

---

① 林良展. 历史思辨教学——理念、策略和实例[M]. 广州:广东高等教育出版社,2019:29.

一、于终思始,因果逆向推演培养历史思维的灵活性

历史逆向推演指的是在解决问题时,从原有事物的因果联系中进行交换性思考,由果溯因,探寻事物发展的新规律和达到认识事物的新途径。历史事件的发生是一个前因后果关联的过程,在高中历史教学中,教师通过对教材内容进行合理逆向设计,引导学生根据结果、影响逆推历史事件产生的背景、原因,培养学生思维的灵活性,形成唯物史观,以便更好地了解和掌握历史发展的方向,提高认识历史事件的能力,领会以史为鉴的历史意义。

比如学习《中外历史纲要(下)》第14课《第一次世界大战与战后秩序》时,教师可以引导学生果上寻源,根据一战参战双方国家的不同结果,追溯其爆发的原因,形成对比,举一反三,最后总结一战爆发的原因。

教师讲述:第一次世界大战是人类历史由分散到整体发展进程中一次裂变与动荡。参战各国在战后产生不同的结果,受到不同的影响。根据结果,究其动因。根据表1来对比查看第一次世界大战发生的背景。

表1 一战主要参战国的客观结果与初始目的对比

参战国		结果	目的(原因)
同盟国	德国	海外殖民地被瓜分,面临巨额战争赔款,国内经济崩溃,发展受到限制	想要争夺世界霸权和殖民地
	奥匈帝国	帝国解体	占领巴尔干,取得亚得里亚海、爱琴海的出口
协约国	英国	由债权国变为债务国,战后经济长期低迷,对殖民地控制能力大大减弱	保住霸主地位,争夺更多殖民地
	法国	人员、经济损失惨重,国际地位大大下降	削弱德国,报仇雪恨,做欧洲霸主
	沙俄	因爆发革命退出一战,帝国被摧毁,十月革命后建立社会主义国家	摧毁德国和土耳其在巴尔干的势力,建立"大斯拉夫帝国"
美国		进出口贸易猛增,世界黄金储备的40%在美国手中	捞取战利品,瓜分殖民利益,大发战争财

教师提问1:从参战国目的与战争结果的对比,你能得出什么结论?

学生回答1:从目的地来看,战争的进程完全走向大国决策者主观意志的反面;从结果来看,力量的失衡预示新的国际秩序即将诞生。

教师提问2：德国、奥匈帝国与意大利组成三国同盟，英法俄组成三国协约，根据表格，结合所学，两大对立集团的矛盾在哪里？

学生回答2：德法之间主要是宿敌，普法战争法国战败，想要报仇雪恨，做欧洲霸主；德国与英国主要是争夺殖民地和世界霸权；德奥与俄国主要是巴尔干问题引发的矛盾；意大利与法国主要是突尼斯问题。

教师总结：由于帝国主义国家之间的利益之争，两大集团之间产生了无法调和的矛盾。我们用图示表达更直观形象（见图1）。

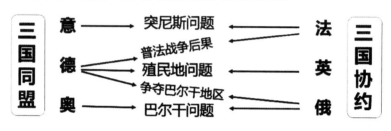

图1　同盟国与协约国主要矛盾示意图

教师提问3：综上所述，形成矛盾的原因是什么？请大家讨论总结。

学生回答3：帝国主义列强对世界市场和霸权争夺的矛盾。

教师提问4：那接下来请同学们思考，帝国主义国家掠夺殖民地的原因是什么？

学生回答4：在两次工业革命的刺激下，帝国主义国家迅速扩张，经济飞速发展，需要大量廉价劳动力和丰富的资源。

教师总结和补充：但帝国主义国家之间发展的程度和水平有差距，即资本主义政治、经济发展的不平衡，必然导致帝国主义国家之间争夺霸权和重新瓜分殖民地的矛盾，从而导致一战的必然爆发。

以上课例片段可知，历史事件的因果关系是非常复杂的，一个历史事件既可能是先前历史发展的结果，也可能是后来历史发展的原因。历史事件之间由此形成复杂的因果关系网。运用因果逆向推演策略，可以让学生逆向思维，学会从结果出发，变果为因，引导学生探寻历史事件发生的原因，效果反而会更好，效率也会大大提高，培养学生思维的灵活性，启发学生智力，更好地服务于历史学习，服务于学生素养培养。

二、反向追问,角色换位推演培养学生思维的主体性

历史逆推的过程,就是反思历史的过程。在高中历史教学中,"完全可以借助逆向思维,将某一史论定为假说,然后引导学生推断、追溯有关史实加以'验证'"①。具体教学环节,当学生在教师的讲授中掌握了既定史实后,教师可根据史实结论,补充相关史料,通过师生互动、以问题驱动,营造学生积极思考的课堂环境,引导学生深刻认识历史事件的因果联系,达到对事物规律性认知,彰显学生学习的主体地位。

比如学习《中外历史纲要(上)》第24课《全民族浴血奋战与抗日战争的胜利》,阐述毛泽东《论持久战》的思想,可以结合斯诺《红星照耀中国》的内容,加以逆推。

教师提问:我们都知道抗日战争初期,日本提出"三个月灭亡中国"的幻想,我们也知道自武汉会战后进入相持阶段,但假如你生活在那个水深火热的年代,你认为这样的战争要打多久?

学生分组讨论后,请各组推选1~2名代表回答。然后展示《红星照耀中国》中毛泽东的回答,开始逆向追问。

(毛泽东)这要看中国人民的民族统一战线的力量,要看中国和日本国内的许多的决定性因素,要看国际对华援助的程度以及日本内部革命发展的速度而定。如果中国人民的民族统一战线是极其一致的,如果上下左右都是有效地组织起来的,如果那些认识到日本帝国主义对自身利益威胁的各国政府给予中国的国际援助是大量的,如果日本国内很快发生革命,那么这次战争就会很短,很快就可以得到胜利。但是,如果这些条件不能实现。那么战争会是很长久的,但到最后,日本还是要被打败,只不过牺牲重大,全世界都要经历一个痛苦时期。②

教师追问1:你的回答与毛泽东的想法不一样的地方?毛泽东对战争的思考考虑到哪些方面的因素?

---

① 张坪. 历史课程教学目标的理性构建与实施[M]. 天津:天津教育出版社,2012:148.

② [美]埃德加·斯诺. 红星照耀中国[M]. 董乐山译. 北京:人民文学出版社,2017:90.

学生1：国内民族统一战线的程度；国际援助；日本内部革命的因素。

教师追问2：这些不同因素，带来的战争结果可能有何不同？

学生2：很快取得胜利；或者持久战。

教师追问3：斯诺写这本书是在1936年底西安事变爆发前期，全民族抗战还没有开始，毛泽东这样的思想给你带来什么启示？

教师总结：体现了毛泽东作为一代伟人、党的领导人，在当时革命形势严峻的背景下，他有冷静的头脑、睿智的眼光，尤其是他没有盲目乐观，也没有消极懈怠，而是客观分析形势，做出冷静的判断。这样的临危不乱、全局观念值得我们学习和思考。也不愧是一代伟人！也体现了毛泽东思想的伟大。

通过史料呈现、层层设问、引导学生换位思考和对比探究，帮助学生全面了解和分析抗战形势，认识到战争的发展走向受到多方面因素的影响，认识到相持阶段的到来是战争发展的结果，更进一步说明毛泽东等领导人具有前瞻性的眼光。值得注意的是，这样的逆推方式，课堂容量以学生解决问题的程度决定，而不是教师"满堂灌"的进展决定。于终思始，角色换位推演培养历史思维的同理性。

三、结论存疑，功能逆向推演培养学生思维的科学性

功能逆向推演是指对原有事物的功能、影响进行反向思考，根据正面材料和反面材料对比，还原历史真相。[①]史学研究随着时代发展不断与时俱进，对教材或史书给予某一历史事件的确定性结论，我们带着质疑的心理大胆分析、小心求证，往往能得出全新的视角和颠覆性的认识，培养学生科学精神和理性思维。

比如学习《中外历史纲要（上）》第18课《挽救民族危亡的斗争》，关于"维新变法"中"公车上书虽未送达光绪帝，但拉开了维新运动的序幕"的结论，教师在讲授时，可以结合材料，提出疑问，激发学生兴趣，带动学生积极思考。

---

① 逯慧洁. 高中历史教学中逆向思维能力培养问题研究[D]. 开封：河南大学，2022：14.

教师讲述:关于康有为组织"公车上书"拉开维新变法运动的序幕,同学们从初中学到高中,似乎并无异议,但以下两则材料对比,会让我们发现,事情似乎并不像我们想的那样。请看两则材料,讨论以下问题。

材料一 1899年1月,康有为回忆说:"再命大学士李鸿章求和,议定割辽、台,并偿款二万万两。三月二十一日电到北京,吾先知消息,即令卓如(梁启超)鼓动各省……与名者千二百余人,以一昼二夜草万言书,请拒和、迁都、变法三者……并日缮写……遍传都下,士气愤涌,联轨察院(都察院)前里许,至四月八日投递,则察院以既已用宝(光绪帝批准和约),无法挽回,却不收。"许多论著据此认为康有为发起和组织了"公车上书",并将之视为资产阶级改良派走上政治舞台的标志。

——摘编自康有为:《康南海自编年谱》

材料二 二十世纪七八十年代以来,史学界对康有为的说法提出了诸多质疑。茅海建详细查阅清朝军机处《随手档》《早事档》《上谕档》《电报档》《洋务档》《宫中电报电旨》等档案,提出:"从二月二十七日至四月二十一日,在不到两个月的日子里,上奏、代奏或电奏的次数达154次,加入的人数超过2464人次……在各省,封疆大吏电奏反对者(反对签订和约)已过其半数;在京城,翰林院、总理衙门、国子监、内阁、吏部官员皆有大规模的联名上书;举人们的单独上书也达到了31次,加入的人数达到了1555人次;举人们参加官员领衔的上书为7次,加入人数为135人次。""四月初八日(5月2日),即康有为所称'不收'其上书的当日,都察院代奏了官员举人的上书共计十五件。""由此可以证明,康有为组织的十八行省公车联名上书,并非都察院不收,而是康有为根本没有去送。"

——摘编自茅海建:《戊戌变法史事考二集》

教师提问1:两则材料分别表达了什么观点?

学生回答1:认为康有为积极上书,组织了公车上书,但遭到都察院拒绝,未送达光绪帝;

学生回答2:认为在京官员及在京参加会试的举人纷纷联名上书,康梁联合组织的"公车上书"未送。

教师提问2:根据以上两个不同的观点,你能得出什么观点?

学生回答3:公车上书作为资产阶级登上政治舞台的标志这一说法的真伪存在争议。

教师提问3:从史学研究的角度,简析材料一、二的史学价值。

学生回答4:材料一属于个人回忆录,可能是作者事后撰述,有很强的主观色彩,史料价值有待考证。

学生回答5:材料二属于对历史档案的研究。档案是原始性的第一手资料,客观性和真实性较高,与回忆录相比具有更高的史料价值。而且学者研究中大量第一手史料进互相印证研究,其严谨性更强。

教师总结:历史研究应该去伪存真,要辨别作者的立场、角度。

这个知识点的讨论,让同学们对公车上书本身有了新的认识,对史料价值的辨析有了更深刻的理解,更重要的是要有批判性精神,认识到即使是既定结论,随着时代的发展,研究的深入,也会有新的探索和思考,这就是培养独立思考的科学精神。科学源于怀疑,到底哪些结论是疑问点,哪些会让学生们脑洞大开、浮想联翩,需要我们在平时的课堂中多假设,努力让思维打开,让反思更加有效。

综上所述,学生存在个体差异,不同学段学生认知水平有高低,综合把握考情、教情和学情,合理运用历史逆向推演策略,最重要的是,保持对历史教学的探索精神与实践能力,保护和培养学生的探究精神、创造性思维,将助力教师逐步打造深度学习的历史思辨课堂,助力学生在思维进阶中不断收获成长。

原文发表于《中学历史教学参考》(上旬刊)2023年第4期

历史情境重构与历史思辨教学实践

——以选择性必修二《生产工具与劳作方式》单元教学为例

深圳实验学校光明部　　陆燕南

英国哲学家弗朗西斯·培根有一句广为流传的名言:读史使人明智。历史学科不是一门机械记忆的学科,而是一门理性思考的学问。随着互联网等技术的飞速发展,学生获取知识的渠道变得愈发多元,传统的知识传授型课堂已然失去了存在的空间。当下的高中历史教学,是通过教学活动引导学生掌握思考和辨析历史的能力,从而进一步拓宽历史视野,发展历史思维,提高历史学科核心素养,帮助学生树立正确的世界观、人生观、价值观和历史观。这也是高中历史课堂践行历史思辨教学的重要原因所在。

笔者有幸作为授课人参与了2021年广东省普通高中新课程新教材实施示范区示范校建设交流研讨活动历史学科教学展示,[①]采用历史情境重构等方法进行历史思辨教学,取得了良好效果,以下是笔者的实践与思考。

一、技术赋能,确立学习目标

本次授课的主题是统编教科书选择性必修二的第二单元《生产工具与劳作方式》。单元设计以"劳动改变世界"为主题,聚焦劳动人民对于人类社会发展的推动作用。单元教学共分为三个课时,第一课时关注中外历史上的生

---

① 该课例亦在广东省教育厅指导、广东省教育研究院主办的"南方教研大讲堂"第三十七场进行展示。

产工具,第二课时关注古今中外的劳作方式,第三课时关注劳动者对美好生活的不懈追求,一步一步引导学生反思人与技术、人与社会、人与自然的关系。笔者授课的内容是第三课时。

学习目标是一节课的基石所在。只有准确掌握学情,才能制定有针对性的学习目标,打造高效课堂。在"互联网+"时代,信息技术提供了更多的可能性。课前设计调查问卷考查学生对于生产力、生产关系、生产工具、劳作方式等核心概念及小农经济、工业革命、现代技术革命等基本知识的掌握程度,利用人工智能进行数据分析,可以生成一份详细的课前诊断性评价。教师不仅可以整体掌握全体学生的学习基础、学习能力信息,亦能了解每一个学生的个性信息,在此基础上制定精确的学习目标。

通过整体数据分析发现,学生经过一年的上下两册《中外历史纲要》学习,已经较好地掌握了工业革命等基础知识,也具备一定的史料阅读和分析能力。但是对于生产工具、劳作方式等抽象概念的具体内涵不够了解,运用所学知识对历史事件进行综合论证和解释的能力也有待加强。

基于此,笔者确定此节课的学习目标如下:一是通过在不同时空框架下探究生产工具与劳作方式变革带来的成就与问题,认识生产方式变革、科技进步与人类社会发展的关系,能够依据史料对相关历史现象进行客观评述,提升唯物史观、时空观念、历史解释素养;二是通过分析历史发展进程中以及当今社会人类面临的若干问题,全面反思人与技术、人与社会、人与自然的关系,形成人文关怀和对生活、对生命的热爱,树立正确的世界观、人生观和价值观,以更加积极的姿态面对未来,提升家国情怀素养;三是通过小组探究式的史料研读活动,从史料中提取有效信息作为叙述、解释历史的可靠证据,增强史料实证素养和历史解释素养。

二、情境重构,提升思辨能力

徐蓝教授有言:"在教学中,教师要努力创设测试历史学科核心素养多种类型的'新情境'……通过多维度创设问题情境,考查学生在新情境下如何解决问题,如何把问题解决好,以有利于检测和评价学生的历史学科核心素养水平。"①历史思辨教学重视历史情境的重构,即引导学生在自主阅读教材的基础上将相关历史元素打乱,组装成不同角度的历史情境,②从而真正实现学生思辨能力的成长,切实提升历史学科核心素养。

作为单元教学的第三课时,首先要对前两个课时的内容进行一定的回顾。笔者并未选择常规的知识复习导入法,而是利用多媒体技术展示若干图片,通过不同时代的典型图片创设历史情境,引导学生在特定时空框架下对历史进行概述与表达。这样的设计一方面有效检测了学生对于前两个课时的掌握情况,更重要的是启发学生在特定时空下运用所学知识对历史事件、历史人物、历史现象进行描述和解释,提升时空观念和历史解释素养。由于看待事物的视角不同,学生会从不同方面论述图片显示的历史事件和现象。这些由学生生成的不同角度的历史情境相互碰撞,有效地培养了学生立体、多面看待历史的思辨能力。在此基础上教师进一步布置探究任务,追问不同时代人们对美好生活的追求是什么,是否存在差异以及差异背后的原因,以此渗透唯物史观。这一环节学生的答案更倾向于是一种直观感受,要深入思考不同时代人们对美好生活的追求,必须回到当时特定的历史时空。基于此,笔者设计了一个小组合作式的史料研读活动。此环节用到的材料会放入学生学案,学生需要在课前完成第一个任务,即以简洁语言概括材料内容。在课堂中的任务则是将材料划分为"时代成就"组以及"时代问题"组,同时对其进行时间定位。

以上三个环节通过任务群的方式进行逐层推进,在真实、具体的历史情境下以任务驱动学生,以问题引导学生。学生以小组为单位自主探讨历史问题,总结不同时代生产工具与劳作方式变革带来的成就与问题,有效提升了沟通协作以及运用所学知识分析历史和现实问题的能力。这个环节也旨在引导学生对历史进行反思,学生从历史中汲取经验教训,从而能更全面、客观地认识历史和现实社会问题。

---

① 徐蓝. 基于历史学科核心素养的课程结构与内容设计:2017版《普通高中历史课程标准》解读[J]. 人民教育,2018(8):44–52.

② 林良展. 历史思辨教学:理念、策略和实例[M]. 广州:广东高等教育出版社,2019.

接下来的环节对学生的讨论成果进行实时检测,学生再次回答不同时代人们对美好生活的追求,引导学生基于史料,选择、组织和运用相关史料表达自己的认识,解释个别或系列史事,培养史料实证与历史解释素养。

在知道什么是美好生活的基础上,学生进一步思考先民们为追求美好生活所做出的行动与努力。教师以问题引导学生思考问题,学生需要联系上下两册《中外历史纲要》相关内容作出回答。在此过程中,自然而然地整合了必修与选择性必修教材内容,帮助学生构建知识体系。

最后,教师抛出"生产力发展是否等同于美好生活"这一问题,布置给不同时代劳动者写信的任务,深化学生对人与技术、人与社会、人与自然和谐发展的认识,树立正确的世界观、人生观和价值观,培养社会责任感,涵养家国情怀。

三、史料研习,涵育学科素养

诚如《普通高中历史课程标准(2017年版2020年修订)》所言:"历史过程是不可逆的,认识历史只能通过现存的史料。要形成对历史的正确、客观的认识,必须重视史料的搜集、整理和辨析,去伪存真。"一方面,史料是学生认识历史的必不可少的桥梁;另一方面,学生能在辨析、解释史料的过程中调动、运用所学知识并逐步形成关键能力、必备品格与正确的价值观念。因此,本课在课堂组织形式上以小组合作式的史料研习活动为中心,强调任务驱动和问题引导,尝试培育学生在真实情境中思辨地分析问题和解决问题的能力、提升学生学科素养。

本课选用的史料如下:

材料一　自然力的征服,机器的采用,化学在工业和农业中的应用,轮船的行驶,铁路的通行,电报的使用,整个大陆的开垦,河川的通航,仿佛用法术从地下呼唤出来的大量人口——过去哪一个世纪料想到在社会劳动里蕴藏有这样的生产力呢?

——马克思、恩格斯:《共产党宣言》

材料二　1872年,门采尔亲自到西里西亚工业区体验生活,深入柏林铸铁厂的一线车间。他曾回忆说:"在这里我一直处于危险之中,仿佛随时都会被轧钢的机器吞进去。"

——摘编自徐沛君:《德国美术史话》

门采尔《轧钢工厂》,1875年

材料三 下层阶级居民居住的房子是背靠背盖起来的,对面房子的住户不走出自己的门就可以把手伸过街去握手……房子排水和厕所特别成问题,五十间以至五十多间房子只有一个公共厕所,所以在很短时间内就塞满了大小便,居民们没有其他办法,只好把大小便倒在街上。

——摘编自E.罗伊斯顿·派克等:《被遗忘的苦难——英国工业革命的人文实录》

材料四 机器生产代替手工劳动、城市化迅猛发展等现实因素,对广大民众的文化素质提出了更高的要求……西方国家不断通过立法推行初等教育,并加大政府对教育的经费支持。到19世纪末20初,英格兰5~12岁儿童的入学率已达80%。

——人教版选择性必修二教材《经济与社会生活》

材料五 有这样一些数字说明工业革命造成的贫富差距在拉大:1803年,最富裕的1.4%的家庭取得国民总收入的15.7%,到1867年,0.07%的家庭就取得16.2%的国民总收入。这组数据说明,在60年时间里,财富的高度聚敛已扩大了20倍还不止。1803年,收入最多的2%的人占有国家财富的1/5,1867年则是2/5;1803年,收入最多的10%占有国家财富的2/5,1867年则超过50%。

——钱乘旦:《英国工业革命中的人文灾难及其解决》

材料六 发动机一开始,人们就必须工作——男人、女人和孩子们都一起被套在钢铁和蒸汽的轭具下。动物机器——再好不过也是可以损坏的……被紧紧地拴在不知痛苦和不知疲劳的钢铁机器上。

——詹姆斯·菲利普斯·凯:《受雇于曼彻斯特棉纺工厂的操作人员的精

神和身体状况》

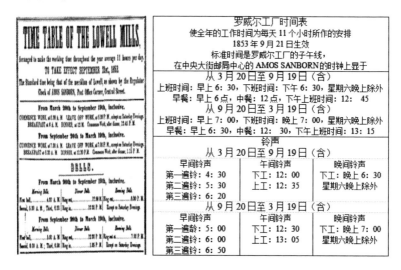

1853年美国一家工厂制订的工人每日时刻表及译文

材料七　工业化之前,一切生产都只能维持人的基本生存……(工业化后)人的物质生活超越维持生命的基本需要,温饱不再满足要求,人民开始追求生活的享受和舒适,社会生活水平总体趋向提高……过去只为贵族生产的奢侈品,现在成为用机器生产的普通消费品。

——摘编自钱乘旦:《第一个工业化社会》

材料八　每一次产业技术革命,都给人类生产生活带来巨大而深刻的影响。现在,以互联网为代表的信息技术日新月异,引领了社会生产新变革,创造了人类生活新空间,拓展了国家治理新领域,极大提高了人类认识世界、改造世界的能力。互联网让世界变成了"鸡犬之声相闻"的地球村,相隔万里的人们不再"老死不相往来"。可以说,世界因互联网而更多彩,生活因互联网而更丰富。

——国家主席习近平在第二届世界互联网大会开幕式上的讲话(2015年12月16日)

材料九　在智能化工厂中,大量对能力要求低的岗位以及简单的、重复性高的劳动都将被智能系统所取代……人的创新性、应变性和智慧性等特征在智能工厂中的作用愈发变得"核心化"。企业把吸引和培养高端劳动力作为重要发展战略,拥有知识技能和科学技术的劳动者被争相聘用,并得到良好的工作环境和优厚的待遇。

——摘编自刘伟杰,周绍东:《新科技革命与劳动者阶层分化——马克思主义政治经济学视角的解读》

材料十 2018年以来,美国以美中货物贸易巨额逆差为由采取了一系列针对中国的行动,挑起中美之间的贸易摩擦。截至2020年2月,美国先后对中国实施5轮加征关税。贸易摩擦使得全球经济遭到打击……此外,贸易保护导致竞争减少,阻碍全球技术和观念交流,从长期来看,将导致劳动生产率下降,削弱全球经济的增长潜力。

——摘编自郭可为:《中美贸易战:动机分析与情景推演》;张爱玲,欧阳秋芳:《美国加征关税对中国的影响及对策》

材料十一 多之害,山顶已植黍稷,江中已有洲田,川中已辟老林,苗洞已开深菁(竹林),犹不足养,天地之力穷矣。种植之法既精,糠核(粗糠屑)亦所吝惜,蔬果尽以助食,草木几无孑遗,犹不足养,人事之权殚(尽)矣!

——(清)汪世铎:《汪悔翁乙丙日记》

以上材料以学案的形式发放给学生,学生需要在课前完成概括材料的前置任务。内容选择方面,上述材料一方面充分利用课本材料创设历史情境组织学生学习,在此基础上补充课外材料;另一方面选择了文字、图像、数据等形式多样的史料,引导学生对部分史料进行一定辨析,全面培育学生史料实证的素养。此外,既有诸如《共产党宣言》之类宏观层面的材料,也注意选用了工人工作时间表之类更加贴近学生生活、更能引发学生兴趣的微观层面史料。

在传统的史料教学中,教师选用的大多是文献史料。学生对于图像、实物等史料是陌生的,不知如何下手,更不用说对其进行深入分析了。另一方面,教师在选用史料时容易以论代史,先设定结论,再找能够证明结论的材料。在这种情况下,学生只是被动地接受观点输出,缺乏自主整理和辨析史料的过程,无法恰当地运用史料对历史问题进行探究和论述,自然无法提升历史思辨能力和学科素养。学业质量水平1、2要求学生知道史料分为文献史料、图像史料、实物史料、口述史料等多种类型;能够认识不同类型的史料所具有的不同价值,在对史事与现实问题进行论述的过程中运用史料作为证据论证自己的观点。学业质量水平3、4要求学生对史料进行整理和辨析,并判断其价值;在对历史和现实问题进行探究的过程中,能够恰当地运用史料对所探究问题进行论述。可见,学生应在高中阶段对不同类型的史料的价值形成认识并能史论结合地论述历史问题。

据此,本环节选用了多种形式的史料,特别是对于材料二的图像史料进行了深入分析。检视学生对材料二所含信息的概括时,教师提出了以下几个问题:材料二属于什么类型的史料?能否用自己的语言简单描述油画展现的内容?这幅画展现的是什么时期、哪一阶层人物的生产状况?你认为门采尔的这幅画描绘的是真实场景吗?为什么?这几个问题由易到难,层层深入引导学生对该史料进行思考和辨析。第一个问题考查的是学生对于史料类型的认识;第二个问题考查的是学生叙述和解释能力;第三个问题需要学生有效提取史料中时间、空间等关键信息并进行时空定位;第四个问题则需要学生在调动、迁移已有知识的基础上对史料来源、史料性质、作者意图等进行分析,并在准确进行时代定位的前提下结合时代大背景分析史料的真实性。学生在真实情境下自主解决问题,切实提升了历史思辨能力,涵育了时空观念、史料实证、历史解释等学科素养。

当然,历史课程最根本也是最重要的任务是立德树人。因此在能力和素养的培养之余,本课也在尝试引导学生树立正确的世界观、人生观和价值观,培养其社会责任感。在史料研习这一环节中,学生在概括完材料后需要将其反映的历史现象分类为"时代成就"抑或"时代问题"。在对某些历史进行分类时,学生内部就出现了分歧。如材料十反映出的新科技革命对劳动者提出更高要求现象,有些学生认为是时代成就,因为科技发展会促使劳动者不断提升综合能力以避免被智能系统取代;有些学生则认为在科技革命引发的社会转型过程中会出现部分劳动者无力跟上科技发展速度的情况,科技发展对于这一群体来说是不利的。听到这样的回答笔者非常感动——在理性思考的同时,学生也具备人文关怀。学生表现出了自己对历史现象的思考,并在思维碰撞中形成了对历史和现实社会问题更为全面、客观的认识。

在科学技术发展日新月异的技术时代,互联网、大数据等现代信息技术不断扩宽着课堂的可能性,有效助力课堂教学。但另一方面,技术的更新也对教师提出了更高层次的要求。教师必须转变知识本位的育人思维,更加关注学生能力的提升和素养的培育,把课堂真正还给学生。本节课在技术赋能的基础上精准确立学习目标,强调学生自主重构历史情境,以学生为主体,以素养为本位,关注学生思辨能力的成长,使学生深度参与、深度学习,切实落实立德树人的核心目标。

原文发表于《中学历史教学参考》(上旬刊)2023年第4期

文物史料在历史思辨教学中的实践应用研究

——以《秦统一多民族国家的建立》为例

深圳第二外国语学校　姚璐甲

随着信息技术的发展，云计算、大数据、人工智能等新技术不断涌现，历史课堂的教学方式也悄悄发生着变化。教师需要在日常教学中充分利用新兴的信息技术手段，转变教学思维，课堂要由教师单向的输出变成共建共享共生的师生学习共同体，以此才能提升学生的历史思辨能力，更好地落实历史学科核心素养与基本能力。在历史教学中，教师也可以利用新兴的信息技术手段将各种文物、遗产、古籍展现在课堂上，创设多样化的"真实情境"，构建栩栩如生的历史情境，让学生学会从不同角度认识和解释历史。

将文物运用到历史课堂中，让学生扮演国宝守护人，在课堂上讲解文物的形制规模与来龙去脉。有了互联网的便利，身在课堂就可以利用VR技术参观远在千里的博物馆，甚至比现场参观更加精细与真实。教师以此模拟历史情境，或者借助文物复原历史情境，使学生先有视觉的冲击，再以问题为引领补充多样化的历史材料，引导学生对材料进行深度分析，掌握探究历史的方法与技能，逐步学会全面、发展、辩证、客观地看待和论证历史问题，提升和发展核心素养。

一、借助线上观展模拟历史情境，秦始皇帝陵见证天下一统

提出问题：(1)为什么由割据走向统一在当时是历史发展的必然趋势？

(2)为什么最终由秦完成统一？

展示文物：战国商鞅方升和跪射俑。

教师讲解：战国商鞅方升是商鞅变法时期颁布的铜制量具。商鞅虽死，其法犹存，使秦国确立了重农抑商和以法治国的基本策略，成为推动秦国不断强大的一个重要因素。跪射俑是秦始皇陵发掘出土的兵马俑代表之一，生动传神地刻画了秦兵作战时的动作与姿态。教师进一步展示秦始皇陵兵马俑的线上展览，可以非常清晰地看到一号坑、二号坑、三号坑的内部情况，让学生如临其境，感受栩栩如生而又规模宏大的兵马俑。目前发现的兵马俑有八千个左右，且每个陶俑的面部表情或动作都不一样，体现了秦人高超的塑造技艺。我们今天可以通过宏伟壮观的兵马俑坑一窥秦国军队的规模与阵容，充分感受"虎狼之师"的强大，这也是秦国能够完成统一的重要因素。

材料一　春秋时代的剧变及其历史演进本质上对华夏国家与民族发展方向起了定位作用。一是华夏民族文化圈进一步向四边疆域扩展，越来越多的夷狄之地被纳入华夏文化范围，许多过去的夷狄之民融入华夏文化中，成为华夏民族的一分子；二是许多诸侯小国也在战争的进程中被大国兼并，政治一体化的进程也随之加快。

——李禹阶：《华夏民族与国家认同意识的演变》[1]

材料二　(秦国)其固塞险，形势便，山林川谷美，天材之利多，是形胜也。入境，观其风俗，其百姓朴，其声乐不流污，其服不挑，甚畏有司而顺，古之民也。及都邑官府，其百吏肃然，莫不恭俭敦敬忠信而不楛，古之吏也。入其国，观其士大夫，出于其门，入于公门，出于公门，归于其家，无有私事也。不比周，不朋党，倜然莫不明通而公也，古之士大夫也。观其朝廷，其闲听决百

---

[1] 李禹阶. 华夏民族与国家认同意识的演变[J]. 历史研究,2011(6):4-25.

事不留,恬然如无治者,古之朝也。故四世有胜,非幸也,数也。

——《荀子·强国》①

教师带领学生分析材料之后总结:(1)秦的统一是历史发展的必然趋势,因为它具备了统一的经济基础。社会经济发展,各地区和民族联系加强;诸侯争霸实现了局部统一;长期的战乱使人民渴望安定统一。随着春秋战国时期华夏共同体不断发展壮大,华夏文明进一步扩展,已有"天下一统"的整体观念。(2)秦的统一离不开自身的优势与奋斗。秦国地理位置优越,物质基础雄厚。历代秦王励精图治,广纳贤才,吏治严明,采用"远交近攻"的外交策略。商鞅变法使秦国改革最为彻底等。最终在公元前221年,秦吞并六国,建立起中国历史上第一个统一的封建王朝——秦朝。

设计意图:通过对文物的介绍和学习,学生可以掌握史料实证素养。通过对中华民族传承下来的优秀文物进一步深入理解和宣传,培养学生对历史学习的人文追求,以及对中华民族优秀传统文化的认同与归属,可将家国情怀落实到位。将科学技术成果引入历史课堂,充分发挥互联网的优势,通过线上展览模拟真实的历史情境,再结合文献史料,以问题为引领,将学生的学习过程由封闭转向开放,由单一转向多样,不仅可以促进教与学的互动和交流,提高学生的课堂参与度,还能提升学生历史学习的幸福感,促进学生历史学习的拓展和深入。

二、出土文物与铭文史料相印证,探究专制主义中央集权制度

展示文物:秦诏版和杜虎符。

材料三　廿六年皇帝尽并兼天下诸侯,黔首大安,立号为皇帝,乃诏丞相状、绾:法度量,则不壹、歉疑者,皆明壹之。

——秦诏版铭文②

材料四　兵甲之符。右才(在)君,左在杜。凡兴士被甲,用兵五十人以

---

① 北京大学《荀子》注释组. 荀子新注[M]. 北京:中华书局,1979:263.

② 张文质. 秦诏版训读异议[J]. 河北师范大学学报(哲学社会科学版),1982(3):24-31.

上,必会君符,乃敢行之。燔燧之事,虽母(毋)会符,行殴(也)。

——杜虎符铭文①

材料五 王初并天下,自以为德兼三皇,功过五帝,乃更号曰"皇帝",命为"制",令为"诏",追尊庄襄王为太上皇。制曰:"死而以行为谥,则是子议父,臣议君也,甚无谓。自今以来,除谥法。朕为始皇帝,后世以计数,二世、三世至于万世,传之无穷。"

——司马光:《资治通鉴·秦纪二》②

教师带领学生分析铭文及史料,可知秦始皇统一天下后,设立皇帝制度,通过一些具体规定突出皇帝至高无上的权力。皇权独尊还体现在军事上,虎符就是最好的证据。铭文中提到用兵五十人以上就必须得到君主的同意,可见全国的军政大权都牢牢地掌握在皇帝手中。铭文史料还提到了始皇时期的两位丞相,进而与学生一起学习三公九卿制度。

设计意图:介绍文物使学生对这两个文物有初步了解,再带领学生一起阅读和分析材料,通过深度学习,从中发现皇帝制度和丞相制度,以及皇权独尊的特点,不仅可以提高学生阅读理解材料的能力,还可以提升史料实证素养,让学生学会依据可靠的史料,即出土文物对史事进行推理和论证,进而提升学生在历史理解和认识的基础上叙述历史的核心能力,即历史解释。

教师展示教科书中《秦朝形势图》并提问:(1)在地图上指出秦朝的疆域范围,(2)面对广阔的疆域秦朝如何统治?

秦朝建立起"东至海暨朝鲜,西至临洮、羌中,南至北向户,北据河为塞,并阴山至辽东"的广阔疆域,为了便于管理,在地方设置郡县制。

进而设问:秦为什么废分封而立郡县? 郡县制有何优势?

材料六 秦初并天下,丞相绾等言:"诸侯初破,燕、齐、荆地远,不为置王,毋以填(镇)之。请立诸子,唯上幸许。"始皇下其议于群臣,群臣皆以为便。廷尉李斯议曰:"周文、武所封子弟同姓甚众,然后属疏远,相攻击如仇雠,诸侯更相诛伐,周天子弗能禁止。今海内赖陛下神灵一统,皆为郡县。天

① 黑光. 西安市郊发现秦国杜虎符[J]. 文物,1979,(9):93-94.

② (宋)司马光. 资治通鉴[M]. 北京:中华书局,2011:234-235.

下无异意,则安宁之术也。"始皇曰:"天下共苦战斗不休,以有侯王。赖宗庙,天下初定,又复立国,是树兵也,而求其宁息,岂不难哉!廷尉议是。"

——司马迁:《史记.秦始皇本纪》[1]

材料七　秦之所以革之者,其为制,公之大者也;其情,私也,私其一己之威也,私其尽臣畜于我也。然而公天下之端自秦始。

——柳宗元:《封建论》[2]

教师带领学生一起分析材料:从司马迁的记载可见,秦始皇曾让群臣针对地方行政体制进行充分的讨论。李斯认为分封制易导致地方割据动乱,而郡县制有利于国家安定统一。秦始皇最终采纳廷尉李斯的建议设立郡县制。柳宗元则认为秦朝是为了加强中央集权便于统治才实行郡县制,开创了"公天下"的局面。郡县制的推行,说明地方官员的选拔与任命打破了商周时期的世袭制,从而使官僚政治取代贵族政治,冲击了血缘纽带的固有模式,可以激发底层士人积极进取的精神,有利于增强社会活力。以上种种优势使郡县制自秦以后在中国延续下来。

设计意图:通过阅读观察地图,引导学生理解空间环境对历史的影响,增强其空间感,培养空间思维,使其掌握时空观念的核心素养与关键能力。通过多重史料的深度分析,明确郡县制的来龙去脉,对郡县制进行客观综合的评价,不仅使学生掌握历史解释素养与正确的价值观,还训练了学生的历史批判性思维。

三、大胆质疑传世文献与出土文献的矛盾,探讨秦的暴政与速亡

从公元前221年秦始皇统一六国,到公元前207年刘邦进驻咸阳,秦朝并没有像嬴政希望的那样子孙后代延绵不绝,仅仅存在十四年二世而亡。到底是什么原因导致秦的速亡呢?很多学生会在初中学习的基础上回答出暴政,

---

① (汉)司马迁. 史记[M]. 北京:中华书局,1983:238-239.

② 北京大学古典文献教研室.《封建论》译注[J]. 北京大学学报(哲学社会科学版),1973,(8):49-59.

教师可让学生结合课文列举秦的暴政。

展示文物:秦始皇帝陵铜车马和睡虎地秦简。

铜车马只是秦始皇众多陪葬品中的两件,这是我国考古史上发现最早、体形最大、保存最完整的青铜车马,其价值巨大,制作工艺非常高超。带领学生利用线上展览参观秦始皇帝陵博物院铜车马展厅,感受这些文物带给我们的震撼。

这些只是秦始皇陵墓一百八十多个陪葬坑之中的冰山一角。从始皇继位到去世后一年,秦朝用了整整三十八年的时间修造这座陵墓,此项工程要耗费多少人力、物力、财力? 我们感叹秦人的技艺与智慧之余,却掩盖不了残酷的事实:秦朝大修陵墓和兴建工程,劳民伤财,是导致秦朝灭亡的重要原因。

设计意图:教师带领学生通过技术手段参观线上博物馆展厅,设置真切的历史情境,让学生置身其中充分感受秦始皇帝陵所带来的震撼,拓宽学生的历史视野,打开学生的思维空间。感叹国家宝藏的精美与价值之外,更多的是引导学生进行历史的思考与批判,进一步运用历史唯物主义的观点,深度学习分析秦朝灭亡的重要原因,揭示中国古代历史发展的总体趋势。

材料八 (秦)于是废先王之道,焚百家之言,以愚黔首;隳名城,杀豪杰,收天下之兵,聚之咸阳,销锋镝,铸以为金人十二,以弱天下之民。……二世……重以无道:坏宗庙与民,更始作阿房之宫;繁刑严诛,吏治刻深;赏罚不当,赋敛无度。天下多事,吏不能纪;百姓困穷,而主不收恤。然后奸伪并起,而上下相遁;蒙罪者众,刑戮相望于道,而天下苦之。

——贾谊:《过秦论》[1]

材料九 不数载而天下大坏,其有由矣:亟役万人,暴其威刑,竭其货贿,负锄梃谪戍之徒,圜视而合从,大呼而成群,时则有叛人而无叛吏,人怨于下而吏畏于上,天下相合,杀守劫令而并起。

——柳宗元:《封建论》[2]

---

①(汉)贾谊. 新书校注[M]. 阎振益,钟夏校注. 北京:中华书局,2006:2.

②北京大学古典文献教研室.《封建论》译注[J]. 北京大学学报(哲学社会科学版),1973,(8):49-59.

材料十　秦非亡于其苛法本身,实亡于六国民众薄弱的法律意识与秦之严法的激烈冲突之中。……始皇帝却决策失误,在全国范围内推行秦法的过程中,忽视了六国百姓对秦法的心理承受能力,因而在六国民众的法律意识与严苛秦法的冲突中速亡了。

——马占军:《从秦简看秦亡的法律意识因素》①

教师带领学生从不同角度深度分析秦朝灭亡的原因,汉唐时期的史料多在反映秦的暴政,学者马占军认为秦非亡于严苛的刑法本身,而是亡于六国民众法律意识的薄弱与严苛的秦法之间的冲突,这为我们认识秦亡的原因提供了异于前人的思路。

我们知道秦朝速亡的一个重要原因就是严刑峻法。教师展示《史记　陈涉世家》:"公等遇雨,皆已失期,失期当斩。"却忽略了一个问题:司马迁的记载是否真实? 秦律里关于服役"失期"到底如何惩罚?

教师展示睡虎地秦简:1975年出土于湖北云梦睡虎地秦墓,墓主人是一个叫作喜的地方官吏,墓中出土了很多始皇时期的秦律。经过专家和学者的整理形成《秦律十八种》。我们称之为出土文献。

材料十一　御中发征……失期三日到五日,谇;六日到旬,赀一盾;过旬,赀一甲。……水雨,除兴。

——《秦律十八种·徭律》②

睡虎地秦简中关于服役"失期"的惩罚没有斩首,遇到大雨等自然原因导致"失期"还可以免除惩罚。秦简与司马迁的记载出现了偏差。如何理解这个问题呢? 教师引导学生深度分析,司马迁如此记载的目的可能是为了突出秦朝的严刑峻法,同时也可以起到警醒当世统治者汉武帝,使其实行仁政的作用。

设计意图:带领学生分析秦亡的重要原因——暴政,利用《史记》与睡虎地秦简对于同一个问题的不同记载,吸引学生注意,激发学生继续探讨的好奇心,培养学生的历史思辨能力。首先,深度分析两种史料,让学生充分体会

① 马占军. 从秦简看秦亡的法律意识因素[J]. 简牍学研究,2002(4):107—111.
② 睡虎地秦墓竹简整理小组. 睡虎地秦墓竹简(平装本)[C]. 北京:文物出版社,1978.

大胆怀疑和鉴别史料的方法;其次,了解出土文献与传世文献的特点与关系,即两者之间可以相互印证也可以相互矛盾,引导学生学会搜集、整理、辨析、运用历史材料来解释历史,认识研究历史要以有价值的、可靠的史料作为历史论述的证据。利用批判性思维大胆质疑和批判,通过问题解决促进对历史的理解,学会综合运用史料研究历史的方法与价值。

　　陈胜、吴广首义,揭开了反秦起义的序幕。刘邦于公元前207年占领咸阳,秦朝灭亡。短命的秦朝虽然灭亡了,但是其对后世的影响却是深远的。秦朝结束了战乱局面,建立大一统的中央集权国家,奠定了此后历代疆域的基本版图,其政治制度被后世长期沿用并加以损益。空前统一的封建国家促进了各民族的交流与融合,推动了整个中华文明的长足发展。

打造技术时代高中历史思辨教学的"生动课堂"
——以统编版教材《中华文明的起源与早期国家》为例

深圳市南头中学　　李正楠

思辨教学是培养学生思辨能力的重要载体。历史思辨教学指"教师有计划、有组织地通过教学活动引导学生掌握思考和辨析历史的能力"[①]。历史思辨能力是高中生发展历史思维能力的重要有机组成。当今的网络技术时代给高中历史思辨教学提供了多元性方案和指向性逻辑。高中历史思辨教学可以有效利用网络技术打造"生动课堂",对传统的历史课堂进行符合师生双重发展需求的时代升级,下面以统编版教材《中华文明的起源与早期国家》为例进行阐述。

一、三维引领促思辨

在思辨教学中,教师是引导者和主持者,教师需要精心设计教学环节和应用多元的教学手段以提升学生的思辨能力。笔者认为可从下列三重维度引领学生思辨以生成"生动课堂"。

首先,教师以网络技术为依托合理预设情境问题。巧妙设问是引发思辨的良好开端。本课教材以人类文明的发端为切入点,学生对人类起源和相关考古文物非常感兴趣。在此教师可以抛出"凭什么距今170万年的元谋人叫

---

① 林良展. 历史思辨教学——理念、策略和实例[M]. 广东:广东高等教育出版社,2019:3.

做'人'？"的有趣问题,并利用多媒体技术生动直观地溯源人类的进化过程。由此激发学生对人的概念的界定与思考。学生在思辨中探究出旧石器时代元谋人能够使用石器,并能够保留和使用火种。最后,教师以马克思主义唯物史观"能够制造和使用工具是人和动物的根本区别"作总结,得出中华文明是人类最古老的文明之一的史论。这样既培养了学生用历史唯物史观看待问题,又在原始社会情境下很好地理解了"石器时代"的内涵。

其次,打造生动课堂,教师还可以跨学科多元融合设置思辨性问题。跨学科学习"能够引领历史学科关键能力和价值观形成,同时有助于学生核心素养的培育"[1]。例如,2022年广东省历史高考第19题小论文就是跨学科融合的历史地图题,题目通过展示地中海示意图而考查学生史论结合的能力。这种新题型不仅可以考查学生的时空观念,还能够有效培养学生历史解释的核心素养。在本课教学中,教师通过把新旧石器时代人类遗址分布地图进行比较,引发学生从时空观念的角度揭示中华文明的起源与多元一体的特点。多媒体技术的教学应用更容易让学生对史实的思考与辨析建立在直观认识的基础上,让僵化的历史概念超越表征具象化,体现了技术时代"生动课堂"的优势。

最后,教师利用技术手段尊重和还原历史升级思辨。"从历史学科的过去性来说,运用现代信息技术可以尽可能生动形象地复原历史"[2]。例如,在讲述西周的青铜文明时,教师可以精选网络时代的博物馆线上资源,利用线上云展厅的全新形式打造3D场景的历史课堂,激发学生的探索欲望,回归历史教学本身。在"深圳博物馆"公众号里有"吉金铸史——青铜器里的古代中国"和"周邦肇作——陕西宝鸡出土商州青铜器精华"两个专题,以生动的立体展品展示了商周顶级的青铜铸造工艺,为学生理解整个商周时代的政治、宗教、风俗、礼仪制度提供了宝贵实物资料。教师可以开启一场线上"博物馆之旅"讲述青铜文明,不仅在生动的教学中潜移默化培养了学生史料实证的

---

① 纪巍. 大概念与跨学科视角下的高中历史教学研究[J]. 中学历史教学参考,2021(5):19–23.

② 王黎明,徐金超. 手段·方法·教学观——基于现代信息技术环境的高中历史主体性教学情况调查[J]. 上海教育科研,2007(2):54–55.

核心素养,也使得学生的历史思维更有深度和指向性。

二、生命跃动主思辨

实现学生跃动的课堂才能谓之生"动"课堂。学生不是被动的接受者,而是具备主观能动性的课堂主体。教师应充分利用网络技术发挥学生的创造力和主观能动性,鼓励学生自主探究与辨析。

徐蓝教授在解读新课标时提出:"在教学中,教师要努力创设测试历史学科核心素养多种类型的'新情境'。"[①]学生对于生产力的概念模糊,对于本课中人类为何最早进入母系氏族公社不理解。教师可运用多媒体技术播放电影《疯狂原始人》创设学习情境,向学生展示原始森林的环境和可供人类使用的木、骨、石器等简单工具,进而提出设问:假如让同学们像原始人一样以采集和狩猎的方式荒野求生,到底哪种方式更有利于生存?学生对此很感兴趣,得出了采集的答案。接下来学生积极参与讨论到底是男性还是女性在采集中更有优势,从而自然而然地引出"母系氏族公社"得以产生是历史选择的结论。教师以多媒体技术塑造历史情境沉浸式教学,营造了浓厚生动的学习氛围,为提升课堂质效打下了坚实基础。学生参与度很高,兴致勃勃,实现了生命的跃动与心灵悦动。

网络技术辅助下的历史情境演绎也能很好地提升学生的课堂参与度。历史情境演绎需要学生对已有历史知识和时代特征有扎实的掌握,在元认知基础上以再现和重构的方式实现认识和思辨能力的螺旋上升。在本课中学生只学过分封制度,对于宗法制度和礼乐制度不甚了解,对西周三大政治制度的内在关联更缺乏思辨性理解。教师可利用3D电脑技术使学生换装为"周公旦",巧妙引导学生进行历史人物演绎,体悟奴隶社会治国理政的智慧。学生分四个小组分别利用互联网搜集整理三大制度的内容和特点,思考周公政治制度设计的用意,实现对制度设计的深层理论思辨。

研究分封制的同学认为,分封制度解决的是横向的一代人的权力分配,

---

① 徐蓝. 基于历史学科核心素养的课程结构与内容设计[J]. 人民教育,2018(8):44–52.

使中国有了一个"国"的政治构架。研究宗法制度的小组成员认为,周公还要考虑姬姓天下永久延续的问题,也就是纵向的权力传承问题。第三组研究礼乐制度的同学则创造性地提出,政治家还要考虑如何以外化的方式树立贵族与平民的界限感,以及贵族统治集团内部的等级秩序。最后总结发言组的同学经过思辨把西周三大政治制度之间的关系作了一个形象的比喻:分封制使西周这个国看起来有了"人的外形",宗法制度是这个人的核心器官——比如心脏,能让这个人持久地活下去。而礼乐制度好比这个人穿的外衣,能让你一眼看出他的身份地位。学生的概括非常生动贴切。网络技术的应用使得学生能够真正参与课堂建构,养成富有成效的历史思辨能力,真正实现以学生活动为主体的"生动课堂"。

三、共生共长享思辨

首都师范大学的叶小兵教授认为统编新教材"体现出国家的主流意识形态,传递着国家记忆和民族精神"[①]。因此,历史教师肩负着知识育人与生命成长的双重使命。师生双方的自我成长既与思辨教学的本质相契合,又是思辨教学顺利实施的保障。传统课堂只强调教师对学生的培养,在信息技术时代师生双方的情感成长与核心素养培养理应得到更好关注,实现师生双主体知识与情感的共生共长。

历史课堂的情感价值在于对生命内在美的激发和认识,师生通过课堂共同认识到人类文明的伟大、自然的可畏、生命的珍贵。本课讲述的历史时间跨度长达一百七十多万年,中国早期文明的每一次进步都是建立在祖先智慧思索和劳动实践的基础之上。通过应用信息技术,教师可以与学生一起制作早期中华文明成长的轨迹,以数轴或思维导图的形式开展直观教学。

在多媒体技术的帮助下,师生在共同绘图探索的过程中更容易清晰梳理中国早期文明演变的主线,更容易深刻体会中国早期文明演进的不易。在思辨教学的过程中,师生共同成长增进了情感共鸣。

---

① 叶小兵. 钻研新教材,用好新教材[J]. 历史教学,2020(15):3-5.

在实现知识素养共同成长的基础上,思辨的历史课堂也应追求师生历史核心素养的同步滋养。新的历史课程标准以核心素养为主线对教师的教和学生的学提出了更高要求。这本质上属于思辨性的历史教育过程。以往的历史教育只关注教师对学生核心素养的培养,其实教师的历史核心素养也需要不断加强。时空观念、唯物史观、史料实证、历史解释、家国情怀应该是师生在课堂上共悦共享的。通过本课学习,每一个中国人都应对生生不息、源远流长的中华早期文明以及辉煌灿烂的奴隶制青铜文明怀有温情与敬意。

综上所述,历史课堂的生动,不仅表现为教师利用网络技术的多元手段打造的教学生动,也表现为学生主动参与为主体的生命跃动,更饱含了思辨课堂对师生双向生命成长的悦动与滋养。在网络技术时代的历史课堂,思辨性教育的贯通、融合与实践是一个亟待继续探索与挖掘的有深度意义的新课题。

原文发表于《中学历史教学参考》(中旬刊)2023年第4期

基于历史情境重构的教学评价实施路径初探

深圳市龙华区第三实验学校　范清清

中学历史教学特别强调"情境创设",《义务教育历史课程标准(2022年版)》(以下简称《课程标准》)在教学建议中指出:在教学过程的设计过程中,教师要先设法引领学生在历史情境中展开学习活动。[①]为什么要倡导情境教学呢?因为历史学的本质是一门"人学",没有了人和人的活动,也就不会有历史学。正如马克思指出的:"历史什么事情也没有做……创造这一切、拥有这一切并为这一切斗争的,不是'历史',而正是人,现实的、活生生的人。"而历史上所有人的活动,包括政治、经济、军事、文化等,都是在具体的情境下发生的。[②]同时,通过情境创设可以拉近学生与历史之间的距离,帮助学生利用情境中的信息解决问题。

历史思辨教学基于动态发展的历史情境,强调历史情境的重构,即在尊重原有历史情境的前提下,从不同的角度去认识和解释历史,提出逻辑性强的问题,创设多样化的"真实情境"环境,构建新的历史情境,旨在历史学科核心素养的落地和历史思维的培养。[③]在多年的新课程改革中,情境教学与历

[①] 中华人民共和国教育部. 义务教育历史课程标准:2022年版[S]. 北京. 北京师范大学出版社,2022:58.

[②] 黄牧航,张庆海. 中学历史学科核心素养的教学与评价[M]. 北京:人民教育出版社,2020:164.

[③] 林良展. 历史思辨教学——理念、策略和实例[M]. 广州:广东高等教育出版社,2019:59.

史学科融合在教学实践中已经取得了大量优秀成果。但如何判断学生在历史情境重构学习过程中核心素养培育的达成度呢？

这就需要我们在历史情境重构教学中注重"教学评价"，要围绕学生思辨能力的提升，多元、多维、多层、多向评价，从而准确判断教师设置的"思维坎"与"思维河"等真实情境，是否促使学生去搭建了"思维桥"，形成了思维圈，提升发现问题、解决问题的能力。笔者尝试以部编版七年级下册第22课《活动课：中国传统节日的起源》为例，探析基于历史情境重构的教学评价在初中历史教学中的实施路径，不当之处敬请指正。

一、重构历史情境，确立教学目标

《义务教育历史课程标准（2022年版）》指出"历史课程的评价要以课程目标和课程内容为依据，确定符合学业质量标准的评价目标""注重评价目标与教学目标的一致性"[①]。因此，历史课堂教学首先要以核心素养为导向整合教学内容、重构历史情境，确立立足核心素养、指向评价反馈的教学目标。

部编版七年级下册第22课《活动课：中国传统节日的起源》的教学内容可运用"中华传统文化"这一大概念重构学习情境，以中国传统节日之中秋佳节的探究为载体，融合地理、语文、历史、美术、音乐等学科的内容，通过生活情境、社会情境、学习情境等多维情境的创设，引导学生探究中秋节这一传统节日的起源、发展以及它所传承的风俗习惯、民族文化特色；整合补充中国近代民主革命历史、中国现代社会生活的新变化等教材资源，从中国古代、近代到现代中秋佳节的纵向发展变化，帮助学生从历史的视角探寻中秋节所蕴含和传承的民族情感，以检测和评价学生的历史学科核心素养达成水平。

综上，本课以立德树人为根本任务，立足学生核心素养的培育，以历史学科为依托，融合地理、语文、美术、音乐、信息技术等学科，开展以"传承的力量：团圆·美满"为主题的学习实践，通过对中秋佳节的探究，从历史课程视域

① 中华人民共和国教育部.义务教育历史课程标准:2022年版[S]. 北京.北京师范大学出版社,2022:61—62.

下引领学生运用所学知识和能力解决实际问题。预设目标为：

一是，了解中秋佳节的起源和演变，能够从更为多元的维度认识中华传统文化，提高文化素养。

二是，从中国传统节日中理解中华民族的道德观和价值观，初步形成对中华民族优秀文化传统的认同感，增加历史责任感。

三是，通过对中秋节相关资料的搜集、梳理，相关信息的考察访问，成果汇报制作与展示，提高整理、分析资料的能力，实践操作能力和沟通表达能力。

二、"教—学—评"一体，注重过程性评价

徐蓝教授指出："在教学实践中，教师要有意识地将教—学—评—考一体化，即将教学目标、教学内容、教学过程和教学评价等聚焦于培养和发展学生的核心素养上，合理整合教学内容，确定关键问题和重点难点，有效设计教学过程，努力创设各种问题情境，通过基于史料研习的教学活动和以学生为主体的自主探究活动，提高学生学会学习、学会自我拓展知识、学会运用知识提高解决问题的能力，特别是解决陌生的、复杂的，甚至是不确定的真实问题的能力。"①

在基于历史情境重构的教学评价中，笔者围绕学生思辨能力的提升，实施多元、多维、多层、多向评价。鼓励学生在坚持唯物史观的前提下，像史学家一样思考，博览群书，大胆思考，勇于探索；不要局限于教材的论述，要从各个角度去判断与思考；在尊重学生的元认知的前提下，启发学生的思维不断深化；要注重评价的主体和客体，开展生生互评、师生互评、小组内评、小组间互评等。②本课例的实施策略如下：

本课例分"学习准备""学习实施""学习反馈"三大环节，整个课程周期为五六个课时，活动时长为两周内。

---

① 徐蓝. 基于历史学科核心素养的课程结构与内容设计——2017版《普通高中历史课程标准》解读[J]. 人民教育,2018(8):44-52.

② 林良展. 历史思辨教学——理念、策略和实例[M]. 广州:广东高等教育出版社,2019:61.

(一)"学习准备"环节

◆任务一:组建团队,确定探究问题

●组建团队

组建"评审团队""问题探究团队""大众点评团队"

●确定探究问题(研究项目内容,结合自身需求)

1.文物里的月亮与中秋故事

2.节俗里的中秋:月饼知多少

3.苦难中国的中秋往事:从中国近代革命事件中认识中秋

4.现在,我们家怎么过中秋

【评价建议】通过团队组建,形成多向评价的主体和客体。再根据教学主题,采用情境复原法,创设历史情境,补充历史情境细节,引导学生通过情境感受展开对历史问题的探索,培养学生发现问题的能力。

◆任务二:制定流程,分配任务

●流程:

明确团队任务—进行组内分工—实践探究—成果展示探讨—修订优化成果

●团队任务安排:

1.评审团队:六人成团,由教师担任评审团负责人

任务:项目规划—总任务分工—制定小组合作评价标准表(组内互评)、成果呈现评价标准表(他评)—统计,并公布评审结果。

2.问题探究团队:一人发起,五人为小组,自由组合,由发起人负责

3.大众点评团队:未参与以上两个团队者默认为大众点评员

任务:倾听成果汇报—点评汇报情况,并填写成果呈现评价表(本项目大众点评团成员须参加下期项目评审团或问题探究团)。

【评价建议】突出学生在教学中的主体地位,组织以学生为主体、以师生互动和生生互动为特征、以探究历史问题为目的的教学活动,培养学生的团队合作意识、形成解决问题的实施路径。

(二)"学习实施"环节

学生根据分组、各组任务要求及各组确定的学习流程开展学习实践活动,在活动中,"问题探究团队"根据"评审团队"拟定的《小组合作评价标准表》(见表1)展开初次组内互评活动。

表1 小组合作评价标准表(组内互评)

班级: 第 组评价对象: 填表人: 时间:

	4档	3档	2档	1档	赋分标准
贡献 (40)	总是积极参与讨论,为小组作贡献。接受并完成了所有要求完成的任务。带领小组实现目标	参与小组的讨论,为小组作贡献,完成了分配的任务,帮助确立和实现目标	有时需要鼓励才能完成分配给的任务。在确立目标和实现目标的过程中需要得到帮助	基本不参与。没有完成分配给的任务。间接导致小组远离要实现的目标	4档:40 3档:30 2档:15 1档:5
合作 (30)	根据主题分享了很多观点,贡献了很多有用的信息,鼓励其他成员共享观点	得到鼓励会分享观点,愿意所有的成员都共享他们的观点	受到鼓励会时不时地分享观点,愿意与大多数的小组成员一起分享观点	不太愿意分享观点,对小组讨论没有什么贡献。不愿意倾听他人分享观点	4档:30 3档:25 2档:15 1档:0
倾听 (30)	在听与说之间表现得很平衡,一直在关心别人的感受和观点	能听别人阐述对他人的感受和观点,比较在意	有时会听其他人阐述,有时会考虑到他人的感受	不听别人阐述,有时不顾及别人的感受,习惯打断别人的发言	4档:30 3档:25 2档:15 1档:5
同伴建议					总分:

【评价建议】项目化学习能给予学生充分的学习空间,有效开展小组合作探究活动,整个合作探究的过程就是过程性评价的过程。为更好地完成小组合作任务,组内可用量表针对学生的学习方式、部分无法用纸笔测试的学习成果,以及与学习密切相关的非智力因素,如学习状态、合作情况等进行即时评价反馈。

(三)"学习反馈"环节

本环节作为课程最后一部分,践行"教—学—评—体化"理念,发挥评价促进学习和改进教学的功能。在学习过程中,通过"创设情境激趣开场—任务驱动成果展示—师生探究交流提升",着力培养学生的学习能力,提升学生发现问题和解决问题的能力。

【创设情境,激趣开场】

教师开场:今天老师的朋友圈出现几句话,我一看就笑了。分享给大伙儿,让大家也乐乐:"床前摆两筐,疑是没包装。举头望明月,低头闻饼香。"大家说说这段话里的饼是啥?"明月"和"饼"与什么传统节日有关?

课件展示视频:《什么是中秋?》

(通过情境再现中国传统佳节中秋之景、中秋之习俗、中秋之情。)

【任务驱动,成果展示】

●问题探究团队:以小组为单位依次展示。

1. 展示顺序:按照事先抽签的序号从小到大

2. 展示方式:由小组发起人组织本组成员,选择电子演示稿演示、PPT演示、粘贴画、板报、歌舞表演等多种形式进行介绍和解释

3. 展示时间:每个小组不超过5分钟

4. 评分标准:参照《小组合作研究成果呈现评价标准表》(见表2)

●大众点评团成员:

边听边填写《小组合作研究成果呈现评价标准表》,并在全部小组成果展示结束后进行针对性点评,以评价标准表的填写情况及点评发言作为点评团成员的加分依据。

●评审团成员:

听完成果展示、大众点评之后填写的《小组合作研究成果呈现评价标准表》(见表2),分任务(一人对应一小组)记录大众点评内容要点,课后统计评价表,并公布评审结果。

表2　小组合作研究成果呈现评价标准表（他评、师评）

班级：　　　　第　组填表人：（评审团/大众点评团）　　　　时间：

	优秀	良好	需改善	赋分标准
认知（40）	知识准确,思考深入,论证严谨,史论结合,能解决驱动性问题	知识比较准确,一些问题思考深入,有些问题能做到史论结合,基本能解决驱动性问题	知识错误比较多,论证不严谨,缺乏证据支持,未能解决驱动性问题	优秀:40良好:30需改善:15
呈现（30）	形式新颖,展示适宜,吸引人,有感染力,充分展现小组合作精神	形式比较适当,有些内容呈现生动,表达清晰,能体现小组分工合作学习	形式不适当,不吸引人,不能体现小组合作学习	优秀:30良好:20需改善:10
质疑答疑（30）	主动提出有价值的问题,答疑清楚、正确、简练	提出了一些问题,答疑比较清楚	无质疑,或问题过于浅显,回答不太清楚	优秀:30良好:20需改善:10
改进建议				总分:

【评价建议】任务驱动是学科核心素养教学的重要环节,在实际的课堂教学操作中,我们很难完全量化评价学生在学习完一节课后各方面素养的达成情况,但我们可以评价学生完成一个具体的学习任务后的收获和学习效果。所以,将评价反馈与任务驱动结合,通过学生的成果呈现,以他评和师评的方式掌握任务完成程度,即学习目标的达成程度。

【师生探究,交流提升】

◆任务一:根据第一小组的汇报,思考下列问题

问题一:小组展示的文物图片都有哪些类型?

问题二:由中秋文物的发展演变史,可以得出什么结论?

问题三:月饼图案可以归纳成几种类型,每种类型反映了什么问题?

◆任务二:根据第二小组的汇报,回答问题

问题一:梳理月饼的演变史。

问题二:西汉时期的胡饼中有什么馅,这一现象与什么历史事件有关?

◆**任务三:阅读材料,回答问题**

材料一 1934年秋,第五次反"围剿"进入最艰难的阶段。福建省长汀县中复村的松毛岭,是中央苏区东大门的最后屏障。9月23日正是中秋节,国民党军妄图借过节发起袭击,消灭红军。苏区政府获知消息后,将计就计,与乡亲们相约八月十四过中秋,八月十五迎敌……1934年9月30日上午,中复村观寿公祠前,红军召开大会动员群众疏散。战士们冒着细雨,在亲人的注视下,踏上二万五千里长征路。如今,居住在松毛岭附近的人们依然延续着"八月十四过中秋"的习俗……

——摘编自《长征时期的"特殊"中秋节》来源:"学习强国"学习平台(2021年9月21日 策划:史先振 作者:张智萍)

材料二 1935年9月12日也是一个中秋节,时任红九军团供给部部长的赵镕在日记中说,这个中秋节,没有人提起,但是大家都在想办法解决各种问题。

时任红一军团直属队总支书记的萧锋在日记中写道:"晨出发,经巴拉莫、岸哇、纳高到阿夏乡宿营,行程八十里。这一带青稞麦长得较好,筹粮比较方便。三军团还在我们后面,要发扬友爱互助精神,筹的粮食,除一部分自己吃外,其余留给三军团用。"萧锋在1935年8月31日的日记中透露了这样一个细节:"筹粮时,要严格遵守三大纪律八项注意,群众不在时一定要打借条。"

——摘编自《长征时期的"特殊"中秋节》来源:"学习强国"学习平台(2021年9月21日 策划:史先振 作者:张智萍)

材料三 1936年9月30日,中秋节,那晚,周恩来夫人邓颖超为战士们送来月饼,已到达陕北的红军干部童小鹏分到了一块。他兴奋地说:"好久没有吃过的饼子,今天吃一个觉得很有味道,她这样的好意更值得多谢。"

红二方面军第六军团政治部主任张子意的日记只写了三行:"给各扩红突击队关于最后突击周的一封指示信。写信给各突击队长。今日病愈而头甚痛。"同一天,彭德怀给北进中的红四方面军发去了一封电报。电报的内容是红一方面军为迎接红四方面军北上所进行的部署。

——摘编自《长征时期的"特殊"中秋节》来源："学习强国"学习平台（2021年9月21日　策划：史先振　作者：张智萍）

问题一：材料一中居住在松毛岭附近的人们为什么依然延续着"八月十四过中秋"的习俗？

问题二：材料二中的红军如何度过中秋佳节？

问题三：材料三中彭德怀发去的电报内容反映什么？红军干部说"今天吃一个觉得很有味道"说明了什么？

◆**任务四：阅读材料，回答问题**

●教师讲述：第四组团队在介绍自己家过中秋的习俗时都提到一个词：客家、团圆，点题引发思考和讨论。

●播放《若思念便思念》歌曲MV（注意：关注图像、歌词）（部分歌词）。

●指出所关注到的画面、歌词，思考歌词想要表达的主要含义。

【评价建议】这部分环节所用历史情境全部来源于学生的探究成果以及教师所寻找的拓展素材。教师以问题为导向，将之前已呈现的情境进行再次重构，培养学生分析问题和解决问题的能力。在尊重学生的元认知的前提下，鼓励学生在坚持唯物史观的前提下，不要局限于教材的论述，从各个角度去判断与思考，启发学生的思维不断深化，能够在掌握原有历史情境的基础上不断检测和反思自己的元认知能力。

三、课后反思，共生共长

《礼记·学记》中说："学，然后知不足，教，然后知困。"学生合作学习结束后，以小组为单位，针对小组任务完成情况、小组合作情况、本课的收获、合作学习中的不足与困惑进行分析总结，并聚焦小组存在的问题，并针对问题提出可操作的改进措施。教师在教学实践结束后应根据教师评价指标体系表及学生学习评价量表撰写教学反思，以记促思，以思促教（见表3、表4）。

表3 课程学习小组合作反思改进报告（小组自评）

班级：　　　　　第　组填表人：　　　　　时间：

合作实践 总结（收获、不足、困惑）	
主要痛点	
改进措施（可操作）	
达成目标	

表4 教师评价指标体系表

教师评价指标体系表及教学反思

权重	指标内容	自评 （20%）	学生评价 （40%）	家长评价 （10%）	教研组评价 （30%）	得分
20%	创造性地使用教材的能力（能引导学生梳理教材,拓展教材资源）					
20%	创设（重构）历史情境的能力（学科情境、生活情境、社会情境、学术情境）					
30%	提升学生的思辨能力等素养（通过自己的教学设计体现、平时表现与纸笔考试等）					
30%	改变和优化教学方式的能力（以学定教、教学共振、教学相长）					
100%	总分（100分）					
教学反思（基于表1—表4量表信息及师生对话等形成）：						

【评价建议】历史情境的重构重在"构"，"构"的过程就是一个创建的过程，更是一个思维碰撞和共生的过程。通过课后评价反思，注重师生成长的共生化和融创化，促进师生共同成长。

本课例基于历史情境重构，通过任务驱动，注重评价反馈。在教学评价方面致力于以下四点：

第一，把评价权交给学生，由传统的教师评价转变为学生评价，尝试实现课程标准所提出的"综合运用……同伴互评……等方式，多方面呈现学生的历史学科核心素养发展水平"的要求。第二，把评价与学习任务结合起来，让评价本身成为学习任务之一，尝试实现课程标准所提出的"在课程实施上，进一步改进教学方式、学习方式和评价机制，将教、学、评有机结合，促进学生的自主学习、合作学习和探究学习，提高实践能力，培养创新精神"的要求。第三，在评价中关注跨学科多类型的"新情境"的理解程度和学生思辨能力的提升度。第四，注重评价结果的运用，尝试实现课程标准所提出的"充分利用评价发现教学中存在的问题，根据评价结果及时调整教学进度和内容，改进教学策略""建立师生对话交流的沟通途径，共同解读和分析过程评价结果信息，提高评价结果的使用效率。

原文发表于《中学历史教学参考》(中旬刊)2023年第4期

历史情境构建的创设途径和课堂实施

深圳市宝安中学(集团)高中部　王雪

当前,无论新课标还是新高考,都在强调历史情境教学和新情境、新材料命题的重要性。《普通高中历史课程标准(2017年版2020年修订)》(以下简称《课程标准》)中多次提出"情境"的要求,针对课堂教学活动,《课程标准》明确要求:"在教学过程中,教师要注意通过历史情境的设计,让学生体验当时人们所处的历史背景,感受当时所面临的社会问题。"[1]对于教学评价,《课程标准》则提出:"学生能否应对和解决陌生的、复杂的、开放性的真实问题情境,是检验其核心素养水平的重要方面。"[2]因此,历史情境构建是以培育核心素养为目标的课堂教学的重要策略,目的是要实现学生的深度学习,而非浅层知识的学习,对学生思维的深度进行拓展。"历史情境教学设计的重点是处理好'情境'与'问题'(任务)之间的关系。历史教学不宜脱离具体的情境,情境构建不宜脱离问题的提出或任务的驱动"[3]。可见,情境不是为了构建而构建,不是简单为了引起学生兴趣。情境应该是具体的、融入情感的、带着问题

---

[1] 中华人民共和国教育部:普通高中历史课程标准(2017年版2020年修订)[S]. 北京:人民教育出版社,2020:17.

[2] 中华人民共和国教育部:普通高中历史课程标准(2017年版2020年修订)[S]. 北京:人民教育出版社,2020:59.

[3] 黄牧航,张庆海. 中学历史学科核心素养的教学与评价[M]. 北京:人民教育出版社,2020:165.

的,且要构建在学生对历史知识内涵的深入理解基础之上。历史情境的构建也是充分提升学生思辨能力的重要策略之一:历史情境的构建,即是在多样化的情境中充分调动学生的想象力、理解力和判断力,让学生"实现认识上的螺旋式上升,从而提升思辨能力和思维能力,有效改变教师的教学方式与学生的学习方式,真正落实新课程改革的精神"①。构建历史情境的课堂教学,是要让学生基于逻辑构建之理和情境构建之情,对史事有入情入理的理解,在知识迁移过程中习得新情境下解决问题的能力。

如何设计有深度学习品质的历史情境,有效促进学生思辨能力的提升?笔者以为应注意以下几点。

第一,聚焦核心知识,情境的构建应该是在学习内容的关键问题上进行精准、简约的设计。第二,凸显学科本质特性,历史学科最重要的性质之一在于价值认同,历史教育的最终目标在于价值观教育。在情境中渗透对历史价值观的引导,培育学生的家国情怀,从而实现深度学习。此外,构建历史情境还需要从学情上考虑,贴近学生已经具备的知识和生活经验,根据学生现有的其他学科知识、生活兴趣点、人生体验感受等方面进行情境构建。构建引起学生共鸣和共情的历史情境,可以从生活场景出发构建历史情境和以历史人物经历为主线构建历史情境这两个方向进行创设。

一、从生活场景出发构建历史情境

《课程标准》提出了生活情境的重要性,这就启示我们可将与学生的"个人生活、家庭生活、社区生活"相关的历史有关的现象或问题作为教师构建生活情境的素材,将历史问题和学生的生活经验对接起来,以形象生动的具体的场景,引起学生的感受和体验,从而实现基于知识之上的深层理解。

历史情境构建要贴近学生的生活,其实质是要挖掘和利用学生的生活经验。"现实生活是教学的源泉,是科学世界的根基,教学只有联系生活,走进生活,才能使人真正体验和理解知识的内在意义和价值。因此,现实生活应该

---

① 林良展. 历史思辨教学——理念、策略和实例[M]. 广州:广东高等教育出版社,2019:43.

是教学的基础和前提,教学应与现实生活连接"①。以生活场景建构历史情境,要注重联系学生的现实生活经验和感受,只有在生活化的学习情境中,学生才能切实弄明白知识的价值。

例如,如何让学生理解1929年经济危机的发生和罗斯福新政相应的解决措施?从生活场景出发构建历史情境可以让学生更好地理解其内在发展的逻辑。

首先,在探究经济危机的原因上,以一组材料先从社会宏观的角度探究收入和分配的问题:

材料一　20年代出现企业兼并的浪潮,1919至1929年间,工矿业约有8000家独立的公司合并为1268家联合公司,有49家大公司通过股票或购买等方式同其他大公司合并。

——刘绪贻:《美国通史:罗斯福时代1929—1945》

材料二

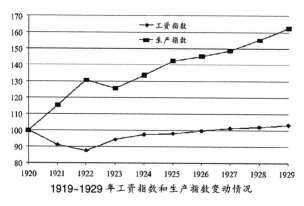

1919~1929年工资指数和生产指数变动情况

材料三　农业在整个国民收入中占的比率逐渐下滑:从1919年的21.7%下降到1930年的11.3%。1929年全国人均收入为750美元,农业人均收入只有273美元。

——以上两则材料数据引自刘巍,李杰:《美国大萧条的逻辑起点》

从材料一可以看出企业兼并意味着资本的集中,对照体现了社会分配情况的材料二和三,引导学生认识到人民收入小幅增长,远低于生产水平的增

---

① 余文森. 核心素养导向的课堂教学[M]. 上海:上海教育出版社,2017:196.

长,生产和分配之间的不平衡即供需之间的不平衡。

再从人们生活的视角,在生活场景中探究信贷消费问题。

材料四 1924—1929年间,分期付款销售额的增长率高达75%。在私人轿车面世的初期,每辆车的价格为1500美元左右,而当时一般工人的年收入才800美元左右。汽车按揭贷款公司向普通大众提供汽车消费信贷,买车者只需要付1/4的预付款,剩下的分期付。截至1927年,美国人的消费中,75%的汽车、80%的留声机、75%的洗衣机、65%的吸尘器以及25%的珠宝等都是以信贷消费形式购买的。

——弗雷德里克·刘易斯·艾伦:《大繁荣时代》

买东西是学生熟悉的生活场景,从生活情境中引导学生思考信贷消费的繁荣里有什么隐忧,学生了解到当时的分期付款不只是买房买车,还有很多的非生活必需品的消费,比如珠宝、留声机等。信贷消费将会很容易受到收入变化的影响,它暂时拉动了美国消费的增长,掩盖了供需平衡的矛盾。

再以大萧条时代的股市指数图,让学生直观感受股市的大涨和暴跌。以上分别从收入分配、信贷消费、股市涨跌三个方向,构建历史情境层层深入、环环相扣,揭示经济危机爆发的原因,帮助学生在直观感受的基础上进行理性分析。

接下来,引导学生在生活情境中推演下去,即可以展开对经济危机表现的探究。

材料五 图片展示的是人们排队到银行门口取钱。

材料六　房地产界一度异常兴旺,早在大崩溃的好几年前就达到了高峰。银行吃了大亏,一身坏账,开始对新申请的房屋贷款以及重新抵押,一律予以拒绝。可是为时已晚,1939年近半数的房屋贷款无法履行偿付责任,平均一天有1000户住宅被查封。

——霍布斯鲍姆:《极端的年代》

材料七　你不能安心睡觉,你会在晚上2点醒来,当你睡时,噩梦可能出现,忧虑和恐惧将会来临,害怕孩子和家庭出事,有时你会独自哭泣。

——狄克逊·韦克:《大萧条时代》

经济危机学生不一定能有具象的感知,但银行取不到钱、房子被查封、夜里不能安心睡觉,这些都是学生能想象可感知的恐惧。教师引导学生在当时的历史情境中设想:如果是你,股市损失了大笔钱,经济形势越来越差,你一定急于把存在银行中的钱取到手。可是由于银行并不保存过多现金,又遭到收入减少股市崩盘,大量贷款人们无法偿还,银行便有了大笔的坏账。这时,人们挤兑银行就会发生银行倒闭的现象。短短几天内,上千家美国银行倒闭。当人们收入减少无法还贷时银行将收回房子,这对于人民而言就是无家可住的灾难。学生可以深刻地理解并感受到,经济危机为什么会变成这么大的一场恐慌和灾难,它危及资本主义制度,甚至有些国家因此走上了法西斯道路。从危机的表现中可以看到危机波及银行、工业、农业、社会,再与之后罗斯福新政在这些方面的措施一一对应,从而将经济危机的原因、表现与解决之道三者建立起内在逻辑关系(见图1)。

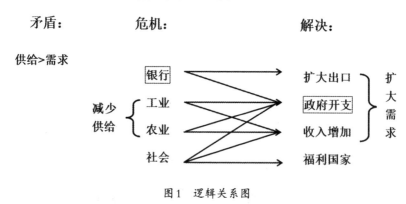

图1　逻辑关系图

对学生来说，宏大的经济学概念容易知其然而不知其所以然。教师可以多用经济上的数据、图表细化历史，让学生能够清晰可感，在直观感受的基础上进行理性思考，将供给和需求的矛盾分析层层剖析出来，帮助学生从经济学上理解历史，认识现实。以生活场景构建历史情境，是基于生活又高于生活的，教师要选取恰当的史料，从中引导学生抽象出生活场景中的要素，找到各要素之间的关联，梳理情境各元素之间的逻辑，教师要精心设计教学环节，帮助学生在历史现象的一系列分析、探究、比较等思维活动中，搭建逻辑之桥，提高辨析历史问题的能力。

二、以历史人物经历构建历史情境

史家陈寅恪先生曾提出"了解之同情"的治史理论，强调在研究和学习历史的过程中"必神游冥想，与立说之古人处于同一境界，而对于其持论所以不得不如是之苦心孤诣，表一种之同情，始能批评其学说之是非得失，而无隔阂肤廓之论"[①]。这就提醒我们要理解历史人物的行为，就要理解历史人物所处的境遇，而非站在后人的立场去妄加评判。钱穆先生也说过对历史"有一种温情与敬意……至少不会感到现在我们是站在以往历史最高之顶点，此乃一种浅薄狂妄的进化观。而将我们当身种种罪恶与弱点，一切诿卸于古人"[②]。这也是要我们从人本身出发去理解历史人物，对历史人物多一些理解和尊敬。历史人物在成为历史事件中的重要人物之前，他首先是人。因此，教师以历史人物的经历作为情境，让学生感受到在面对重大历史事件或历史发展阶段之时，历史人物的思想或行为发生了哪些重大变化或重要转折，用人的生命体验，来辨析历史人物的作为。学生在对历史人物的"共情"中，对某些相对抽象的、复杂的历史问题，产生生动、形象、真实、感性的认知。

例如讲到宋明理学时，理清儒家学说的思想脉络发展是一个颇为复杂的问题，如何在有限的时间里让学生理解儒学发展的数次转变？以历史人物经

① 陈寅恪. 冯友兰《中国哲学史》上册审查报告[M]. //金明馆丛稿二编. 上海：上海古籍出版社，1980：247.

② 钱穆. 国史大纲[M]. 北京：商务印书馆，1996：2.

历为主线构建情境是很好的切入点。

首先，唐代为何开始了儒学的复兴？可以从学生熟悉的人物韩愈来切入。学生学过韩愈的这句诗："一封朝奏九重天，夕贬潮阳路八千。"对韩愈因向唐宪宗上《论佛骨表》反对皇帝拜迎佛骨而被贬官这一背景也有一定了解。但韩愈为何明知会触怒圣颜还要谏言？请学生回想语文课本中学过的韩愈是怎样的历史形象，有怎样的立场和诉求？学生很快会想到"老师"的形象，韩愈的《师说》名篇有云："师者，所以传道授业解惑也。"再请学生思考文中的"道"指的是什么？作为出身儒学正统仕宦家庭的韩愈，这"道"指的当然不是道家的"道"，而是孔孟之道的儒家思想。因此，可以认识到复兴和传扬儒家学说是韩愈非常重要的使命，宁可被贬也不惜。通过对学生所学语文知识的唤醒，学生将过往对韩愈的认知置于唐代佛道盛行的历史时空下，韩愈的个人形象便在历史情境中变得鲜活起来，学生从而可以感知韩愈身上复兴儒学的使命感，也得以进一步体会到儒学之所以千百年延绵不绝，有赖于儒生代代弘扬和发展。

接下来，南宋以后理学即为正统，为何又有王阳明心学的转向？同样可以通过呈现王阳明的个人生平经历来构建情境：

王守仁字伯安号阳明

生活朝代：明代

出身：官僚之子，其父礼部侍郎

11岁随父上京，以成为圣人为己任

15岁决心治理国家

28岁中进士，先后任刑部和兵部主事

34岁在京城"讲明圣学，门人始进"

37岁参奏宦官刘瑾，受去衣廷杖之辱，贬官为贵州龙场驿丞——龙场顿悟

——整理自周月亮：《王阳明传》

一位青年才俊，怀抱忠君报国理想之时，因奸臣当道，小人构陷，国君不明，遭此失身枉道之耻，他不免陷入了深深的自我怀疑：如果不能实现理想，是要变通自己的主张还是要变更千百年来的儒学理想？王阳明日夜反思，就

有了龙场顿悟,方知:"圣人之道,吾性自足,向之求理于事物者误也。"由此提出向内求的"心即理也",圣人之道即在"致良知"。这不仅开启了新的"心学",也对"以天下为己任"有了新的思考,从朱子时代面向君主的"得君行道"转向面向民众的"觉民行道",王阳明的顿悟为士大夫的历史使命找到了一条新的道路。

以历史人物经历构建情境,可以先讲好历史人物所处的时代背景,再来精选能够体现人物特征和个性的历史材料,这既可以是人物的行为、立场,也可以是人物留下的文字、说过的话。中国古代史部分更可以整合学生所学语文学科的素材,让学生对历史人物产生熟悉、亲近之感。学生在历史人物的人生境遇中,感知人物所处时代面对的重大历史问题,由人物的人生经历来加深对历史事件的感触,从而对历史问题有更具象的认知和更深入的理解,也在感受历史人物的同时,获得其精神鼓舞,给学生积极向上的人生力量。

总的来说,根据学习内容的特点可以构建不同类型的历史情境,让学生不仅停留在历史知识的表象认知上,而是有对历史更深刻的体会和感悟,从逻辑和情感上有入情入理的认识。构建历史情境的根本目的在于提升学生学习的思维品质,帮助学生形成正确的价值观,无论是面对历史情境还是现实情况,都知道应该如何表达自己的思想感情。历史学家爱德华·卡尔说:"历史是现在与过去永无休止的对话。"在情境构建中让学生有机会与历史对话,以历史的视角思考问题,实现深度学习,培养历史思辨能力和核心素养。

原文发表于《中学历史教学参考》(中旬刊)2023年第4期

从"和"踏上文化探寻之旅

——选择性必修三《中华优秀传统文化的内涵与特点》教学设计

深圳第二外国语学校　毛帅　林良展

《源远流长的中华文化》这个学习单元旨在引导学生整体认识中华文化的特点、价值以及世界意义,这对于增强民族自信、文化自信无疑有着高度的现实意义。但学生囿于已有认知的零散浅薄、宏观视野上缺乏系统性,在整体把握和深刻理解方面存在不小的难度。为了增强情境体验、构建系统认知,课堂从"和"的字形起源导入,引导学生认识其丰富内涵、动态发展与应有边界。然后将目光聚焦到"和谐"这一核心层面,在时空流动中考证"和"文化广泛而深刻的影响,使学生深刻感悟文化是一个民族融入骨髓与灵魂的精神标识,而且为民族发展提供了思想源泉和精神动力。最后,通过回顾对"和"的探究过程,归纳其特点,同时提供研究思维与学习方法的引导,学生在以小见大的认知迁移中实现对切口的超越和升华,最终深刻认识中华文化的内涵、特点、价值,从而达成课标要求。

一、内涵:动态发展与应有边界

说起汉字的起源,大家都会想到甲骨文。这些文字不但具有通过图画来表达意象的基本功能,有的还具有鲜明的哲学色彩。图1的甲骨文①拥有一

---

① 徐中舒. 甲骨文字典[M]. 成都:四川辞书出版社,2014:290、787、126、106.

个共同的部件——"禾"。《说文解字》对"禾"的解释是:"嘉谷也。二月始生,八月始熟,得时之中,故谓之禾。"禾被称为"嘉谷"的原

图1 甲骨文

因是什么呢? 作为人工种植的谷物,它与放任生长的野草的一个区别就在于:其生长、成熟与天时之间达到了一种恰如其分的平衡与协调。

在以农为本的社会,以"禾"为核心部件衍生出来的汉字大多也带有平衡、协调的基本含义。比如一只手握住禾的中间位置,是个"秉"字,表示执掌要害。两个"禾"组成"秝",意为彼此间隔均匀,互不干扰,而又整齐有序。如果一个人要从禾苗中穿过,会自然地选择两行之间的空隙,两个"禾"中间靠下位置加一个代表脚的"止"字,就构成了"历史"的"历"字,指一路走过的经历。"和"字以"口"为偏旁,"禾"为声旁,被解释为相互呼应。这些字想要传达"禾"与自然、与同类、与人类之间相处时一种怎样的理想状态呢?

"和"的内涵与这些理想状态既有很多相通之处,也有一些超越。根据下列材料提示展开头脑风暴,尽可能多地联想 hé 读音下"和"的不同含义,并列举相应的例子,以思维导图形式呈现自己的联想成果。

喜怒哀乐之未发谓之中,发而皆中节谓之和。中也者,天下之大本也;和也者,天下之达道也;致中和,天地位焉,万物育焉。——《中庸》

礼之用,和为贵。先王之道,斯为美。——《论语·学而》

天时不如地利,地利不如人和。——《孟子·公孙丑下》

天地感而万物化生,圣人感人心而天下和平。——《周易·彖传》

这个活动帖合学生认知基础,每个人都有话可说,绘制的思维导图各具特色,大致如图2所示。这些自然都是"和"的应有之义,但学生往往不自觉地把时间范围局限在了古代。教师提示:事物往往具有一个动态向前的发展历程,"和"的内涵在近代和现代有没有什么发展创新?

图2 "和"的应有之义

和谐 团结 恰当 和 应和 平和 和平 连同

165

"共和"为儒家经典中已有的词汇,从司马迁开始一般解释为西周末年厉王出奔,周、召二公"共和行政",也有人解释为共伯和摄政……周公、召公"共和行政",儒家的经典解释是"虽偶无君……而礼义不废",即本有君主制度,但君主临时缺席;这与非君主制、根本没有国王的政体有实质性差异……1898—1902年间,梁启超等人经由日文著述对西方政体分类知识进行系统介绍,近代共和概念由此迅速流行开来,与革命潮流互为推演,并逐渐与中国古典"共和"划清界限。[①]

"宗藩体系"下的中国外交思想是在"华夏中心说"的思想基础上追求"和"的矛盾体……当代中国外交思想的母体就是古代"宗藩外交"中所体现的外交思想,特别是"和平共处"、"和谐世界"理念的提出,既摒弃了"华夏中心"的理念,又继承和发展了"和"的外交思想,成为我国重要的外交软实力,并结出了丰硕的外交成果。[②]

根据材料提示可以发现,"共和"虽属古老词汇,却在与西方文化碰撞后产生了全新的制度内涵。当代中国外交领域的和平共处五项原则、和谐世界理念都为"和"注入新的时代内涵,人类命运共同体思想则是"和"文化的最新理论成果。

后一段材料也提醒学生注意:事物具有两面性,以"华夏中心"观念为代表,"和"文化也存在一定的历史局限,需要我们抱着一种批判继承的态度取其精华去其糟粕。教材第一课标题、两个子目小标题多次出现"中华优秀传统文化"的严谨表述,正是提醒学生要坚持一分为二的辩证思维。同时,不能只看到中华民族追求和谐的一面,还要思考这种极富包容性的内涵是否存在一定的原则和边界。比如出现意见不合时,是该坚持己见还是曲意迎合?如果别人的发展损害了自己的利益,为了保持和谐是不是就该默默忍受?

夫和实生物,同则不继。以他平他谓之和,故能丰长而物归之;若以同裨同,尽乃弃矣。

——《国语·郑语》

---

① 李恭忠. 晚清的"共和"表述[J]. 近代史研究,2013(01):4-21.

② 刘再起,徐彦明. 宗藩体系下的中国外交思想与"和"[J]. 学术探索,2011(02):1-7.

子路问强。子曰："君子和而不流,强哉矫! 中立而不倚,强哉矫!"

——《中庸》

子曰："君子和而不同,小人同而不和。"

——《论语·子路》

可见,真正的和谐是以承认事物的多样性和天然差异为前提,坚持平等尊重、合作共赢的精神。对强大者来说,不可恃强凌弱、排斥异己而强行求同;对弱小者而言,有着反抗强权的底气和勇气,完全没必要舍弃自我而委曲求"同"。"和而不同"的原则筑起了"和"文化的边界,使其形成一个完整而立体的高远思想境界。

二、价值:思想源泉与精神动力

在2008年北京奥运会开幕式《上篇·灿烂文明》的展示环节,897块印刷活字构成的字盘演变出不同字体的"和"字,以令人赞叹的方式表达了中华文化的一个典型特征。"和"的内涵如此丰富,开幕式显然不可能在短时间内传达太多信息,那么你觉得中国最希望向世界展示的是其中的哪一层含义呢?

引导学生通过讨论达成共识:无论认识层面强调的不偏不倚、有度有节的"中和"原则,还是修养层面注重的不温不火、温良恭谦的"平和"风度,无论人际和睦、社会安定、邦国融洽的"协和"境界,还是人与自然互不侵害、并育共生的世界观,都离不开一个词——"和谐"。这是贯穿不同层面的基本准则,也是诸多理念所追求的终极目标。

如果和谐的理念只停留在小众范围或者理论层面,没有对中华民族产生足够广泛、足够深刻的实质性影响,那么它还不足以构成中华民族的一个典型文化特征。所以,接下来把目光聚焦到"和谐"这一核心内涵,结合材料加以验证:"和谐"是否在实践层面影响着中华民族的思维方式与行为方式。

君子是儒家理想人格的典型代表……君子人格为四因素结构,包括社会性因子、践行因子、中和人格因子和统合人格因子……"中和人格"因子展现了东西方思想家的共同视点——对"和谐"的关注……将"中""和"合在一起,构成了中国古代理想人格的理论化、哲学化表述,"致中和"就成为人格培养的目标。①

明太祖朱元璋于洪武三十年(1397年)命户部令天下每乡里置木铎一,选年老及瞽者每月六次徇于道路,反复吟唱六句话:"孝敬父母、尊敬长上、和睦乡里、教训子孙、各安生理、毋作非为。"次年明廷颁《教民榜文》,木铎之制再次被强调。木铎宣唱的六句话,是朱元璋为基层教化设定的基本思想,被后代称为圣谕、圣谕六条、六谕、六言……明太祖朱元璋的六谕,作为《教民榜文》的一部分,是整个明代基层社会教化的核心内容,得到上自皇帝下至庶民的一致认同。②

郑和携带成祖诏谕诸国的敕书,去各国开读……主要是劝告各国"循理安分""庶几共享太平之福",倘若来朝,皆予赏赐。南海西洋诸国相继来朝,贡使贸易频繁。郑和等不辱使命,明成祖对南海西洋诸国的共享太平之策获得了成功。③

诗化的中国山水画是我国艺术史上一个独特的文化现象。其美学特征体现在古代诗人画家构筑自然与人和谐关系的基础上。……无论是诗境中创造画意,还是在画境中题示诗情,涵括意蕴深远的美学精神弥漫在中国山水画发展史的各个角落。④

上述材料反映了"和谐"对个人修养、社会习俗、对外交往、文化现象等领域的广泛影响。一是,和谐是儒家君子人格的重要组成部分,鉴于儒家作为主流思想对于社会产生的深远影响,和谐也成为中国人为人处世的基本行为原则。二是,追求平和个人修养、和谐人际关系、和谐社会状态的理念得到了社会上下一致认同,并且通过谕旨、行政体系、基层组织和传唱、族规、家训等方式得到落实和推广,最终成为中国社会普遍的行为准则。三是,外交方面,郑和下西洋的基调乃是与各国"共享太平",这与近代西方侵略扩张的强权路径

① 许思安,张积家. 儒家君子人格结构探析[J]. 教育研究,2010(08):90-96.
② 陈时龙. 论六谕和明清族规家训[J]. 安徽史学,2017(06):137-144.
③ 范文澜,蔡美彪. 中国通史(第八册)[M]. 北京:人民出版社,2015:86-87.
④ 薛和. 诗化的山水精神——兼谈山水题画诗的审美特征[J]. 青海师范大学学报(哲学社会科学版),2000(04):90-93.

形成鲜明对比,成为一段历史佳话。四是,追求人与自然和谐共存的山水精神,深刻影响了国人的审美情趣与价值取向,在诗词、书画、园林、茶艺等众多领域形成独具民族特色的文化现象。

中国在古代长期处于领先优势,"华夏中心"的理念与"和"文化自然不会产生太过激烈的冲突。近代的百年屈辱将中华民族置于沉沦危亡之中,面对"三千余年一大变局","天朝上国"的自我优越感随之大受冲击。那么在由强转弱再到追求民族复兴的道路上,"和而不同"的精神又对中华民族产生了怎样的影响呢?

我们今日在没有发达之先立定扶倾济弱的志愿,将来到了强盛时候,想到今日身受过了列强政治经济压迫的痛苦,将来弱小民族如果也受这种痛苦,我们便要把那些帝国主义来消灭,那才算是治国平天下……用固有的道德和平做基础,去统一世界,形成一个大同之治,这便是我们四万万人的大责任……便是我们民族的精神。①

中国代表团是来求同而不是来立异的……从解除殖民主义痛苦和灾难中找共同基础,我们就很容易相互了解和尊重、互相同情和支持,而不是互相疑虑和恐惧、互相排斥和对立……五项原则完全可以成为在我们中间建立友好合作和亲善睦邻关系的基础。②

中国的对外政策,主要是两句话。一句话是反对霸权主义,维护世界和平,另一句话是中国永远属于第三世界……中国和所有第三世界国家的命运是共同的。中国永远不会称霸,永远不会欺负别人,永远站在第三世界一边。③

以史为鉴、开创未来,必须不断推动构建人类命运共同体。和平、和睦、和谐是中华民族5000多年来一直追求和传承的理念,中华民族的血液中没有侵略他人、称王称霸的基因。……中国共产党将继续同一切爱好和平的国家和人民一道,弘扬和平、发展、公平、正义、民主、自由的全人类共同价值,坚

① 孙中山. 三民主义·民族主义·第六讲[M]//孙中山全集》(第一卷),北京:人民出版社,2015:388.

② 周恩来. 在亚非会议全体会议上的发言(补充发言)[M]//周恩来选集(下卷),北京:人民出版社,1984:153-154.

③ 邓小平. 维护世界和平,搞好国内建设[M]//邓小平文选(第三卷),北京:人民出版社,1993:56.

持合作、不搞对抗，坚持开放、不搞封闭，坚持互利共赢、不搞零和博弈，反对霸权主义和强权政治，推动历史车轮向着光明的目标前进！

——2021年习近平总书记在庆祝中国共产党成立100周年大会上的讲话

由上述材料得出一系列感悟。一是，近代中国内忧外患，孙中山先生号召国人在反对强权、争取民族独立的同时，也不要忘记固有的道德和平，不要放弃"平天下"的大同理想，始终将扶倾济弱作为自己的民族精神与国际责任，这无疑为民族奋斗增添了精神动力。二是，1955年周恩来在亚非国家会议上的补充发言，既承认和尊重各国之间在意识形态、国家制度、经济文化存在的诸多差异，又积极寻求在和平共处五项原则基础上与各国建立友好关系，促进亚非拉国家团结斗争、共同发展。这些发言有力推动了会议进程，也诞生了求同存异的万隆精神，推动国际关系准则的发展完善。三是，改革开放以来，中国国力持续增强，逐渐成为世界第二大经济体，但始终坚定站在第三世界一边，反对霸权主义，为推动世界和平与发展作出重要贡献。四是，人类命运共同体思想进一步继承和发展了"和"文化以及新中国成立以来的独立自主和平外交方针，中国固然追求与各国和谐相处，但绝不以牺牲自我核心利益为代价，而是坚持互利共赢，这不仅指导着新时代中国的外交政策，还发挥着指引各国走上包容互鉴之路的重大世界意义。

在时间与空间的流动中，引导学生充分认识"和谐"的重大文化价值：不仅在潜移默化中影响着中国人的思维方式和行为方式，还是民族发展的内在思想源泉和精神动力，甚至跨越国界，为世界各国的道德建设、治国理政提供了有益借鉴。

三、特点：民族标识与文化自信

认识中华文化的特点是本节课的一个重点内容，也是增强文化自信的重要抓手。学生固然可以依据教材表述而直接得出结论，但鉴于特点类材料题一直是学生感觉棘手的问题，笔者在此借助对"和"文化探究过程的梳理渗透特点类问题解题思路与方法的引导。

在导入环节，呈现的甲骨文和古陶文的"和"字，表明"和"的理念远自文字起源阶段就已经孕育,具有鲜明的民族特色,这就是"和"文化以及整个中华文化的本土性特征。

在头脑风暴环节,鼓励同学们尽可能多地罗列"和"的不同含义,让他们直观感受到"和"文化内涵的丰富性。其实,多样性也是整个中华文化的一大特征,其内涵包括但不限于以人为本、天人合一、家国情怀、崇德尚贤、自强不息、和而不同……

然后发现"和"在近代与西方文化碰撞交流中产生全新的"共和"内涵,又在当代根据新形势发展出人类命运共同体思想,大家意识到文化也存在一个动态发展的过程。放眼整个中华文化,同样存在明显的连续性与创新性,中国共产党党史、新中国史、改革开放史、社会主义发展史都是对中华文化的传承与发展,都在不断为其注入新的生命与内涵。

"和"在展现极大包容性的同时,也存在必要的边界。"和而不同"构筑起一个完整而立体的思想境界,借此引导学生运用辩证思维看待中华文化。

接着,进一步把"和"的内涵聚焦到"和谐",其对社会各个领域的广泛渗透,不仅塑造了中国人别具一格的精神追求与性格品质,构成中华民族独树一帜的文化标识,还赋予中华民族无限的自信与力量,为民族发展提供坚韧支撑与强大动力。

中国人的非凡特性,在于他们依然过着一种孩童的生活、一种心灵生活……如果说中国人的精神是一种永葆青春、民族不朽的精神,那么不朽的秘密就是这种灵魂和理智的绝妙组合。中国人从哪里以及如何获得呢?答案当然是来自他们的文明。

——辜鸿铭:《中国人的精神》

文化自信,是更基础、更广泛、更深厚的自信。在5000多年文明发展中孕育的中华优秀传统文化,在党和人民伟大斗争中孕育的革命文化和社会主义先进文化,积淀着中华民族最深层的精神追求,代表着中华民族独特的精神标识。

——习近平总书记在庆祝中国共产党成立95周年大会上的讲话

本节课对"和"的探究,只是对中华文化一种以小见大的映射,有了方法上的示范引导,学生可以更加系统地概括中华文化的内涵、价值和特点,从而达成学习目标。由此形成的思维导图如图3所示：

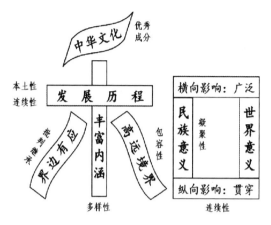

图3 思维导图

为了检测学生是否真正具备举一反三的思维与能力,笔者还设计了一道材料题,作为课后分层作业:

中国古代民本思想萌发于尧舜禹时代,成熟于先秦时期,一路演变至清末。在其形成发展过程中,孕育着许多重民、亲民、护民的理念……辛亥革命时期,孙中山提出的"三民主义"集中体现了中国民族资产阶级的民本思想……中国共产党成立之初,就把人民立场提升到党的宗旨高度,把为中国人民谋幸福、为中华民族谋复兴作为自己的初心使命。……习近平新时代中国特色社会主义思想提出了"以人民为中心",使人民立场这一内涵的发展达到了前所未有的高度。[①]

一是,概括中国古代民本思想的丰富内涵,其在近现代有哪些发展变化?二是,自行搜集资料,了解中共成立特别是十八大以来如何从理论和实践上发展人民立场的思想。三是,概括民本思想的特点,分析其对中国社会的影响。

原文发表于《中学历史教学参考》(上月刊)2022年第11期

---

① 张国祚,兰卓. 从古代的民本思想到中国共产党人的人民立场[J]. 思想理论教育导刊,2020(06):75—79.

例谈高中历史课堂对学生思辨能力的培养

深圳第二外国语学校　陈娟　董光春

　　思辨能力不是单纯的批判,而是在对某一问题足够了解的基础上进行的深度思考、辨析和挖掘,是人类创新思维的重要来源。然而,很多学生在历史学习过程中的思辨力是长期缺位的,他们习惯了某种观点、某种简单的思维方式和由此思维带来的舒适,习惯了被灌输,习惯了人云亦云。如何促进学生的思辨能力的提升呢? 我们基于深圳市推广应用课题"批判性思维在历史教学的实践研究"进行了积极的实践,取得了一定的成果。下面以"罗斯福新政"为例进行阐述。

一、重视教材,把握基础

　　质疑是思辨的第一步。教学中我们发现学生最大的问题在于提不出问题,他们并非真的无疑,而是对于某些问题所知甚少。由此可见质疑的前提是阅读。就阅读而言,首先应认真学习教材,把握好基础。教材严谨度较高,基于学生的认知规律进行编排,并涵盖了基本史实、历史体系和部分观点,这是其他书籍难以比拟的,无论是新人教版的专题形式还是老人教版的通史体系,抑或人民版、岳麓版,虽难免有各种局限,但其基本史实和知识结构是经得起推敲的。以教材为抓手学习历史基本史实、基本观点、评价方法和历史体系,在此基础上以其他书籍作为补充和深化,缺一不可。如在"罗斯福新政"一课中,首先学生在教师的指导下对相关内容进行基础知识的梳理和知识体系的构建,了解教材中对罗斯福新政背景、内容和评价的基本叙述与观点,自己绘制思维导图。但这并不是终点,仅仅是历史学习的起步。

二、有的放矢,广泛阅读

教材因为篇幅等的限制,使用的多是概括性较强的语言。若想了解更多细节,更多观点,则需要在此基础上进一步博览群书、拓宽阅读量,由宏观把握到微观深入。把握框架思路,是为了防止在浩若烟海、扑朔迷离的史实中迷路;广泛拓展是为了避免只见树木不见森林。在这个过程中教师以问题和任务为导向,引导学生从背景、过程及措施、影响三方面广泛收集资料,以研究的态度来认知这段历史。深入分析他们收集的资料,如专著《罗斯福传》《一本书读懂美国财富史:美国财富崛起之路》《货币战争》《罗斯福新政的谎言》《恐惧本身:罗斯福"新政"与当今世界格局的起源》《黄金和经济自由》等,了解最新研究结果,在史料、数据方面都是对教材的极大丰富和对思维的极大启发。

更多细节的了解,激发了学生的兴趣,深化了他们对相关历史的了解。如教科书对"炉边谈话"的介绍比较简略,而学生自己搜集并整理了一些资料:1924年美国国会通过法案,承诺给参加一战的老兵发放一笔退役补偿金。可是这笔款项迟迟没能落地。1932年,受经济危机影响而穷困潦倒的两万五千多名退役老兵聚集在首都华盛顿,请求政府履行承诺,发放每人约五百美元的补偿金。没想到却遭到胡佛总统动用武装力量的镇压。三个月后,罗斯福在总统竞选中获胜,上台后推行新政,于1934年6月兑现政府承诺,一战老兵终于拿到了补偿金。罗斯福的做法与胡佛形成了鲜明对比。

上述内容深化了学生对"炉边谈话"的认识,他们看到了新政之所以能够顺利推行,除了亲民路线,更重要的是罗斯福切实有效的措施。因为他不仅通过炉边谈话解释政策、击败谣言、鼓舞人心,更重要的是他能在人们最关心的问题上显示出与上届政府的不同,让危机中的人们看到希望。

更多历史细节的呈现会逐渐还原历史更真实的逻辑。又如教材对新政推行的过程和内容介绍非常简洁,以至于学生会误以为用新政调整经济危机

并非难事,认为新政推行的过程是一帆风顺的,且容易形成思维定式。经过阅读和收集,学生为我们呈现了这样一组材料:

材料一 我将要求国会授权我唯一是以应付目前危机的武器,这就是,让我拥有足以对紧急事态发动一场大战的广泛行政权。这种授权之大,要如同我们正在遭到敌人侵犯时一样。

——威廉·曼彻斯特:《光荣与梦想》

材料二 在罗斯福新政初期,国会特别会议的短短的100天内就通过了70项法案,其中包括15项重要法案,这在美国历史上是空前的,恐怕也是绝后的。

——段小雅:《争议"罗斯福行政"》

材料三 鉴于当时大危机的严峻形势,最高法院并没有立即反对该法案,使该法案得以实施。但是当危机有所缓解,1935年5月27日,美国最高法院宣布《全国工业复兴法》无效。自从最高法院创立以来,总共宣布废止的法律不过60种,但当时不过一年,美国最高法院竟一口气把罗斯福的新法取消了11种之多。

——崔建伟:《关于人教版历史必修二"罗斯福新政"备课的若干思考》

材料四 最高法院充分认可了政府对经济生活的干预和管制,对于经济改革的合宪性问题给出了肯定的答复。在经历了漫长的努力之后,最高法院终于跟上了20世纪的发展潮流。

——陈平:《大萧条时期的美国宪法变革——评〈至高权力:富兰克林·罗斯福与最高法院的较量〉》

从这些材料中可以看到罗斯福新政推行过程曲折,曲折的原因则来自美国自由的传统和政治上的分权制衡。在理解罗斯福新政内涵之外拓展其外延,新政一定程度上改变了美国三权分立的政治格局,罗斯福担任总统期间采取多种形式参与国会的立法进程,大大发展了总统的立法权,通过改组最高法院和联邦司法系统使最高法院成为"罗斯福法院",新政得以顺利实施。罗斯福新政使美国国家体制发生重要变化,将"总统中心"或"总统主导"巩固下来并制度化,使以国会为中心的近代总统制向以总统为中心的现代总统制过渡得以实现,这种局面一直延续至今。没有这些历史细节和细节之间内在关系的挖掘,恐怕难以体会历史探究之妙处。

三、发散思维,拓宽角度

因为历史学主观性的存在,对于同一历史问题,不同人、不同时代、不同地域、不同领域都会形成不同认知。针对这一特点,我们需着力引导学生了解针对同一历史问题的不同历史叙述。如果学生看到的仅是一家之言,很容易认为这就是真理。针对同一问题进行广泛阅读并认识到不同历史叙述的原因,尤其是多角度、多类别和具有差异的史料,如亲历者、后世学者、肯定、否定、农业角度、商业角度……在这一思想的指引下,引导学生搜集不同角度评价罗斯福及其新政的材料。

材料五　新政完成了一次政府职能的转变,它从两个方面永远地改变了美国的自由主义:一是政府对经济的干预,二是政府对人民负的责任。

——钱满素:《美国自由主义的历史变迁》

材料六　尽管由新政带来了改变,但以确定的私人财产为基础的社会合约精神和从一览表中进行的自由选举,保留在美国共和制度中。

——乔纳森·休斯、路易斯·凯恩:《美国经济史》

材料七　新政在一定程度上恢复了公众对美国民主制度的信心……美国国内一度出现的法西斯组织没有了市场。因此,有人说"新政挽救了美国的自由民主制度"。

——唐晋:《大国崛起:解读15世纪以来9个世界性大国崛起的历史》

这一组材料论证了教科书的论点:罗斯福新政开创了国家干预经济的手段,维护了美国的民主制度,避免美国走上法西斯道路,是资本主义制度下生产关系的调整。该组同时也提供了另外一组资料:

材料八　到1935年初,当时美国社会各派别对新政持有多种认识:对新政"大笔开支""敲诈富人计划"和"社会主义"不满,批评政府抛弃自由政策,某些批评者一提到罗斯福的名字都觉得反感——保守派与大商业领袖;社会主义政党以及其他激进组织一度激烈抨击罗斯福改革不彻底,攻击财富仍然高度集中在少数人手中,他们对整个资本主义制度产生怀疑——激进的左派;尖锐抨击"财阀""其他金融势力",认为这些势力给国家带来贫困,而且向个体和社会实施专制——政治异见者(非左派,非右派);新政提高弱势群体地位,广大中下层民众对新政热情欢呼与讴歌,甚至把罗斯福视为"救星"——多数民众。

——摘编自舍曼《世界文明史》、布林克利《美国史》等著作

由此可见,对罗斯福新政的评价无不深刻打着时代、阶级的烙印,受到国家利益、国际关系等诸多因素的影响。这样的处理可打破学生对罗斯福新政的传统认识,逐渐引导他们从不同角度、不同立场更全面地认识历史问题,促进学生主动学习和思考,形成历史思辨能力。

四、尊重体验,珍视疑问

批判性思维在教学关键环节设计中充当了重要角色,"以质疑为起点,摒弃琐碎的、不重要的历史知识和历史意识或观念,促使历史教学沿着有效的、意义化的方向发展"[1]。引导学生尊重自己真实的阅读体验,尊重自己的每一个疑问和个性的解读。阅读中,每一个困惑便是一项研究的起点。梁启超在《中国历史研究法》中说:"须耐烦每遇一事项,吾认为在史上成一问题有应研究之价值者,即从事于彻底精密的研究,搜集同类或相似之事项,综析比较,非求得其真相不止。须知此种研究法,往往所劳甚多,所获甚简……殊不知凡学问之用科学的研究法者,皆须如是,苟不如是,便非科学的,便不能在今世而称为学问。"[2]

历史教学中应引导学生在广泛阅读的基础上懂得从不同角度和立场全面看待历史问题,同时敢于质疑,进而针对疑问进一步寻求实证,在不断探索与尝试之后终可得拨云见日的快乐,这是求真、求实的快乐。

原文发表于《中学历史教学参考》(上半月)2019年第6期

---

① 赵亚夫. 批判性思维决定历史教学的质量[J]. 课程·教材·教法,2013(2):71–77.

② 梁启超. 中国历史研究法[M]. 北京:中华书局,2009:49.

时空流动下的宏观发现

——历史思辨教学在赵氏孤儿案例中的运用

深圳第二外国语学校　毛帅　金谷榕

时空观念是历史学科的核心素养之一,教学中我们也习惯于以时空为基本维度来呈现和梳理相关内容,但如果借鉴绘画领域的散点透视法,在特定主题或线索下将不同时空的元素集中呈现,引导学生在思维上有所突破,会拥有更加宏大的视域,从而获得一些规律性认知。

笔者以赵氏孤儿故事的流变为线索设计了一节课,首先呈现2010年由陈凯歌导演、葛优主演的《赵氏孤儿》电影海报,完成情境创设引入话题:今天的赵氏孤儿故事版本主要依据司马迁的《史记》和纪君祥的元杂剧《冤报冤赵氏孤儿》,故事梗概如下:

材料一　民间医生程婴接受庄姬托孤,把赵氏孤儿藏在药箱里带出宫外。屠岸贾得知孤儿逃出,下令杀光全国一月以上、半岁以下的婴儿,违抗者诛九族。为了拯救赵氏孤儿,程婴献出自己的独子。后来屠岸贾阴差阳错收赵武为养子,养在元帅府。二十年后赵武亲手杀了屠岸贾,程婴也获得了赏赐。①

但探本溯源,它最初可完全不是这个样子的。如果把不同时代甚至不同国家的版本做对比,我们会发现很多有趣的问题。

---

① 范希衡.《赵氏孤儿》与《中国孤儿》[M].上海:上海古籍出版社,2010:19-23.

一、时间流动下的故事演变

我们把时间拨回到故事发生的春秋时代,看看关于赵氏孤儿的最早记载是什么样的:

材料二 晋赵庄姬为赵婴之亡故,谮之于晋侯,曰:"原、屏将为乱。"栾、郤为征。六月,晋讨赵同、赵括。武从姬氏畜于公宫。以其田与祁奚。韩厥言于晋侯曰……乃立武,而反其田焉。

——《左传》

根据同时代其他史料的佐证,大致可以推测事件的初始面貌:下宫之难首先是因为赵家内部的私通家丑和嫡庶之争,栾氏、郤氏作伪证属于大夫之间争夺权力的倾轧。绕过国君干这么大一件事不大可能,晋景公恐怕也对赵氏的膨胀心存不满。可以说,这是春秋时代礼崩乐坏的一种典型反映,站在赵氏一边原本也并无所谓正义。赵氏并非遭到灭门,而只是赵同、赵括两个支系被杀,所以赵武说不上真正的孤儿。而且他也并非刚出生的婴儿,当时大约有六七岁。两年后晋景公得了一场大病,赵武在韩厥的帮助下恢复爵位、封地,历史并没有给孤儿留下长大成人再去报仇的充足时间。至于今天版本里英勇救孤的程婴、公孙杵臼等人,压根就没有出场,其是否真实存在过都得打个问号。

大家觉得,是什么样的原因导致故事情节发生了如此重大的变化呢?

学生首先想到的是文学、艺术本身就不等同于历史,人物塑造、情节发展更多出于创作和表现的需要,而情节曲折、具有传奇色彩的故事更具吸引力,更能迎合市民阶层文化娱乐生活的需要。

然而文艺不仅是对客观社会的被动回应,也有主观上的引领。程婴、公孙杵臼历经数百年民间传说与文艺作品的演绎,逐渐从传说走向了"真实",甚至成了故事的主角,社会对于他们又有怎样的价值认可呢?

材料三 从隋唐开始,民间出现祠祭程婴与公孙杵臼的活动。赵宋与赵武同出一源的观念非常普遍,官方也在某种程度上认可这种说法。宋神宗"诏婴封成信侯,杵臼封忠智侯,于墓侧别立庙,载祀典",祠祭活动始由官方倡导。南宋末年,赵氏孤儿与赵宋皇室之间的隐喻关系得到广泛认可,祠祭活动愈加频繁,等级规格也不断提高。①

民间纪念程婴与公孙杵臼是因为二人身上存在怎样的精神品质呢?屠岸贾没有得到国君命令擅自灭门赵氏,表明赵氏的无辜,那么帮助赵氏就代表了正义;刚出生的婴儿加赵氏仅存的血脉,孤儿的可怜使仗义援手具有了鲜明的悲悯色彩。《孟子·公孙丑上》曰:"恻隐之心,仁之端也;羞恶之心,义之端也。"程婴、公孙杵臼充分体现了儒家的仁义精神,在剧中其他人物如韩厥身上也有不同层面的体现。

至于两宋时代的官方倡导,又反映了怎样的时代背景,包含了怎样的政治意图呢?学生能想到的是理学兴起进一步提升了儒家的地位;基于赵宋与赵武同出一源的观念,统治者在程婴、公孙杵臼的仁义精神里加入了忠的成分,借助弘扬忠义来吸引更多人为朝廷效力。南宋时期面临的外部威胁更加严重,统治者希望借此激励忠义之士反抗蒙古侵略、保卫赵宋政权。

在这里,民间自发纪念的原因需要追寻结合时代背景程婴、公孙杵臼人物存在的自身价值,官方倡导则更需结合时代背景分析现实需求。

王国维在《宋元戏曲史》中指出:"元剧最佳之处,不在其思想结构,而在其文章。文章之妙,亦一言以蔽之,曰:有意境而已矣。何以谓之有意境?曰:写情则沁人心脾,写景则在人耳目,叙事则如其口出是也。"②纪君祥的《冤报冤赵氏孤儿》叙事所追求的并非还原历史真相,而是以人物和故事为载体,通过叙事来写出沁人心脾的情。这个规律在伏尔泰创作《中国孤儿》时也同样适用。

二、空间转换下的移花接木

材料四 1755年戏剧《中国孤儿》在巴黎枫丹白露宫上演,引起空前轰动,连演十六场。全剧共五幕,时代背景为蒙古灭宋,成吉思汗四处搜捕宋朝

① 许玉龙. 论两宋官方祭祀程婴、公孙杵臼的活动——基于政治意涵的探讨[J]. 华中国学, 2017(01):217-226.
② 王国维. 宋元戏曲史[M]. 上海:上海古籍出版社,1998:99.

皇族,盛悌献出自己儿子救出一名皇子。成吉思汗发现后本来要杀了他们,盛悌夫人伊达美之前被成吉思汗爱慕,她的求情使成吉思汗提出条件,只要她选择改嫁,丈夫和孤儿就可以活命。伊达美坚贞不屈,成吉思汗最后决定放过所有人,还请盛悌以中原文化教化元朝百官。①

伏尔泰在献词里说:"这篇悲剧是我不久前读《赵氏孤儿》想起来的……《赵氏孤儿》是一篇宝贵的大作,它使人了解中国精神,有甚于人们对这个庞大帝国所曾作和所将作的一切陈述。"但时间、地点、人物、除救孤之外的情节全都换了,完全可以说是全新的创作,所以伏尔泰也说:"我选的题材与中国剧《赵氏孤儿》并不相同,二者只有名称相似。"那么他创作这部剧的目的是什么呢?

注意到献词内容的同学说,伏尔泰希望借助这部剧将中国精神直观地呈现给法国人,盛悌和伊达美也确实能代表儒家的典型特征。《赵氏孤儿》的副标题是"孔子的五幕伦理学",同样说明了这一点。但你觉得这种改编仅仅是为了展示忠义精神吗?

伊达美的爱情纠葛符合法国的浪漫主义文化传统,这是结合法国国情的改编,也更符合商业演出的要求。②文明与野蛮的对抗实际是全剧的核心,战胜者接受战败者文明的结局就像伏尔泰在献词里所说:"这是一个伟大的实例,说明理性与天才对盲目、野蛮的暴力所具有的优越性……两国人民只构成了一个民族,由世界上最古的法制治理着。这个引人注目的大事就是我的作品最初的目标。"这里提到的理性、天才、法治和当时启蒙思想宣扬的主张何其相似!

联系时代特征,当时的法国启蒙思潮勃兴,其自身体系及对实际影响尚且不足以改变现实。启蒙思想家迫切想要找到一种可以作为参照并且支持自己理念的模式,试想,那群正上下求索、希望把自由、平等、理性确立为普遍适用原则的法国人忽然发现中国其实一直在奉行这类信条,他们该

---

① 范希衡.《赵氏孤儿》与《中国孤儿》[M]. 上海:上海古籍出版社,2010:42-48.

② 许海龙. 中国经典文学作品西方传播案例解析——以《赵氏孤儿》与《中国孤儿》为例[J]. 山西农业大学学报(社会科学版),2013(10):992-996.

是何等兴奋。①学生学过儒家思想以及明清时代特征,自然清楚儒家并不完全对应当时欧洲人所理解的自由与理性,启蒙思想家对中国的认识既有缺乏深入了解的客观误读,也有一厢情愿的有意误读,因为即使中国模式本身并不完美,他们也需要与法国形成鲜明对比,由此形成推动社会进步的动力。

在这里,《中国孤儿》本身蕴含的儒家价值只是一点,更重要的依然是"中国热"背后的欧洲现实需求。伏尔泰就像梁启超在《论学术之势力左右世界》中所说:"以其诚恳之气,清高之思,美妙之文,能运他国文明新思想,移植于本国,以造福于同胞。"②法国启蒙思想能成功汲取中国传统人本主义思想的精华,正是多亏了伏尔泰,应该说伏尔泰用心良苦,其"移植"也是成功的。③

就像赵氏孤儿初始面貌只是礼崩乐坏下的争权夺利,经过司马迁的叙述具有了"其言必信,其行必果,已诺必诚,不爱其躯,赴士之厄困"的侠义色彩,宋代将程婴等人提升到忠君爱国的高度,纪君祥又寄托了对故国的怀念和反元复宋的情绪,伏尔泰加入文明与野蛮的斗争,让故事闪耀出理性和自由的光辉。学生通过这节课的探讨会发现一个规律性的认知:历史人物、故事乃至文化自身价值是其能够随时间和空间流转而长存的基本原因,特定时代的社会需求则是其如何被利用的根本。

当我们以此逻辑去看待类似现象时,许多问题便可迎刃而解。例如孔子在封建社会地位的沉浮,大致思路有二:一是自身价值,包括孔子的成就贡献,思想主张的正确性;二是形势发展与现实需要,所谓缓和矛盾的作用、维护统治的目的,都是针对利用者本身而言的。又如17—18世纪欧洲出现的中国热,既有中华文明的辉煌吸引,中、西方文明存在的差异性与互补性,开辟新航路后中西方经济文化交流日益密切,更有西方处于启蒙运动时期的主

---

① 高毅. 法国启蒙运动中的"中国热"[J]. 当代广西,2016(12):63.

② 梁启超. 论学术之势力左右世界[M]//梁启超文集,北京:燕山出版社,1997:126.

③ 黄怀军.《赵氏孤儿》与《中国孤儿》之比较——兼析伏尔泰对儒学的误读[J]. 华中国学,2002(01):75-79.

观需求,又如近代欧洲人眼里中国形象的变迁,为什么文艺复兴打着恢复古希腊罗马文化的旗号……

适当运用散点透视法,超越特定时空形成规律性的认知,相信更容易举一反三,取得更好的学习效果。

原文发表于《中学历史教学参考》(上月刊)2019年第6期

基于历史思辨的《中国古代法治与教化》教学设计

云浮市郁南县蔡朝焜纪念中学　吴志云

云浮市郁南县西江中学　许家裕

【导入新课】激趣导新

桃应问道："舜做天子,皋陶当法官,如果瞽叟(舜的父亲)杀了人,该怎么办?"

孟子说:"把他抓起来就是了。"

"那么舜不去制止吗?"

孟子回答说:"舜怎么能去制止呢? 皋陶抓人是有依据的。"

"那么舜该怎么办?"

孟子回答说:"舜把抛弃天子的位置看得如同丢弃破鞋。他会偷偷地背上父亲逃跑,沿着海边住下来,一生都高高兴兴的,快乐得忘掉了天下。"

请问:如果你是舜,你会如此选择吗? 儒家学者为何会做出如此的判断? 面对伦理与法律,古人到底是如何选择的?

(通过案例讨论,引起学生初步理解古人对伦理与法律两者关系的思考。)

一、先秦时期的德治与法治——礼法之争

活动1:叔向为何反对子产"铸刑书"? 双方争论的焦点是什么?

子产"铸刑书"引发了辩论,这是早期的德治与法治之争。

活动2:结合所学思考"在春秋战国时代谁的主张会被接纳? 为什么?"

儒家思想并不适用于兼并战争激烈的战国时期。在君主看来,儒家思想难以落到实处。

法家思想既能带来富国强兵的现实利益,又满足了各国君主专制的愿望。

法家思想更适合战国时期各国富国强兵、政令统一的需要。

(通过"礼法之争"的讨论,引导学生对先秦时期的礼治与法治关系实施的认识。)

二、秦汉至隋唐时期的法律与教化——礼法结合

活动3:分析材料,汉代法律实践有何特点?

材料一　汉家自有制度,本以霸王道杂之。

——《汉书》

儒者博而寡要,劳而少功,是以其事难尽从,然其序君臣父子之礼,列夫妇长幼之别,不可易也。

——《史记·太史公自序》

甲父乙与丙争言相斗。丙以佩刀刺乙,甲即以杖击丙,误伤乙。甲当何论? 或曰:殴父也,当枭首。

董仲舒《决狱》曰:臣愚以父子至亲也,闻其斗,莫不有怵怅之心。扶杖而救之,非所以欲诟父也。《春秋》之义,许止父病,进药于其父而卒。君子原心,赦而不诛。甲非律所殴父,不当坐。

汉代法律特点:外儒内法、引经决狱(《春秋》决狱)。

活动4:若你为此案的判官,你该如何处理这位为父杀人的孝子?

武则天时代,出了一桩震惊朝野的"奇案"——

一名叫赵师韫的中央大员出差,路上在一家不起眼的驿站歇脚,结果被一个驿吏杀害。更奇的是凶手行凶后竟不是仓皇而逃,而是主动向官府投案自首。原来,赵师韫在同州当县尉期间,曾杀过一个叫徐爽的人,徐爽有一子叫徐元庆,几年来处心积虑想为父报仇,后隐姓埋名,今朝终于等到机会手刃仇敌。案情其实非常简单:一方面,杀人偿命,此乃天经地义;但另一方面,

"孝治天下"的大唐,社会上下都充满了对凶手的同情……

(学生讨论,教师展示武则天、陈子昂、柳宗元等人的应对措施。)

活动5:如何看待关于"社会治理"和"国家统治"过程中"礼法结合,儒法并用"这一特点呢?

积极方面:一是,推动中华法系的形成与发展,进一步弘扬了儒家传统道德伦理;二是,以礼入法,慎用刑罚,有利于缓和社会矛盾。

消极方面:一是,礼法结合,将道德和法律的界限模糊化,使判案有相当主观性及随意性;二是,不利于人民法治意识的形成,法治意识淡薄。

三、宋元至明清时期的法律与教化——教法合流

活动6:选必1第三单元第8课

"学思之窗"从宋朝到清朝,乡约所讲内容有何变化?

为何会出现这种变化呢? 有什么特点和作用?

变化:宋以道德教化为主,用来教育百姓向善互助;

明清增加了宣讲"圣谕"的内容,更多强调顺从、安分守己。

原因:君主专制强化,皇权加强对基层社会的控制。

特点:教化百姓的乡约,经政府利用和推广而具有约束力,并与法律合流(礼法结合)。

作用:一是,有利于维护社会秩序,加强基层社会治理;二是,有利于发展生产;三是,促进儒家文化和传统道德的传播。

(通过秦至明清时期的若干案例的讨论,让学生进一步掌握、理解中国古代封建社会如何更好地实施礼法结合到教法合流的社会治理变化过程。)

活动7:结合材料分析,分析中国古代法律体系的特点?

材料二 中国传统的法律体系从秦汉时开始形成。汉律特别强调皇权至上,法自君出……其法治的指导思想为礼法并用,以礼入法,儒家经义成为法理的基础,坚持德主刑辅,先教后刑,奠定了此后法制体系"礼刑一体"的基本框架。

——张岂之:《中国历史十五讲》

材料三　在历史的推移和王朝的更迭中,法制虽代有损益,但"诸法合体""政刑不分"的旧法律结构形式到清末却始终未变。自古以来,中国的法典基本上是刑法典,但又包含有民法、诉讼法及行政法等法律内容,形成了"民刑不分,诸法合体"、民商不分,实体法与程序法无别的法律结构。所谓"往昔律书体裁虽专属刑事,而军事、民事、商事以及诉讼等项错综其间",指的就是这种情形。

——陈旭麓:《近代中国社会新陈代谢》

特点:诸法合一、礼法并用、司法从属于行政。

活动8:拓展与思辨

材料四　伦理道德不能作为入罪的直接依据,刑法只是对人最低的道德要求,不能通过刑法来推崇道德完美主义,否则看似善良的愿望往往会把人类带向人间地狱,用道德取代法律的积极道德主义是刑法要拒绝的。但刑法也不能和道德相抵触,对于伦理道德所容忍和鼓励的行为,自然没有必要处罚,伦理道德可以作为出罪的依据,用道德来减缓法律的刚性的消极道德主义是合理的。

——罗翔:《刑法学讲义》

材料五　山东聊城于欢案

2017年2月17日,聊城中级人民法院一审以故意伤害罪判处于欢无期徒刑,剥夺政治权利终身,承担民事赔偿责任。

2017年6月23日,山东省高级人民法院认定于欢属防卫过当,构成故意伤害罪,判处于欢有期徒刑5年。

2018年1月6日,于欢案入选2017年度人民法院十大刑事案件。

2020年11月18日,山东聊城"辱母杀人案"当事人于欢减刑出狱。

以古引今。以罗翔律师对道德与法治关系的解读材料,结合2017年一起引发舆论高潮的"山东聊城于欢案",创设开放性的思辨场景,激发学生深入思考道德与法治的关系,感受法理与人心的拉锯从古至今从未终止,通过联系现实生活的思辨性探究活动,帮助学生深化对知识的理解,解决学生思想认识上的困惑,引领学生确立正确的价值取向,提高学生分析问题、辨识是非的能力。处理好两者关系即使在今天中国的现代化法治之路上仍是任重而道远。

【课堂小结】主干知识梳理,见下图。

一、先秦时期:儒法之争 ── 德治 法治 对立
　　1.成文法出现
　　2.儒家与法家

二、春汉至隋唐:以礼入法 ── 德治 法治 并用
　　1.改法为律 律令格式(中华法系形成)
　　2.以礼入法 礼法并用

三、宋元至明清:礼法融合 ── 德治 法治 融合
　　1.唐律为本 律例合编
　　2.理学兴起 礼法融合

基于历史思辨的校本课程研发

　　基于历史思辨教学,课题组开展了校本课程的开发与教学实践,形成"地方历史文化资源走进课堂""吃货的中国史(中国饮食文化史)""我去故宫看历史(故宫建筑和相关人物、文化史)"等一系列较为成熟的校本课程,在教学实践中深受学生喜爱,极大提升了学生的学科兴趣与学科思维。

　　研究团队首先以"地方历史文化资源走进课堂"申报省级课题,成功立项后进行了为期两年的深入研究,最终顺利结题,系列研究成果还在《广东教育》(综合)2018年第3期集中发表,产生了一定的行业影响力。基于上述研究成果,研究团队在深圳第二外国语学校开展了以"深圳历史文化资源"为主题的校本课程开发,进而开展长期的教学实践,大大增加了学生对深圳本土历史文化的了解,培植了对自己所生活城市的认同与热爱。

　　"吃货的中国史"是将中国饮食文化史以故事体的形式梳理、讲述出来,所选取的故事均有真实存在的人物、史实作为依据,情境化的文本阅读和幽默风趣的语言大大增加了学生的阅读兴趣,降低了专业门槛。2018年,相关校本课程内容在北京师范大学出版社成功面世,《吃货的中国史》一书还被评为《中国教育报》的"2018年度教师喜爱的100本书",北京师范大学出版集团2018十佳出版物、最佳助学读物。

地方历史文化资源走进课堂实施途径

深圳第二外国语学校　林良展　毛帅

　　长期以来,深圳的历史都被简单描述为从小渔村到大都市的变化,直言深圳在开放前乃是历史文化沙漠,结果导致深圳的学生普遍接受了这样的看法,然而这种观点是否科学尚且值得商榷。如果学生能够关注到身边的历史文化资源,相信他们会对这种观点产生疑问。因此,如何让深圳历史文化资源在教育目的下得到针对性的发掘与整理,走进中学课堂,促进课堂教学的本土化,让学生有计划地可持续地接触与研究身边的历史,提高学科趣味与学生兴趣、素养,是一个非常值得研究的问题。

　　另外,《高中历史课程标准(2017年版)》首次明确提出历史课程资源的开发利用问题,要求历史教师能够"充分开发利用乡土教材和地方课程资源,利用影视作品和各地蕴藏丰富历史内容的人文景观和自然景观,充分利用各种与历史学习有关的计算机教学辅助软件、多媒体历史课件、远程教育中的历史课程,互联网提供的历史教育网站、历史资料数据库和图书馆、档案馆网站等,以获取丰富的历史学习课程资源"。这也体现了新课程对地方历史文化资源开发与利用的要求和指导。

　　就深圳的发展而言,这座城市正处于建设更高水平小康社会和加快转变经济发展方式的攻坚时期,文化无形资产日益成为城市竞争力的关键要素,文化资源也日益成为城市建设发展的基础资源。《中共深圳市委、深圳市人民政府关于深入实施文化立市战略,建设文化强市的决定》提出要争创"世界图书之都",打造"深圳学派";扩大公共文化设施免费开放服务,将深圳建设成为中国改革开放史研究的重要基地。由此可见,着力培养既能走向国际又十分了解本国本地区文化历史的新公民是深圳未来的目标。乘着这一东风,把历史课程与地方历史资源有机地融合起来,让地方历史文化资源走进课堂,显得很有现实意义。

基于上述几点,我们开展了"地方历史文化资源走进课堂实践研究"这一省级课题研究,首先确定了地方历史文化资源的范围,它主要是指居民所在地区的自然生态和文化生态方面的资源,包括乡土地理、民风习俗、文化遗产、生产和生活经验等。根据不同标准和准则,可将地方历史文化资源分为不同的种类。例如根据地方历史课程资源的功能特点,可以分成素材性和条件性资源;按照地方历史课程资源的空间分布,可以分为校内资源和社会资源;按照地方历史课程资源呈现方式,可以分为文字资源、实物资源、活动资源和信息化资源;按照地方历史资源的时限来看,可以分为历史上的遗物遗迹和反映地方新发展新面貌的资料。然后从如下途径使其与历史课堂相结合。

一、通过学生社会实践发掘地方历史文化资源

我们知道,光靠几位老师的力量很难搜集浩瀚的历史文化资源,借助学生之力不仅可以搜集意想不到的素材和提高效率,而且学生在前期的亲身参与也更有利于提高他们后期学习本土课程的积极性。于是决定有计划地引导学生利用时间比较集中的机会(主要是假期)进行社会实践,广泛发掘和整合地方历史文化资源。

例如,我们给高一班级布置的历史暑假作业内容是:(1)找一则反映深圳本土历史文化资源(古代、近代、现代均可)的材料(含文字材料、图片材料、图表材料,也可以是采访历史人物的采访稿或视频),标注出处(作者、引自的书名或杂志报纸名称、出版或发行的时间等,采访的历史人物就写出采访的人物与采访的时间;可以是一则材料,也可以是几则材料,但不超过四则材料)。(2)围绕材料,结合教材所学知识,提出至少两个问题,问题最好体现"是什

么""为什么""怎么办"三个层次。(3)给出参考答案或答案提示。(4)要求:可以个人独立完成,也可以小组互相合作,但每人必须有自己独立的作业。

而高二文科班的暑假作业则安排的是:围绕深圳本土历史文化资源(古代、近代、现代均可)开展专题调查。

准备阶段。第一,每班产生至少三个小组,每组不超出五人,每组做好分工(有组长、副组长、其他人员工作安排)。第二,主题必须围绕深圳市本土历史文化资源(古代、近代、现代均可),确定的主题与历史老师协商,宜细不宜粗,宜小不宜大,最好选取靠近自己居住的地方的历史文化资源,容易操作。例如考察南头古城、考察大鹏所城的报告、考察中英街。第三,选定导师:可以是本班的历史老师,也可以是校外的专家。

开展阶段。第一,按照研究主题,搜集资料、整理资料、制调查表、开展调查访问、实地考察、填写相关表格、完成研究考察报告。第二,拍摄照片或视频(要体现全过程:搜集材料、调查访问、实地考察、研究会议等全过程的照片;一定要有"人",不能只有"景",而且是体现团队精神;采访照片要有采访者和被访者)。

成果展示阶段。第一,提交相关表格、研究考察报告给导师后,由导师写上评语。第二,在导师的指导下,制作PPT等形式的成果展示课件,并在开学后历史课或班会课上进行成果展示。第三,小组长完成小组评价和互相评价。

通过汇总各方面资源,我们将深圳地方历史文化资源汇总形成一览表,以下是部分表格内容(见表1):

表1　深圳地方历史文化资源汇总(部分)

时期	重要遗址	历史人物
古代史	大梅沙新石器时代遗址、大鹏所城、宋少帝陵、南宋黄默堂墓、明代南头古城、赤湾古炮台、龙岗客家民居、山岗遗迹、咸头岭新石器时代文化遗址、沙井龙津古石塔、笋岗元勋旧址、赤湾天妃宫、振威将军赖恩爵墓、大万世居、鹤湖新居、文武帝宫、观澜古墟	东晋黄舒、赖恩爵、何真
近代史	三洲田起义旧址、中英街	陈烟桥、曾生
现代史	莲花山公园、仙湖植物园、大芬版画村、观澜版画村、世界之窗、民俗村、关山月美术馆、东门老街、罗湖口岸、蛇口招商局、国贸大厦、国家动漫产业基地	任正非、马化腾、侯为贵、王传福

学生在搜集资料过程中接触到大量此前鲜有听闻或了解不深的本土历史文化资源，对"深圳以前只是个小渔村"的说法有了越来越强烈的质疑。有同学还在调查报告中引用了2014年《深圳晚报》的专题报道，强调深圳在改革开放前并非历史文化沙漠，殊为难得。

二、将地方历史文化资源引入校本课程

《基础教育课程改革纲要（试行）》提出："试行国家、地方、学校三级课程管理，增强对地方、学校及学生的适应性，各地要在达到国家规定课程的基本要求下，规划、开发并管理好地方课程、校本课程。"新一轮基础教育课程改革，明确了国家课程、地方课程、校本课程的三级课程管理体系，并建议在实施国家课程的前提下，重视地方课程与校本资源的开发和利用。

基于学生社会实践与老师各方面搜集整理的深圳地方志、深圳博物馆、报纸、网络、口述史等资源，我们利用深圳本土历史文化资源组织编写了共计五万余字的校本教材《地方历史文化资源走进课堂》，该教材入选2015年深圳市中小学"好课程"委托开发项目。

教材严格按照规范格式编写，包括目录、单元概览、正文、课后思路与课后实践、参考资料等内容。

三、让地方史走进课堂教学

《高中历史课程标准（2017年版）》强调："课程资源的利用和开发水平同教学质量的高低密切相关，充分利用和开发历史课程资源，有利于历史课程目标的实现。"为此，我们将教材内容与相关历史文化资源相结合，在课堂教学中渗透地方史。这一方面以学生身边较为熟悉的地方资源来促进他们对特定历史概念、事件与现象的理解，提高教学效率；另一方面也有利于扩大学生的视野，让他们吸收广泛多元的文化信息，更加了解家乡、热爱自己所生活的城市。

通过地方历史文化资源走进课堂的实践研究，学生走出课堂，带着任务调查地方历史文化，搜集了大量资源，在采访调查、搜集各方面资料、撰写研

究报告过程中逐渐提升了综合素养,并亲身参与到保护历史文化遗产的行动中去;随着校本课程"地方历史文化资源走进课堂"的开设,学生有机会系统地了解身边的城市,彰显了人文关怀;而让地方史走进课堂教学,也达到了以本土文化促进学生理解教学内容的理想效果。希望这样的实践研究能够进一步广泛而深入地开展,以取得更加丰硕的成果。

原文发表于《广东教育》(综合)2018年第3期

地方历史资源进课堂与中学生
文化素养的提高

深圳第二外国语学校　陈娟

中国学生发展核心素养以培养"全面发展的人"为核心,分为文化基础、自主发展、社会参与三大方面,学生核心素养的养成不仅仅依靠国家设置的常规课程,更应该充分整合各种优秀社会资源来共同实现这一目标,秉承这一思想,我们开发了"地方历史资源进课堂"的校本课程内容,旨在从以下几个具体方面能够提升中学生素养。

一、辅助教学,培养知识素养、人文底蕴

一方面校本课程与国家课程结合、地方历史资源向课堂教学渗透,从而起到辅助教学的作用。在做"地方历史进课堂"这一课题时,我们将深圳的历史沿革、民俗风情、人文景观等内容汇聚在一起,将深圳历史文化打包带入课堂,作为实例,拉近学生与历史的距离,增加学生感性认识,从而使学生向学、乐学、善学。例如深圳的历史沿革内容中包含了行政区划变迁,夏、商、周时代属南越部族,秦朝郡县制下属南海郡,汉代郡国并行制下属交州南海郡,元代府路州县制下属广州路,明代属广州府等变化。了解这些有助于学生在研读必修一《中国古代地方制度》时从深圳人的角度感受中国古代地方行政设置的变化,并进而探究变化的原因和影响,亲切感倍增。再如,《地方历史进课堂》教材中当代深圳历史的内容讲述了深圳来历、深圳的困境和深圳开发

过程中所受到的质疑以及深圳建设的成果,这些内容作为素材和史料对于必修二《对外开放格局的初步形成》起到了构建智力背景的作用,学生对特区产生背景的复杂紧迫、过程的艰难险阻和问题解决过程中的中国智慧理解得更为深刻。另一方面也有助于学生了解完整的深圳历史。1980年8月26日,全国人大常委会批准在深圳设置经济特区,这一天被称为"深圳生日"。1981年3月,深圳市升格为副省级市。1988年11月,国务院批准深圳市在国家计划中实行单列,并赋予其相当于省一级的经济管理权限。2004年,深圳成为全国首个无农村无农民的城市。由于当代史的灿烂而掩盖了人们对深圳古代乃至近现代历史的关注,人们错误地觉得深圳只有三十多年历史,人们在赞叹深圳速度、赞叹大鹏高飞的同时也总不可避免地认为深圳过于浅薄,通过教材《地方历史进课堂》来挖掘深圳历史原貌,无论是南头古城的探访,还是客家民居的驻足,青砖绿瓦都展示着世事沧海桑田,无论是各种抑扬顿挫的奇妙语言,还是飘着不同香味的各色美食都诉说着岁月在此的积淀,这样层次饱满的民俗文化不仅能丰富学生认知,陶冶学生情操,还可通过这一认知过程培养青年一代更为深厚的文化底蕴。

二、批判探究,培养科学精神、理性思维

教师不仅要传授知识,更重要的是发展学生思维,在"互联网+"的时代更是如此,各类搜索引擎的知识广博程度远远高于我们每一个教师,学生获取知识的主要渠道较传统时代有了很大的变化,教师传授知识的作用正在逐渐被电脑和网络所取代,但培养学生思维却是机器人无法替代的,这也正是教师行业存在的最大价值。以地方历史资源为载体引导学生理性思考和批判思维的形成,养成质疑的习惯和学会释疑的方法,有助于培养学生发现和解决问题的能力,并能给学生创造机会,激发学生解决问题的兴趣和热情,促进学生能够自己选择制定合理的解决方案。学生们对深圳本地历史资源是有一定印象的,但更多限于道听途说的粗糙层面,历史的真相是什么?如何探求真相?学生通过身边历史的探究和学习掌握的不仅仅是真相的内容,更重要的是真相获取的过程和方法。

三、引导自主，促进平等开放、互动探究

　　教育家斯普朗格说："教育的最终目的不是传授已有的知识，而是要把他的创造力诱导出来。"编写《地方历史进课堂》教材给学生们提供一个研究的方向，教材内容不属于高考考纲具体知识点，教学自由度更大，更利于设置平等开放式的互动课程，教师并非要将此中内容居高临下——灌输给学生从而让他们记住家乡是什么样子，更多的是引导学生自主发现他们家乡的原貌。教师所给予的是方向的引领和探究方法的指导以及对学生研究成果的评价。在宽松课堂氛围中，教师可以设置更多疑问引导学生挖掘真相，挖掘发现比背诵记忆更令人着迷。当热情得到了激发，学生的参与度也随之大大提高，他们对生于斯长于斯的家乡既熟悉又陌生，"熟悉"提供了切入点，"陌生"带来了神秘性，他们热情澎湃地走访他们童年时曾欢呼雀跃于此的各个街道、社区和古村镇，一边回忆儿时味道，一边寻找着他们当年忽略的秘密。为了揭晓那些秘密，他们不仅需要走街串巷，更需要刨根问底地探访族人和乡亲，他们会听到不同的声音，他们会真正理解历史学的两大特性。他们为了能从不同的声音中发现真实就要涉猎更多的相关知识，翻阅更多的文献，从而帮助他们能够拨云见日，最后将所得到的印象、图片和声音结合他们对这一相关问题的钻研汇聚成文字或语言。这样生成的是一段朴素但生动、稚嫩但亲切、难以忘怀的家乡历史。教师此时要做的是引导学生如何加强研究的专业性和严谨性。地方历史资源进课堂环境氛围轻松，但研究方法的指导对学生来说却是受益终生的，这也恰恰实现了国家历史课程能力培养方面的目标。

四、健全人格，实现积极向上、健康生活

　　《地方历史进课堂》内容中充分展现了深圳的社会变迁、深圳的开拓进取、深圳人的艰苦卓绝，尤其在当代史中讲述了深圳之痛、痛定思痛、痛后的变通、变通之后的繁荣。大逃港问题的迫在眉睫、蛇口风波观点的分歧、体制改变的风险、舆论的步步紧逼、特区即租界的质疑……即便不是当事人，我们也能从文字中感受到各种压力扑面而来，与此同时我们更加钦佩开拓者们紧

迫中的镇定、慌乱中的条理、迷茫中的清晰,结局是美丽的,过程是无比艰辛的。从这段节奏快到令人屏气凝神的历史中感受大到整个国家、民族、地区发展,小到某个历史人物的人生命运都是曲折往复的,唯有坚韧的品格和一颗勇敢的心才能使自己最大程度地实现自己的人生价值和人生目标,正所谓"志不强者智不达"。这段历史能够很好地熏陶学生,培养学生积极向上、耐受挫折的良好心态和在复杂环境中解决问题的能力。此外,伴随对不同时期、不同时代背景的地方历史文化的了解逐渐加深,将点的历史融入区域、国家乃至世界的大背景当中,学生们能更加深入理解文化的多元性、差异性,更能使学生从不同角度思考问题,养成设身处地的思考习惯,从而培养学生更加开放的心态,促进学生思想的健康成长

五、阶梯渐进,树立正确的情感价值观

爱祖国、爱人民是历史教学所要实现的重要情感态度价值观,然而"爱"这种情感向来不是灌输所能实现的,特别是对于尚未成年的中学生来说,爱祖国、爱人民似乎是遥不可及、高不可攀的,与其让他们望之兴叹,不如修一段阶梯,将宏大的目标和最高纲领分割成可以实现的小目标,引导学生从身边的人和事着眼,从他们身处的环境切入,让他们觉得相关、真实、亲切和生动。学生历史素养和能力培养的第一步既非是完整的知识结构也并非严密的逻辑论证,而是开启学生的热情和好奇心,激发学生带着饱满的热情,通过探究过程中的追根溯源将原来一知半解、支离破碎的记忆还原成理性的、完整的、体系的认知,从而更加深入地了解自己的乡情、更加由衷地欣赏自己的文化,更加真诚地热爱自己的家乡。在学习地方历史的过程中他们会发现无论是记忆遥远的古代、硝烟弥漫的近现代还是光华夺目的当代,深圳都涌现出大量可歌可泣的历史人物。古有黄舒之"孝"千古留名,"乡曲争传黄孝子",人们将他比作春秋孝子曾参,他住的村子旁边的一座山被命名为"参里山",后简称作"参山"(在今沙井中学附近);近有赖恩爵将军,大鹏古城里还保留着赖恩爵的"振威将军第",作为林则徐的副将,他成功指挥了"九龙海战",击退了英军大批舰艇的进攻,取得了"六战六捷"的胜利;今有深圳开拓

者和后来者前赴后继,不断创新,奋勇争先,跻身国际竞争并崭露头角的同时勇于承担社会责任。积跬步行千里,通过了解家乡历史逐渐树立家乡文化自信乃至民族文化自信,由近及远、循序渐进培养学生的社会意识、国家意识和民族意识,宏大处着眼,细微处着手,正是我们通过地方历史资源进课堂所要实现的。在探究过程中所积累的方法和能力可以推而广之,对了解整个国家历史乃至世界历史同样适用。内敛的中国人的课堂上不一定能听到热爱祖国的伟大口号,但在研究过程中却总有由衷赞叹,我们感慨这才是最好的爱国主义教育。爱国教育不该是贴在外面的膏药,而是融入血液营养,是骨子里的敬仰和难忘。

历史不该是陌生的,历史就是生活;历史不该是二维的,历史本就复杂多面;历史不该是淹没的,历史从来就在我们身边。地方历史资源走进课堂抑或将课堂请进地方历史资源当中都能够以最鲜活最有生命气息的方式引导学生热情洋溢地置身其中,并让学生核心素养得以养成。

原文发表于《广东教育》(综合)2018年第3期

地方历史文化资源与高中历史教学的 有效结合
——以深圳市历史文化资源为例

深圳第二外国语学校　王小红

　　教育部2011年颁布的《高中历史课程标准》在学习内容的编制上提出，要选择贴近学生生活的时代、社会等方面的知识进行教学，提高学生学习历史的主观能动性和积极参与性；在课程目标上，鼓励学生从多种渠道获取历史相关资料，并利用信息呈现方式的多样性，形成一种符合既定条件下的历史情境想象，在真实可靠的史料依据下，培养客观分析和处理历史信息的能力；在教学方式上，提倡教师尝试多种启发互动式的课外教学活动，提高学生的动手实践能力。

　　综合而言，地方历史文化资源是落实高中历史教学课程标准理念的最佳载体。每一个城市都有其独特的历史与故事，都有其宝贵而与众不同的历史文化资源，以深圳为例，深圳有着较强的革命传统和源远流长的移民文化，是我国改革开放的窗口，其历史文化资源丰富而有特色。因此，依托深圳的历史文化资源，进行高中历史教学有着重要的意义。笔者结合自己参与的课题研究及个人经验，对如何将深圳历史文化资源与高中历史教学有效结合进行了探讨。

一、发掘可引入教学的深圳历史文化资源

　　深圳是一个年轻却有着深厚历史文化的特区，其历史文化资源丰富，主

要有如下内容。

（一）历史文物与遗迹

大梅沙新石器时代遗址、大鹏所城、南宋黄默堂墓、明代南头古城、赤湾古炮台、龙岗客家民居、山岗遗迹、咸头岭新石器时代文化遗址、沙井龙津古石塔、笋岗老围元勋旧址、赤湾天妃庙、振威将军赖恩爵墓、大万世居、鹤湖新居、文武帝宫、观澜古墟、中英街等。

（二）历史人物及政治经济活动

黄舒行孝、明广东提刑按察司副使汪鋐抗击佛郎机（葡萄牙）人、汤克宽抗倭、赖恩爵指挥九龙海战抗击英殖民主义、东江纵队抗日斗争、三洲田起义、深圳设立经济特区等。

（三）民俗与民间艺术文化

西乡枪炮、妈祖诞庆、客家"哭嫁"习俗、沙头角鱼灯舞、麒麟舞、天后宝诞、吴氏九簋菜、版画文化、碉楼文化。

二、深圳历史文化资源在教学中的应用

（一）结合课本，进行穿插式的课堂教学

课堂教学，是高中历史教学过程中重要的教学途径，在课堂教学中穿插深圳历史文化资源，可以丰富课程教学内容，更能增加历史的真实感。例如，在讲人教版必修二《从计划经济到市场经济》这一课时，笔者引入"深圳速度"的相关实例，让学生了解计划经济转向市场经济的过程，从而加深学生对计划经济与市场经济的理解；又如在讲"抗日战争"时，引入廖承志、林平、曾生等在华南组建抗日队伍，与日寇周旋的地方史实资料，让学生了解抗日战争过程中的全民族抗战，并理解中国能取得抗日战争胜利的根本原因。通过鲜活的、学生身边的历史个案，找到知识与兴趣的契合点，深入浅出，提高课堂

教学效果。

(二)利用校本课程,进行研究性的主题教学

深圳地方历史文化资源包含实物资源、历史人物资源、地区历史传统、习俗文化及艺术文化等,涉及的领域比较广,单纯用于穿插式的课堂教学,其资源的利用率不高。我们可以开设校本课程,专门进行研究性的主题教学。以笔者所在的深圳第二外国语学校为例,我校专门开设了"深圳历史文化——地方历史文化资源走进课堂实践研究"的校本选修课程,实行走班制、学分制。有兴趣的学生选择本课程,也有利于研究性的主题教学的开展。例如,以"中英街"为主题,我们确立学习研究小组,让学生收集中英街的历史演变的相关资料,并对深圳市中英街文化保护现状进行调查,探究其历史变迁及其历史文化价值、探究街道或街区所包含的文物古迹、历史建筑及其对历史遗产的保护。通过这样的研究性主题教学,让学生以小遗迹见大历史,感受中华民族受侵略的屈辱历史,也体会改革开放三十多年来深圳的日新月异。

(三)利用参观访问,进行体验式教学

高中历史教学仅仅依靠课堂教学是远远不够的,让学生通过参观访问、社会调查等方式进行体验式的教学,才能真正减少历史的距离感,加深对历史的理解。深圳可提供的实践性历史文化资源比较丰富。在体验式教学过程中,我校历史教师利用周末的时间,带领学生参观深圳博物馆及至今仍存的名墟古迹,成立调查研究小组,对深圳四大名墟展开调查研究。学生反映:"这样的体验式教学让他们深刻体会到历史的重要性,即使城市发展得再快,历史也不能丢弃。在发展经济的同时,不能忘记曾经的历史。"一百遍的说教,不如学生的一次亲身体验,体验式教学更有利于锻炼学生的综合能力,培养学生的历史素养及家国情怀。

三、需注意的问题

(一)客观性

历史是一门实证性学科,追求信息资源客观真实性,运用于高中历史教学中的深圳历史文化资源必须保证信息来源可靠、数据真实,坚决不能编造史料。由于时代的不同、史学观念的偏差等因素,不可避免地会产生信息存在缺陷甚至是错误的情况,教师不论是自主开发还是在指导学生获取资料的过程中,都要以唯物史观为立足点,对史料进行甄别,剔除虚假成分,纠正有误信息,选取有效内容进行整合,得出正确客观的结论,做到"论从史出"。

(二)可行性

深圳历史文化资源融入教学中时,教师要充分考虑到学生的知识储备,并根据其身心发展的顺序和阶段性的特点去进行深度、广度、难度的合理调整和运用,否则地方历史文化资源将成为学生学习负担,而无法起到帮助他们认识历史、学习历史的作用。笔者以研究性的主题式教学为例,首先教师要从学生的能力角度出发,选择难度适中的主题。学生的知识面、探究能力和分析能力有限,太难的主题不仅容易在探究过程中消磨学生的兴趣和动力,研究的成果也是不太理想的。其次不要过分追求科学的研究方法,从而把学生在研究性学习中的创造力给抹杀掉了。最后,由于学生的能力有限,教师必须在学生研究性学习的过程中给予学生有效指导,只有这样,才能避免主题研究不会没有深度。

(三)生本性

在教学过程中,教师不论是采用何种教学方式,都必须顺应新课改的教学理念,以学生为主体,充分发挥学生的主观能动性。可以让学生搜集、整理深圳历史文化资源,参与资源的开发与利用,提高他们的收集历史信息的能力;可以让学生进行小组合作、采访调查,提升他们的综合素养。

总之,学生对自己熟悉的地方会有很强的文化认同感,因此,充分利用本土历史文化资源,注意史料的客观性,操作的可行性,教学的生本性,利用各种教学形式并将其与高中历史教学有效结合,使学生在现实生活中亲身感受历史,才能真正让历史变得鲜活,让我们的历史教学变得高效。

原文发表于《广东教育》(综合)2018年第3期

深圳历史文化资源的整合

深圳第二外国语学校　董光春

新课程要求对历史教师提出了新的要求,教师不仅要利用好教科书这一教学资源,还要能够整合大量教科书之外的历史课程资源,例如纸质资源、影视资料、历史遗物遗址遗迹等。整合历史课程资源可以丰富历史教科书的内容,增添历史课的情趣,使学生能够在轻松、愉悦的环境中掌握知识,并激发其学习积极性。

历史课程资源是指有利于历史课程目标实现的各种资源的总和,包括文字资料、影视资料、历史遗物遗址遗迹等。历史课程资源整合就是把不同的历史课程资源因素融入历史教学目标中,使这些资源紧紧围绕历史教学目标这个"魂"来展开,在历史教学中得到合理利用,充分发挥各自的作用,形成强大的合力。结合深圳的实际情况,历史教师可以整合哪些历史文化资源,合理利用形成强大的合力呢?

一、深圳历史文化资源的类型

(一)文字资源

文字是记录思想、交流思想、承载语言的符号工具。用文字记载下来的关于人类活动的资料我们称之为文字史料,在高中历史教学中我们常用到的有原始史料和撰述史料。

原始史料,包括史书典籍以及文件、笔记、报告、日记等。据史载,历史上深圳先后多次编修《新安县志》,分别是万历十五年(1587)、崇祯八年(1635)、崇祯十六年(1643)、康熙十一年(1672)。由于深圳地处边陲,内乱外患,史料散失,以上的《新安县志》均佚,仅有序文保存在之后的县志之中。目前深圳的古代方志现存完整的仅有两种:康熙本和嘉庆本的《新安县志》。清康熙年间靳文谟所修的《新安县志》,其唯一完整的版本藏于北京图书馆,上海和日本藏有残本。清嘉庆年间舒懋官、王崇熙所修的嘉庆本存世不足十套。值得庆幸的是,深圳市文物考古研究所的张一兵先生将明代天顺《东莞县志》和清代康熙、嘉庆《新安县志》进行校勘,合编为《深圳旧志三种》。该书为了解古代深圳历史沿革和文物风俗提供了丰富的研究资料。

1997年出版的《宝安县志》,作为"一方之全书",记录了宝安县一个多世纪以来百业发展的历史。1998年深圳市全面启动了《深圳市志》编纂工作,这次修志主要记载的是深圳1979年至2000年的历史,反映了各行各业的历史与现状,是承上启下、继往开来、服务当代、有益后世的深圳百科全书,也是深圳改革开放和现代化建设发展历程的见证。

档案是历史的原始记录和直接凭证,是一个国家和民族缅怀既往、探求未来的重要依据。《明清两朝深圳档案文献演绎》(四卷本)是一份珍贵的档案材料,该书是在深圳经济特区成立二十周年时,由深圳市档案馆利用馆藏档案资料,在兼采前贤和时人之言的基础上,编纂出版的一百五十万字的巨作,书中编录的史料十分丰富,除大量的档案材料外,还收录了明清两代的正史、野史、笔记、杂录、诗文作品以及相关的文物遗迹等。该书既是一部史料汇编,又是一部历史著作,集史著、史料、史评于一身。

撰述史料,主要指历史学家的相关著作,反映了当时人们的思想、观念以及学术的发展。如平湖中学陈海滨老师编写的《深圳古代史》,展示了深圳地区七千年的文明史,从政治、经济、军事、外交、文化、教育、宗教、民俗等方面,全方位剖析了深圳古代历史,堪称深圳古代历史的百科全书。又如张一兵主编的《深圳古代简史》,记录了从新石器时代到1840年鸦片战争前,深圳地区数千年的历史。书中引用了大量的考古发现及古代文献,描述了深圳地区自古以来丰富的人类活动及历朝历代的情况,说明了深圳在古代中国的边防、盐业、民族、宗教等方面所占有的重要地位。再如杨耀林主编的《深圳近代简史》,记录了深圳地区从鸦片战争前夕到1949年国民政府统治期间的百余年的历史情况。还有王穗明主编的《深圳口述史》,以口述历史的形式,选取深圳各行业具有代表性的六十六位口述者,讲述他们的"深圳梦"故事,以说明个人梦想的实现和城市的成长是不可分割的。

(二)音像资源

音像资源最大的优点就是直观形象、生动鲜明,能真实地再现某一事件发生和发展过程,能够让信息接收者有身临其境之感,这是文字资料所无法比拟的。在信息大爆炸的时代,有效地利用影视资源既是时代的需求,也是新课改的需要。

21世纪网络十分发达,人们可以通过网络下载大量的音像资料。另外深圳的图书馆中也有大量的音像资源可以利用。

(三)历史遗物遗址遗迹

人类在进行各种历史活动中会遗留痕迹,这就为后人的历史研究提供了对象。目前深圳所知的古代遗址及古文化遗物采集点有近两百处,还有数千处的历史文化建筑。

深圳现已发现的涵盖新石器时代至夏商周时期的遗址和遗物采集点有近两百处,其中以龙岗区的咸头岭、南山区的屋背岭等遗址为代表。汉代及以后的考古发掘,主要是城址、窑址、铜钱窖藏和大量的墓葬等。

除了地下丰富的文物遗址外,深圳界内地上的文物数量也颇为可观,现已存留的历史建筑有数千处。根据2007年《深圳市文物古迹保护"十一五"规划》的统计:"深圳市共计191处各级文物保护单位、文物保护点,其中宝安区105处、龙岗区32处、南山区29处、福田区14处、盐田区8处、罗湖区3处。"

二、深圳历史文化资源的整合作用

整合历史课程资源,对于新课程的实施和深化历史教学改革具有重要意义,同时对教师和学生的自我发展也有重要作用。

对于教师而言,教师既是历史课程资源的整合者、开发者,也是课程资源的重要载体,决定了课程资源的整合力度和效度。教师对历史课程资源的整合过程,也是教师不断丰富自身知识储备、提高教学技能的过程,能够进一步提高其自身素质。

对学生而言,在枯燥的教科书之外能够接触到身边的活历史,能够增加学生的学习兴趣。学生在周末或者寒暑假接触深圳历史文化资源,真切地感受历史,有效地拉近了学生与历史的距离,有效地调动学生学习历史的积极性,激发学生的学习兴趣。

原文发表于《广东教育》(综合)2018年第3期

历史短剧：活化历史人物的课堂教学方式

深圳第二外国语学校　熊文

在中学历史教学中，人物教学是教学的重要组成部分。本文以深圳本土历史风云人物黄耀庭为例，从用历史短剧活化历史人物这个角度来进行课堂实践探究，以期能让学生在认识历史人物方面有所收获。

一、课前准备环节

（一）教师准备部分

首先，教师应确定好要认识的对象。为了完整具体地呈现课堂实践探究过程，笔者选择黄耀庭作为认识的对象，让学生利用身边可能看到的遗迹、可能听到的传说来拉近自己与历史人物之间的距离，从而较好地帮助他们建立对历史人物的基本印象，为客观认识历史人物打下良好基础。其次，教师应准备好关于黄耀庭的基本资料，包括他的生平、参与的重大历史事件、基本的人际关系脉络等，并将这些资料提前印发给学生，让学生初步熟悉该历史人物。再次，教师应该构思关于历史人物剧本的基本框架，尤其确定好场景的基本主题。创作历史短剧剧本有利于学生内化历史人物，但完整剧本的创作需要耗费大量的时间和精力，考虑到学生创作水平和时间限制，可让学生在教师已经列出的框架下进行剧本片段创作，既能发挥学生的主观能动性和创造力,又能让创作过程具有可操作性。最后,教师要确定好课堂活动基本流程和组织形式。告知学生课堂活动的基本流程,是为了便于学生提前做好相关准备工作;而活动组织形式的确定,则是保证课堂活动的基本秩序。小组合作的形式,可以增强学生的合作能力,同时对历史人物的共同研究和探讨,能够帮助学生形成更为客观的认识,从而达到课堂学习的效果。

(二)学生准备部分

首先,学生应该根据教师确定的认识对象和发放的资料,对黄耀庭有基本的认识,除此之外可根据自身能够接触到的资料,包括历史遗迹、传说、族谱、展览资料、报纸资料等,对该人物进行进一步的熟悉,为课中的实践活动做好准备。这一部分可以很好地考查学生自主搜集资料、整理资料的能力,锻炼他们的思辨能力。其次,做好小组分组工作。学生可根据自身的特长和性格特点自由地组合成不同的小组,并根据课堂活动的基本流程做好小组内部的具体分工,既各司其职又协同合作地完成好课堂实践活动。

二、课中实践环节

(一)历史短剧剧本片段创作

该环节是在学生熟悉黄耀庭这个历史人物资料的基础上,根据教师给出的基本框架和场景主题,结合自身对资料的理解,进行合理创作的过程。因为是片段创作,学生可根据教师提供的多个场景,任意选择其中一个来进行。在这一过程中,一方面教师应该给予学生用剧本片段方式活化历史人物的基本指导;另一方面学生可以将了解到的史实结合时代背景和相关资料进行大胆、合理地设想和刻画,从而勾勒出黄耀庭这个历史人物一个或者多个的人物特性,达到活化历史人物、深刻认识历史人物的效果。各小组选定一个场景创作,这个过程设定在二十分钟内完成。

课堂PPT提示:

如何活化历史人物:

1. 准确定位历史人物的高度

2. 深度分析历史人物所处的时代背景

历史剧本基本框架:

第一幕:漫天抛石赶英贼,洪门首领扬声威

第一场:红树林扬威

第二幕:大名一更添骨气,三洲田热血举义旗

第一场:更名

第二场:三洲田起义

第三幕:赤诚抗清海外闯,功成退隐抱憾亡

第一场:加入同盟会

第二场:抱憾而亡

学生创作片段示例:三洲田起义

(1900年10月6日晚,三洲田马峦村,兴中会惠州革命军在此誓师起义。起义军全部用红布缠头、红带缠腰,身挂大红绣球,裤腰插支小红旗,既为暗号,又颇显神气。勇士们在打着"孙""郑"的旌旗下举行烧猪和歃鸡血祭旗仪式,气氛肃穆庄严。)

郑士良:(端一碗白酒举胸前一饮而尽)勇士们,终于到了这一天,我们举起义旗的这一天!

众起义军:(端酒碗一饮而尽,高声呼吼)剑起灭匈奴,同申九世仇,汉人连处立,即日复神州!

郑士良:(示意安静)承中山先生指引,本人为起义军总司令,必当竭尽全力,死而后已!

众起义军:(高举右手)吼!吼!愿听司令之令!跟孙中山要跟到底!

郑士良:(大声)命黄耀庭为副总司令兼右路先锋官,直取中原!(望向黄耀庭)军中之事,多有仰仗!

黄耀庭:(抱拳大声)得令,请司令放心!

郑士良:(大声)命黄福为副总司令兼左路先锋官,剑指广州!

黄福:(抱拳大声)得令,请司令放心!

郑士良:(大声)命江恭喜为中路先锋官!

江恭喜:(抱拳大声)得令,请司令放心!

郑士良:(望向众将士,悲怆地)今日举义旗,为推翻欺辱我百姓苍生的腐朽清廷,流血牺牲必不可免! 亲朋好友,必会谅我等今日之心;后世之人,必将敬我等今日之志!

众起义军:(气氛热烈,重复地)剑起灭匈奴,同申九世仇,汉人连处立,即日复神州! 谅我之心! 敬我之志!

(灯光给向黄耀庭,手握大刀,神情肃穆,热泪盈眶。灯光渐暗……)

旁白:1900年10月8日,起义的第三天,革命军在深圳沙湾兰花庙突袭清军获大胜。武装起义持续了一个多月,打至惠东三多祝镇,义军发展至五万人,但在清军疯狂镇压下,加上起义部队从海外购买的一批枪弹被人骗了,成为一堆废铁。义军终因寡不敌众而失败。

(二)历史短剧剧本片段展演

该环节是学生根据各自小组的创作片段进行现场演绎的环节。如果说剧本片段的创作是学生根据历史资料对黄耀庭进行的勾勒和刻画,是通过文本语言活化人物的过程,那么现场演绎则是要求学生将字面化的黄耀庭通过自己的肢体、神态、语言等立体地重现出来,要求更高。在这一过程中,一方面教师应该给予学生适时的鼓励和相应的帮助,提升他们表演的自信;另一方面学生可以通过展演切身感受到历史人物黄耀庭所面临的时代形势,通过体验来理解他所做出的选择和牺牲,真正达到活化历史人物,深入人物灵魂的效果。展演环节希望能通过不同的小组对不同片段的演绎,从不同的角度帮助学生认识黄耀庭这个历史人物,而体验式的认识方式或许最能冲击学生内心深处对人物的解读。这个过程设定在二十分钟左右完成。

课堂PPT提示:

如何演绎历史人物:

1. 准确把握片段的情绪基调

2. 注意人物语言的贴切和个性

3. 充分利用肢体语言和表情

学生展演片段示例:更名

(1900年初,某日,新加坡某处,兴中会会员集会,共庆新会员入会之喜。大厅内来人穿梭,气氛轻松自然。)

会员A:(抱拳作揖)久仰黄先生大名,今日得见,果然名不虚传啊!

黄恭喜:(抱拳回礼)不敢不敢,在下初来乍到,还望先生多多关照。

会员A:(满面含笑)先生过谦了,新安红树林一战,令天下之士敬佩! 今闻先生加入本会,欣喜之至!

(话音未落,忽闻人声:中山先生到了! 众人皆停下动作,往大厅门口迎去,孙中山神采奕奕走进来……)

众人:(齐声)孙先生好!

孙中山:各位好啊,不必拘谨,不必拘谨!

会员A:(拉着黄恭喜一起走上前去)孙先生,这位就是今天新入会的新安红树林大败英国人的黄恭喜黄先生啊!

孙中山(微笑点头,伸手向黄恭喜)原来是你啊!

黄恭喜:(忙伸出手来握紧中山先生的手)是我,是我,中山先生,久仰了!

孙中山:(微微蹙眉道)恭喜发财,是中国人的旧观念,一个人不能只为自己发财,要为四万万同胞干一番轰轰烈烈的大事业,光耀门庭。今天在此斗胆为你取名"耀庭",阁下中意否?

黄恭喜:(忙点头)中意中意,先生美意和期望在下心领。

(众人皆望向这边,黄恭喜忙松开手,望着中山先生走向众人,会员A紧随先生而去)

黄恭喜:(喃喃自语)光耀门庭,不为个人,为四万万同胞,甚好甚好! 先生大志,方能感受啊! 黄耀庭,以后我叫黄耀庭了!

(灯光渐暗……)

三、课后评价及反思环节

(一)评价环节

教师可以评价学生的表现,学生也可以对教师的准备和课堂辅助工作进行评价。在这个环节中,教师可以和学生一起制作评价表,通过量化打分的形式来体现师生双方对于整个课堂的贡献。一方面,教师可以换个角度看待自己的引导工作,避免走进"以自我为中心""自以为是"的误区;另一方面也可以对学生的学习表现有一个客观的评价。

(二)反思环节

反思环节也包括教师反思和学生反思两个方面。教师可以根据课堂中学生出现的状况来思考原因,以便在以后的课程中尽量避免;学生则可以反思自身表现形成的原因,找出不足或者仍可以提升和改进的地方,形成文字反思以不断督促自身,得到成长。

学生反思示例:

红树林扬威

剧本片段创作反思:一是旁白部分时代背景交代不清,导致同学们思维混乱;二是涉及人物太多导致人物关系混乱,黄耀庭的部分没有重点写出,体现不出人物特性。

片段展演反思:一是人物太多又未处理好相互关系而造成场面较混乱;二是表演时声音太小,后排同学无法听清;三是粤语表演部分同学笑场,情绪不到位。

原文发表于《广东教育》(综合)2018年第2期

"深圳城市化发展与物质文化遗产的保护和可持续利用"的教学设计与思考

深圳第二外国语学校　金谷榕

现代化,就是从传统农业社会向着重利用科学和技术的城市化和工业化社会的一种巨大转变。在这个转变过程中,组成城市的各种建筑及群体,随着时间迁移不断地老化、过时,城市的结构网络及交通的发展是必然面临的问题。近年来,随着城市建设步伐的加快,深圳在城市现代化建设和历史文化风貌的保护之间面临着艰难的选择。在城市更新的过程中,更新什么,如何更新,何时更新,如何在更新中保护,成为城市保护中的问题。在这个时代背景之下,物质文化遗产的保护与可持续利用如何为深圳快速的城市化发展助力,而不会被冲击和破坏是一个值得思考的命题。正是基于上述认识,设计了"深圳城市化发展与物质文化遗产的保护和可持续利用"。

一、校本教材分析

深圳前称叫"宝安县",公元331年建县,有着深厚的文化积淀。大鹏所城、盐田中英街、赤湾天后庙、南头古城、沙井江氏大宗祠蚝壳屋、赤湾左炮台、大鹿湾海域界碑、南山大铲岛、鲨鱼涌古港、内伶仃岛、观澜碉楼、版画基地等作为深圳文化有形的、综合的物质文化遗产和文化景观,是深圳社会发展的文化产物,它们的存在让我们更好地感受深圳的历史文化。教材主要引导学生搜集资料、讨论交流自己的收获、发现和感受,体会深圳历史文化遗产的丰富与精深。引导学生透过历史遗迹研究背后的故事，引发对深圳历史的兴趣，培养城市归属感，树立保护古遗迹的意识，思考合理开发利用历史文化资源的途径。通过保护可供人们欣赏的艺术品，保护各种作为社会、文化发展的历史建筑与环境，再进而保护与人们当前生活休戚相关的历史各地及至整个城市，促进城市发展与物质文化遗产保护的协调发展。

二、学情分析

深圳的高中生有些在社区已经生活了十几年，加之已经接受了九年义务教育，对深圳的历史变迁有一定的了解，也接触了一个又一个他们感兴趣的话题。他们对自我、对他人、对社会已经形成一定的认识和理解，并在此基础上养成了特定的行为习惯，有一定的是非观。但对深圳物质文化遗产价值的认识及保护古遗迹的意识还不够，需要教师进一步引导，使他们以主人翁的姿态去关注这些物质文化遗产的开发利用，促进城市的可持续发展。

三、教学目标

(一)知识目标

让学生对深圳的物质文化遗产有一些基本的了解，感受深圳先人所创造的辉煌，体会本地文化的丰富与精深，进而思考开发保护物质文化遗产的方法与方式。

(二)过程与方法

通过课前搜集资料，引发学生对深圳物质文化遗产的兴趣和探究欲望，形成以学生为主体的探究式学习方式

(三)情感目标

引起学生对物质文化遗产的热爱之情，激发他们保护古遗迹的责任意识，扩大他们的视野，让他们吸收广泛多元的文化信息，有利于他们了解社区，热爱家乡，并且以主人翁的姿态成为保护深圳物质文化遗产的践行者。

四、教学内容安排

(一)物质文化遗产在深圳

通过发动学生在周末利用图书馆、网络、实地考察等方式,了解深圳的物质文化遗产,然后制作图文或者视频等多种方式,展示深圳地方物质文化遗产,加强学生的自豪感和责任感,并且引导学生讨论总结深圳传统县镇物质文化遗产保护利用的类型与方式等。

(二)深圳物质文化遗产保护历程——以观澜版画村为例

观澜版画村与华侨城甘坑客家小镇、鹤湖新居、金龟村等都是深圳的客家古村落。其位于中国新兴木刻运动的先驱者、著名版画家、美术理论家陈烟桥的故乡——深圳市龙华区观澜街道牛湖社区。虽然观澜版画原创产业基地(以下简称"观澜版画基地")历经十余年的发展,堪称深圳一张重要的文化名片。但作为深圳文化艺术产业发展的典型代表,其保护、发展规划的过程中还有许多鲜为人知的故事。通过剖析版画村的发展轨迹,解密其背后不为人知的故事,这些故事在课堂上引起强烈的共鸣,会更具感染力和说服力。最后引导学生对观澜版画村的发展模式进行总结,思考古村落的保护发展与城市文化形象互相协调发展的方法与途径。

(三)城市更新与物质文化遗产保护的冲突——以深圳湖贝古村为例

自深圳被确定为特区之后,城市面貌日新月异,高楼大厦拔地而起。在城市的再开发的浪潮的冲击之下,许多村落被拆除重建,村民走上楼房,原有的村貌荡然无存。在城市化和现代化的进程中,与大多数自然村一样,古村落也难逃破败狼藉城中村的命运。在城市的管理者看来,这些古村落设施陈旧、危房隐患、人员流动频繁且复杂,迟早是要被改建的。但是,需要城市管理者尊重和谨慎对待的是,如何使沉淀了多年历史的古村落在推土机到来之前留点"看得见"的历史给后人。

湖贝古村,湖贝古村是深圳市区内保存最大也是最完整的自然村落,也是明末清初建立的"深圳墟"的一部分,是张氏族人五百多年生息发迹的土地,也是新一代深圳移民艰辛史的缩影,是深圳名字起源与城市印记的历史线索和空间证据。它就像一座城市的毛细血管,脆弱不堪,微不足道,却承载着当地最活色生香和最不可替代的城市记忆。但是随着开发商三百亿元的城市更新项目浮出水面,一批专家学者、建筑师、规划师、社会学家提出异议,有着特殊历史地位的湖贝古村并没有得到完整性保护,于是共同发起"湖贝古村120城市公共计划",对湖贝旧改项目提出了设计上的优化和建议。通过观看湖贝古村旧改宣传片和阅读"湖贝古村120城市公共计划",笔者引导学生以湖贝古村为例,讨论如何权衡好文化保护与城市更新之间多方利益,促进城市的发展。

通过讨论让同学们理解,物质文化遗产的保护规划的目标是在改善居民生活环境的基础上实现物质文化遗产保护与开发利用的良性循环。古村落的城市更新既要保证物质文化遗产和文化景观的整体性、真实性、历史延续性,也要保证城市发展的活力。

(四)我与物质文化遗产

经过前面专题的研讨,学生对物质文化遗产与城市发展之间的关系已经有一定程度的了解和把握。最后的这个专题主要让学生分组组队,选取一处物质文化遗产的规划与保护进行实地考察,收集资料,调查访问,形成调研报告,阐述该处遗产地的保护现状以及存在的问题,并提出相应解决办法和意见建议。

通过这个社会调查活动,学生进一步认识到无论是现在还是将来,物质文化遗产保护在城市发展过程中所面临的严峻现实和强大阻力,进而进一步对城市建设与物质文化遗产保护的协调发展进行战略思考。

五、总结与讨论

(一)主要教学特色

1. 促进学生自我研学,生成新知

在授课过程,引导学生收集、研究、分析社区的历史资源,可以使其更真切体会"史由证来,论从史出"的史学方法,产生有意义的学习和社会经验的积累。学生亲自参与其中,接受多方面的信息刺激,调动多种感官功能参与活动,身临其境,在愉悦中增长知识,培养能力,陶冶情操。

2. 促进学生合作探究,生成能力

通过依托现在的课堂和调查研究,对学生所处地区丰富的物质文化遗产进行深挖掘、多角度的整合,引导学生对物质文化遗产保护与城市发展之间的关系进行了解、分析、思考,将教学活动延伸到课堂之外,增强学生的协作和研究能力,有利于增强主人翁意识。

3. 内容逐层展开,形成"总——分——总"结构

首先让学生通过调查,展示深圳的物质文化遗产,对深圳物质文化遗产的全貌有所了解。其次,以观澜版画基地的建立过程为例,介绍深圳对物质文化遗产保护的历史,使学生对先人的努力与方式方法有一定的把握。再次,有选择地讲述深圳物质文化遗产项目,以湖贝新村为例,阐述城市更新与文化遗产保护之间的矛盾冲突,这是分论。最后,引导学生进行社会调查,论述文化遗产保护的现状、存在的问题,分析现代化进程对文化村镇保护的冲击与挑战,以及合理制定文化村镇保护规划的紧迫性,提出物质文化遗产的保护策略,以此作为总结。

4. 多种教学形式互补使用,提高教学的有效性

在课堂教学中,我们灵活运用图片、档案材料、模型、视频多种信息载体,把论坛、讲座、视听教学多种形式互相穿插,相辅相成,大大改进了教学效果,而且一直贯彻"以学生为主体"的教学思想。例如,在讲授城市更新与物质文化遗产的冲突时,先展示俯拍的高楼大厦的闹市包围下的湖贝新村的照片,

给学生一定的冲击感,再通过PPT对湖贝新村的历史进行简介,然后下发专家学者、建筑师、规划师、社会学家提出的"湖贝古村120城市公共计划"的档案材料,并播放由开发商制作的湖贝新村旧改宣传片,学生根据自己的认知与分析,分为两派,对其中出现的不同意见进行辩论,进一步加深学生对物质文化遗产的保护在城市发展中所遇到的冲击的感受,并在辩论的过程中总结权衡两者均衡发展的策略。

(二)讨论

古村落的传统建筑具有个性风格,古村落的人文环境具有独特的魅力,古村落自身带有的文化传统习俗具有深厚的艺术价值,中国的城市膨胀扩张得太快,往往缺乏创造性和前瞻性。所以随着城市化进程的进一步加快,老城区与古村落的传统建筑与文化景观往往被吞噬,取而代之的是钢筋水泥的高层建筑和商业综合体,这将留给城市就只有无法追回历史的遗憾。

物质文化遗产想要更新与保护,它一定要有活力支撑点,生存在这里的人要认识到其真正的价值,真正尊重它的历史利用方式,或许可以保留历史上平民百姓所用的场所,跳出旧城和发展新区,注意保持和发扬城市特色,在活化物质文化遗产的同时促进城市的发展,也许能够营造出深圳的另一番都市风景。

原文发表于《广东教育》(综合)2018年第3期

影视教学与发展性课堂探究

深圳第二外国语学校　林良展

《普通高中历史课程标准(实验)》指出:"学习从历史的角度去了解和思考人与社会、人与自然的关系,进而关注中华民族以及全人类的历史命运,为学生进入更高层次的学习和走向社会奠定必要的人文社会科学基础。"①

如何结合影视材料进行历史教学? 笔者认为,引导学生用历史的眼光赏析影视,"引导学生分析影片的内容、背景和创作氛围,结合有关文献资料进行总体分析……分析影片中所展示的某个人物或某个事件,进行个体分析,从而使学生在自己动手查阅资料的基础上,甄别判断影视剧情与真实历史的贴合度,培养学生的价值判断和社会判断能力"②。笔者通过影视教学建立了发展性课堂,有效促进了学生的发展。

一、布置任务,收集成果

某年暑期,笔者布置了"看影视,写感受"的作业,假期结束后,将收上来的作业进行分类整理(见表1)。

---

① 中华人民共和国教育部. 普通高中历史课程标准(实验)[S]. 北京:人民教育出版社,2004:1.

② 严玉英. 论历史影视资料与历史教学改革的关系[J]. 浙江传媒学院学报,2006(02):25-26.

表1 "看影视,写感受"作业成果(部分)

古代	近代	现代
从《杨贵妃》再看唐朝	再看《末代皇帝》的皇后婉容	《帝国的毁灭》之人性主义
《还珠格格》中的乾隆	师傅之师傅——《叶问》	我的青春我做主——评《我的青春谁做主》
《汉武大帝》的盛世	《雷雨》中的周朴园	女性运动——《蒙娜丽莎的微笑》
赏析《西游记》	蓄须明志之《梅兰芳》	《我叫金三顺》的启示
我看《三国演义》的曹操	思想新碰撞——《金粉世家》	
谁与争锋——《楚汉骄雄》	对资产者的控诉——《茶花女》	
潮起潮落——《乔家大院》	小城大事——《城南旧事》	
长城的尊严——《秦王朝》	震撼《南京!南京!》	
评价《孝庄秘史》的孝庄太后	观《金粉世家》看近代思想解放	
盛世王朝——《大汉天子》	走出国门——《李小龙传奇》	
从《仙剑奇侠传三》看社会	从《投名状》之庞青云看儒家思想	
梦回红楼——《红楼梦》	肃杀——《胭脂雪》	
韩风袭来——《大长今》	观看《黑三角》	

二、成果分享,发散思维

分类整理后,笔者进行了成果分享会,举例他们的观点如下。

(一)对历史人物的重新定位

在《〈终极三国〉——再看曹操》中,有林同学认为:曹操为何有"挟天子以令诸侯"的罪名,这实际与中国的儒家文化不谋而合,无论是中国的古代还是现代,在中国民众心灵深处总是存有正统的观念,汉高祖斩蛇起义,灭秦而立汉,不也是造反吗?对于愚昧的平民百姓是不会去想的,社会的发展,都是有道灭无道的,这是永远不变的历史规律。

(二)对历史事件的重新定位

在《我看〈还珠格格〉》中,有吴同学认为:她斗大的字都不识一个,还爱胡编诗句,乱改成语,所以说与封建社会格格不入,是封建社会的叛逆者。

(三)对历史时代特征的分析

在《观〈金粉世家〉看封建社会》中,有梁同学认为:冷清秋和金燕西的两个姐姐,都是有知识,有能力的女性,却过着一种寄生虫式的生活,这一切的一切都暴露了北洋军阀下的官僚们骄奢淫逸、醉生梦死、糜烂堕落的生活,揭示了封建势力对青年男女的精神伤害。

(四)同一问题,不同角度

在《观〈三国演义〉,评曹操》中,有林同学认为,曹操得了"挟天子以令诸侯"的罪名是与中国的儒家文化不谋而合。但谢同学认为,曹操在政治上是具有二重性的人物。

三、多元评价,拓展提升

成果分享后,笔者继续让同学们的思维飞扬,层次高升,于是又设置了一道道门槛,让同学们跨越,让他们对观点进行角度置换、提出新的疑问,对观点进行拓展等。

(一)角度置换

例如,茹同学在《再看〈还珠格格〉》里写道:乾隆不能,也不会和小燕子嬉戏打闹,而小燕子说的狂妄之话更不会安然无恙……

笔者对她的建议:请用"人"的角度去看待乾隆。置换角度后,她写道:清朝时期君主专制统治达到顶峰,乾隆皇帝地位至高无上,很多同学都把他视为高高在上的皇帝,不近人情,但我们都忽视了一点,那就是乾隆始终不是神,而是人,他首先是位父亲,然后才是皇帝,看见自己的女儿那么天真活泼,那肯定是开心得要死。

(二)观点扩展

例如,梁同学在《〈我叫金三顺〉给我的启示》一文写道:"虽然这只是一部电视剧,但足以体现现代生活中仍然受着历史传统的影响,不论是男尊女卑,还是等级思想,都深入我们的生活,影响着我们。"

笔者总觉得这篇短文意犹未尽,于是在她的作业本上写道:"传统是好的东西还是坏东西？如何对待历史传统呢？"

梁同学的扩展体现了当代中学生的个性发展：当我们唱着周杰伦的歌，跳着街舞，学着小沈阳的小品时，许多老艺术家可能认为我们不懂艺术，其实是他们与我们有代沟，因为不同时代有不同的艺术追求。

（三）论据商榷

例如，左同学的的《从〈赤壁〉看诸葛亮》中写道：诸葛亮并非考验刘备，只是刚刚旅游了一趟四川，路途遥远，出差时间很长，刘备之所以要三顾茅庐，主要原因是前两次诸葛亮都在四川"旅游"，还没有回家。

林同学则说：诸葛亮对待刘备的到来是有准备的，《三国演义》载道：（孔明同意出山后）命童子取出画一轴，挂于中堂，指谓玄德曰："此西川五十四州之图也。将军欲成霸业，北让曹操占天时，南让孙权占地利，将军可占人和……"所以他已是"万事俱备只欠刘备"的态度了。

左同学反驳：诸葛亮早在出山前已经是社会名人，有事实为证，《三国演义》载："（徐庶曰）此人乃绝代奇才……""（司马徽曰）可比兴周八百年之姜子牙、旺汉四百年之张子房也。"聪明的诸葛亮其实是想避开刘备的干扰，他最初的意图并不想跟刘备走，《三国演义》第三十六回载：（当徐庶要将孔明荐与刘备时）"孔明闻言作色曰：'君以我为享祭之牺牲乎！'"①

笔者就此加以引导：《三国演义》是文学作品，用它作为论据符合我们说的论从史出吗？

成果分享会后，笔者及时进行了总结，在鼓励学生继续"放飞"思维的同时，强调用正确的价值观，科学、严谨的态度理解历史、解读历史。通过本次活动，学生的思维不断得到拓展与提升，也在相互探索中建立了发展性课堂。

原文发表于《中学历史教学》2015年第11期

---

① 罗贯中. 三国演义(学生版)[M]. 南京:南京大学出版社,2011:145.

提升思辨能力之"善格教育"实践

2018年,思辨教学进一步升华为"善格"教育理念。

善格教育,首先基于历史学科的育人功能,充分发掘历史教材之善文,开发历史善文校本课程等载体,搭造初步建构、深度阅读、体验交流、感悟提升的善程桥梁,营造善听、善辩、善策的善言氛围,有效改善教师的教学方式与学生的学习方式,从而推动师生养成格物致知的探索精神,追求高雅的格调,培育宽广的格局,发现最好最具胸怀的自己;进而超越历史学科本身,将思辨教学与语文、英语、政治、物理、化学、生物等更多学科相结合,在学科德育实践中落实"立德树人"的根本任务。

2019年,善格教育的系列研究成果在《广东教育》(综合)2019年第1期和第2期集中发表,为学科德育的探索与实践提供了新的视角与经验。目前,研究团队已申报并立项2021年广东省中小学德育课题"'善格'教育在学科教学渗透德育实践中提升学生综合素养行动研究",项目处于深入研究阶段。

善格历史教育内涵解读

深圳第二外国语学校　林良展

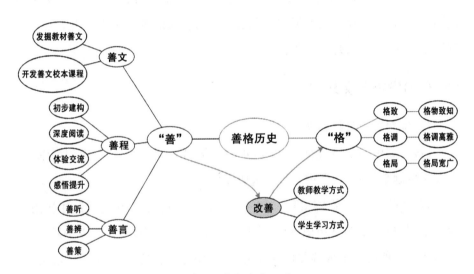

善格历史教育内涵图

《说文解字》诠释道："史,记事者也,从又,执中,中正也。""史"与"事""吏"的词义是相通的,渗透自然伦理原则和社会伦理原则。中国有重视历史教育的传统,唐代史学家刘知几在《史通》中指出："史之为用,其利甚博,乃生人(民)之要务,为国家之要道。"当代思想家任继愈先生则认为"史学关系到国家的存亡","是国家兴亡之学,民族盛衰之学"。择善而为之,择善而传之,就是历史教育的本质。笔者在长期的历史教学实践中,坚持"给学生一双腾飞的翅膀"为育人理念,用历史学科之善育人,逐渐形成"善格"历史教育。

善格历史教育基于历史学科的育人功能,充分发掘历史教材之善文,开发历史善文校本课程等载体,搭造初步建构、深度阅读、体验交流、感悟提升的善程桥梁,营造善听、善辩、善策的善言氛围,有效改善教师的教学方式与学生的学习方式,从而推动师生养成格物致知的探索精神,追求高雅的格调,培育宽广的格局,发现最好最具胸怀的自己。

一、历史教育中的"善"

《说文解字》曰:"善,吉也。会意,从言,从羊。""言"是讲话,"羊"是吉祥的象征。本义:吉祥。《国语·晋语》曰:"善,德之建也。"《左传·昭公十二年》曰:"供养三德为善。"历史学是人类文化的重要组成部分,在传承人类文明的共同遗产、提高公民文化素质等方面起着不可替代的重要作用。历史教育说到底是人性之教育,是积德传善之教育。

(一)发掘善文载体

1. 发掘历史教材善文

《普通高中历史课程标准(2003年版)》指出,通过高中历史课程的学习,培养学生健全的人格,促进个性的健康发展。

《普通高中历史课程标准(2017年版)》进一步指出,学生通过高中历史课程的学习,进一步拓宽历史视野,发展历史思维,提高历史学科核心素养,能够从历史发展的角度理解并认同社会主义核心价值观和中华优秀传统文化,认识并弘扬以爱国主义为核心的民族精神和以改革创新为核心的时代精神,树立正确的世界观、人生观和价值观,为未来的学习、工作与生活打下基础。

两者均指出,历史课程是一门基础性课程,是提升学生综合素养必不可少且其他学科不可替代的课程,也意味着历史教师必须在传善育人方面下功夫。作为课程标准的主要载体,历史教材内容中有大量的"善文",需要教师有智慧、有目标地选择。

善格历史教育之"善文"为积德传善之文,即有利于正确人生观、价值观和世界观形成,有利于综合素养提升之文。历史教材的善文有很多,例如为古代政治文明作出贡献的秦始皇、汉武帝、唐太宗等,为古代科技发展作出贡献的蔡伦、毕昇等,为古代精神文明发展作出贡献的孔子、老子、朱熹等,为世界文明互相融合作出贡献的郑和等,为新中国的建立与发展作出巨大贡献的先烈们等。

2. 开发善文校本课程

随着新课程改革的深入发展,校本课程建设在推动学校特色化与优质化的过程中扮演着愈来愈重要的角色。深圳第二外国语学校开发了一系列校本课程,这些课程基于国家课程,紧扣学科特点,同时又具有鲜明的学校特色,这一系列课程成功入选为"深圳市2015年中小学好课程",使学校在历史学科传善育人方面往前迈进了一大步,有力推动了学生学科核心素养的提升。

一是开发"历史故事与人文素养"校本课程,让学生在轻松中学习历史,在思辨中掌握历史知识。历史故事能生动、具体地反映出各种历史现象。相比较教科书,学生更喜欢阅读历史故事,看历史影视作品。2011年,我们给学生提供了一份《高中历史课程标准指引》,鼓励学生敢于钻进书海,不受任何名家的限制,根据自己的喜好,挑选自己最喜爱的历史故事,然后交由教师和小组长共同审核,选择出利于学生人文素养提高的"善文",通过紧扣学科知识的提问,引导学生深层次理解,运用与反思相关历史知识,既开阔视野又提高了学生的解答能力。该课程还被列为"深圳市中小学精品课程",其成果《历史著述选读》于2018年1月正式出版。

二是开发"地方历史文化走进课堂"校本课程,让学生在生活实践中亲身感悟历史。课程基于国家课程标准,充分开发利用乡土教材和社区课程资源,把历史课程与地方历史资源有机地融合起来,激发学生的学习兴趣,培养搜集处理历史资料的能力,把"身边的历史"与统编教材整合,遵循了学生的认知规律,找到了他们的"兴奋点"和"情感点",使理性知识感性化,国情教育具体化,实践活动社会化,教育内容生动化,由此学生能够衷心热爱自己的家乡,保护并传承家乡的历史文化资源。这一活动类课程的相关成果于2017年6月正式出版。

二是开设中国茶文化的课程,让学生在雅俗兼具中学习历史知识,感受中华历史文化。茶文化的发展见证了中国农耕文明的发展,茶道博大精深,也凝聚了中国传统文化的淡雅精细与宁静致远。2016年,我们组织了一场"中国茶文化"读书文化沙龙,学校历史教师金谷榕和高丹丹分别展示南北风格的茶艺。金老师一边演示茶艺,一边道出泡茶、饮茶步骤的文化雅名,展示了潮汕茶文化的独特风格。与会者在品味各色茶品的同时,聆听了高丹丹老师的"中国茶文化"对茶文化的起源、形成、兴盛和转型的讲解。通过参与文化沙龙,学生在雅俗共赏、图文并茂的大课堂中感知历史,学习历史文化。

四是开设葡萄酒文化课程,让学生更深入地了解法国文化,有利于形成宏观视野。葡萄酒文化见证了农耕文明和工业文明发展,学习葡萄酒文化可以让学生更好地了解法国沙龙文化与启蒙运动,有利于师生了解世界文明不断碰撞的过程。2016年11月,历史科组与生物科组联袂举办了跨界文化沙龙活动——葡萄酒与欧洲文化。历史教师从人文历史角度阐释酒的历史与文化,生物学科从科学角度分析葡萄酒的制作过程,把理科的科学知识和文科的人文情怀融为一个有机的统一体,让学生在学习配制葡萄酒的过程中既掌握世界的一般规律,也感悟人文历史之美。

(二)搭建善程桥梁

发掘形成善文载体后,需要在课堂教学中明确善格教育之流程,方能落地,以达传善育人之效。

1. 初步建构

引导学生通过阅读课程的主要载体——历史教材,对教材的整体目录、标题、子目录、内文、图片、问题与思考等要素有一个基本的整体观,初步提炼"善文"之主题。

2. 深度阅读

教师提供多元化、多角度、拓展性的史料或思想冲突性的多则材料,积极开展读书文化沙龙,让学生对"善文"有更深入的认识,并鼓励其提出个人看法。

3. 体验交流

学生分组进行汇报,分享深度阅读成果,各组之间进行提问,教师也可以提问。交流与提问时要突出学科特点。

4. 感悟提升

善格历史教育旨在通过学习善文,深度理解善文之内涵,最终达到立善立德、扬善传善的效果。因此,学生的感悟非常关键,学生通过上面三个流程,逐步深入学习善文,透视内心对善文的感受与领悟,从而使自身能够提升。

(三)营造善言氛围

善格历史教育强调尊重人性,尊重个人的自由生长。历史学科的唯物史观就是让历史求真,向善臻美,善格历史教育就是要教会学生敢说话,说真话,会说话,达到立善育人的目标。

1. 要善听

基于历史史实求真的难度,有些历史真相我们无法真正地接近,对于这些难以证实的历史,大家各持己见。此时,教师需要引导学生学会善听,海纳百川,有容乃大,当然教师自身也要善听。教师是用教材教,不是教教材,要有新型课程观,让学生在善听中学会判断,学会选择。

2. 要善辩

历史事件纷繁复杂,需要有批判性思维,用理性的思维审视历史与评判历史,让历史更接近真相。历史上有很多著名的辩论,如庄子与惠子的"鱼之乐"的精彩辩论,南北朝无神论者范缜与佛教有神论者的论战,南宋朱熹与陆九渊的"鹅湖之会"辩论,近代多次思想之争等。辩论使学生的思想不断开放,让历史更具立体感,育人功能更具有提升感与生长感。在课堂中,笔者鼓励学生对历史事件或人物提出不同看法,但要有鲜明的论点、准确的论据、严密的论证,从而形成善辩之效。

3. 提善策

历史的育人功能强调从历史发展的角度总结历史经验教训,从历史中汲取智慧,对历史要有批判性思维,批判不是单纯的批评,而要科学理性且有建设性建议,即为善策。

二、历史教育中的"格"

(一)创新格致思维

发掘善文载体,从中发掘其中的人文智慧,创新格致思维。朱熹指出:"格,至也。物,犹事也。穷至事物之理,欲其极处无不到也。"《现代汉语词典》解释为:"推究事物的原理,从而获得知识。"如何格物方可致知?朱熹在《四书章句集注》转述《中庸》之言:"博学之,审问之,慎思之,明辨之,笃行之。"因此,师生均要深度阅读经典,推崇涵泳之法,如朱熹所言:"学者读书,须要敛身正坐,缓视微吟,虚心涵泳,切己省察。""所谓'涵泳'者,只是仔细读书之异名。"陆九渊也在《读书》诗里写道:"读书切忌在匆忙,涵泳工夫兴味长。"精细阅读这非功利教育所能启达,唯历史教育不可或缺也。笔者时常引导学生阅读经典,让学生写读书感想,写对教材的认识与理解,相比较枯燥的题海,学生更喜欢完成这种灵活的历史作业。

(二)提升高雅格调

格调有风度、仪态、品格、风范之意。有人说,格调与魅力是一对孪生姐妹。格调是一种境界,源自思想,源自豁达而不失细腻的人生观和世界观。思想是一种内在涵养,格调需要几分文味,魅力便是人的境界、涵养、素质、品位的集中体现。

没有历史文化的浸润,格调难以提升。例如,香港中文大学(深圳)的徐扬生校长系机器人与智能系统领域国际知名的科学家,他学术卓越,透过中国特有的书法艺术展现丰厚的人文素养,将传统书法结构和个性审美用科学家的眼光精准定位,跨领域的功力令人惊叹。同时,他举止儒雅,格雅之高令人赞叹,两者兼容,突破了理性的科学与感性的艺术难以兼容的界限。这一切源于他的历史人文素养的深厚底蕴,源于他对香港中文大学的学贯中西、古今通汇、文理融合、通识教育传统的坚守。

(三)培养宽广格局

格,就是指人格;局,就是指气度、胸怀。"格"是对认知范围内事物认知的程度,"局"是指认知范围内所做事情以及事情的结果,合起来称之为格局。不同的人,对事物的认知范围不一样,所以说不同的人,格局不一样。

何为宽广格局、大格局?怎样才能形成大格局?就要回到历史之善,通晓古今,博览中外,历史中有铮铮铁骨、壮志豪情、大国崛起、兴衰规律……能给学生为人处世上的大启发,大格局与情怀。从大禹治水到成吉思汗统一蒙古、郑成功收复台湾……不仅能吸引学生眼球,更能让学生在故事中学会道理。面对今后世事变幻也易心胸开阔坦荡,用历史故事"喂"大的孩子,满肚子有用不完的素材与典故,学习写作融会贯通。

善者大也,格者正也,善格历史教育用宏大的视野升师生之格,育善真美的未来人才,回归了教育之本真。

三、善格历史教育的辩证关系

(一)"善"是"格"之基

善格历史教育认为,"善"是"格"的基础,离开了历史善文载体,缺乏了善程的培养,没有善言带来的批判性氛围,就不可能做到真正的格物致知,知也是一知半解,格调或许变得低俗而不可能高雅与深邃,眼光不可能远大,胸怀与格局就会变得狭隘。

1947年,梁思成赴美讲学考察归来后,在清华大学举办了一次学术讲座,题为《半个人的世界》。他强调,教育要将"理工"与"人文"结合,培养具有完全人格的人;而只重"理工"或只重"人文",被他称作"半个人"的教育。香港中文大学(深圳)的校长徐扬生接受南都报社记者采访时说,如果你是工程师,刚到一家工程公司工作,那家公司的总裁常常也是工程师出身,他设计的工程可能与你的也差不多,甚至还不如你,那为什么他的工资可以比你多几十倍,甚至上百倍呢?他一定有一只脚站在不是工程师的基础上,也就是说他有很多一般工程师没有的东西,这些东西常常是人文的东西。

笔者鼓励学生多用不同角度阅读历史教材,多用批判思维深度阅读经典,引导他们学习跨学科的知识,如统计学,在获取图表史料信息、理解古代赋税制度与近代学校制度等问题时均要运用;又如地理学,在分析斯大林时期修建第聂伯河大坝工程、罗斯福新政时期修建田纳西水利工程、中国修建三峡水利工程等均要用到历史地理学知识。

(二)"格"是"善"之果

善行必有善果,多读善文,善于思辨,善于倾听,善于交流,善于建言,则是积德传善。腹有诗书气自华,汲取了历史文化的营养,积德传善之人一定是能够耐得住寂寞,一定是淡泊明志、宁静致远之人,格调之高雅、格局之宽广是油然而生的。

笔者可以自豪地认为,我的学生不一定都是很优秀的,但一定是很幸福的,他们跟随着我在历史文化的长河中遨游,学会了独立思考与自主选择,既能仰望星空,又能脚踏实地,不管是选择理科还是文科,大都是"跨界好手"。还有部分优秀学生因此选择了历史学或历史教育作为自己的大学专业,考上了中山大学、武汉大学、吉林大学、厦门大学等。

善者大也,格者正也,"善格"历史教育旨在用宏大的视野升师生之格,育善真美的未来人才,回归了教育之本真。

原文发表于《广东教育》(综合)2019年第1期

格致与格局联动，塑造人文之善
——以火药与中国古代科技探究为例

深圳第二外国语学校　毛帅

历史变化万千、纷繁复杂，要实现对人物、事件与现象的科学认知，所需要的应是理学大师朱熹大力倡导的"格致"。这需要坚持理性的眼光，通过阅读史料、解读分析、假设求证、辩论交流多种途径深入探究，而当学生的认识趋于深刻时，对历史表象背后之本质与规律的把握使心中逐渐有了所谓"格局"。

在讲授人教版必修三第8课《古代中国的发明和发现》时，笔者想到历史类影视剧中常常出现火药的身影，决定避开面面俱到陈述古代诸多科技成就的思路，而是选取火药为突破口，通过"格致"与"格局"的有效互动，来实现教学目标。谨将基本教学过程呈现如下：

一、大胆质疑，从身边的影视剧开始

上课首先播放电视剧《兰陵王》中女主角雪舞制作火树银花，意外发生爆炸，因此遭到奶奶训斥教育的片段。起初同学们只是纯粹地观赏剧情，并没有发现什么问题，以为笔者只是为了引出火药所代表的四大发明而已。于是笔者主动抛出一个疑问："我们经常看一些揭露影视穿帮的节目，那么这段视频里会不会也存在什么历史穿越呢？兰陵王高肃，字长恭，文武双全，是北齐末年的名将。那个时代，火药到底发明出来了没有？"

同学们能从课本上读到的只是"中国古代炼丹家在炼制丹药时发明了火药。唐末,火药开始用于军事",这些信息并不能有效解决这个疑问,要帮助学生实现认知的深入,适当补充相关史料显得很有必要。

材料一　有观点认为,公元4世纪葛洪以三物炼雄黄乃是原始火药配方的滥觞。[①]最早明确记载火药爆炸现象的是唐末五代时期的一部道家典籍《真元妙道要略》:"有以硫黄、雄黄合硝石并蜜烧之,焰起,烧手面及烬屋舍者。"

雪舞手里的那本《抱朴子》,正是东晋著名炼丹家葛洪的著作。有不少同学去过临近深圳的惠州罗浮山,那就一定听说过葛洪。葛洪,公元284—364年人,自号抱朴子,曾在罗浮山修道炼丹,著书立说。《抱朴子》这部道教典籍系统总结了东晋以前的道教神仙理论和炼丹方术,其中确实有原始火药配方的记载。那么从时间上判断,公元6世纪的高长恭和雪舞知道火药这个东西的存在是没有问题的。但是,有火药也不代表就有烟花,当时的人们又是否有利用火药做烟花的意识和技术呢?

材料二　传说唐代浏阳人李畋最早将火药填入竹筒,因此被尊为花炮祖师。有文字记载的烟花出现于唐代,在宋朝发展成熟,开始利用不同金属的燃烧产生绚丽的色彩效果。明代《墨娥小录》最早记录了"金盏银台""金丝柳""赛明月""紫葡萄"等22种烟花的科学配方。

如果说烟花最晚出现于唐代,北齐末年未必不能有,但是想找到相应的文字做依据应当是不大可能的。

所以说,生活中所见所闻未必都是真实可信的,我们要善于运用批判性思维发现问题,大胆地假设和质疑。但在接下来的求证过程中,就要小心谨慎了,博学、审问、慎思、明辨,可以帮助我们找到历史的真相。

二、以深入的格物实现切实的致知

假设冰雪聪明的雪舞自己知道如何制作烟花,只是想依据《抱朴子》制出

---

① 孟乃昌. 火药发明探源[J]. 自然科学史研究,1989(02):147–157.

烟花所需的火药而已,那么依据这部道教典籍究竟能否成功制出火药呢? 我们不妨来看看《抱朴子》的具体记录:

> 材料三 又,雄黄当得武都山所出者,纯而无杂,其赤如鸡冠,光明晔晔者,乃可用耳。其但纯黄似雄黄色,无赤光者,不任以作仙药,可以合理病药耳。饵服之法,或以蒸煮之,或以酒饵,或先以硝石化为水乃凝之,或以玄胴肠裹蒸之于赤土下,或以松脂和之,或以三物炼之,引之如布,白如冰,服之皆令人长生,百病除,三尸下,瘢痕灭,白发黑,堕齿生……[①]

大家对比一下视频中的台词和《抱朴子》原文,有没有发现什么问题:书中并没有出现"火药"的字眼,提到三种物质一起熔炼的生成物乃是具有良好延展性的氧化砷,完全没有剧烈燃烧甚至爆炸的效果,雪舞怎么知道这就是火药的配方呢? 可见,在北齐时代,想要做出烟花,实在是难为雪舞了,因为连火药的配方都隐藏得这么深。大家有没有想过,为什么早期关于火药的记载会如此隐晦含糊呢?

学生一时答不出来。

笔者提示说:早期关于火药的记载出现在什么样的典籍里呢?

学生:道教炼丹的典籍。

笔者:那么以葛洪为代表的那些率先发现火药的人,他们的本意是要干什么?

学生:为了炼制丹药,希望长生不老、祛除百病。

笔者:火药的出现对于炼丹有何作用?

学生:不但不利于炼丹,反而会引发爆炸,导致事故。

笔者:所以,炼丹家对于火药是何种态度?

学生:避讳或者厌恶。

笔者:换句话说,炼丹家其实并不想制作出火药,反而使用一些办法克制火药的烈性。可见火药其实是几种特定物质在特定条件具备后的客观出现,而非人们主观上有意识的发明。它起初不受重视,是因为无助于炼

---

① 顾久. 抱朴子内篇全译[M]. 贵州:贵州人民出版社,1995:285.

丹,这就是功利,过于强调实用的结果。那雪舞制作火药是不是也是出于功利呢?

纵观火药发展史,它的发现出于偶然,因为无助于炼制丹药而被炼丹家所忽视甚至排斥;烟花、爆竹因为既有驱邪纳福的寓意,又能制造绚丽喜庆的气氛,在民间成为逢年过节、婚丧嫁娶的应景之物;唐朝末年火药开始应用于军事,在战争频繁的宋代获得重大发展;明末清初,火药武器因为战争需要再度获得重用,但在清朝中期局势趋于和平稳定之后又被废弃,实用性特征体现得十分明显。

把视野放宽,我们会发现,古代科技成就相对集中的领域,包括数学、天文、历法、农学、医学等,都与小农经济下社会生活的现实需要密切相关。

然而古代科技出现实用性这一共性特征又是什么因素造成的呢?是火药自身的功能限制吗?并不是,火药可以用来制作枪炮,也可以制作烟花营造气氛,关键在于使用者希望它发挥什么样的功效。所以,在深入理解火药发展史及其实用性特征的基础上,我们还应看到"所以然"层面的外在环境因素,这就需要大格局。

三、格致的结果不仅是知识,更是格局

接下来大家先阅读一段出自明代宋应星《天工开物》中关于火药的记载,对比之前的几段材料,不妨判断一下:明代的火药制作技术是否相对之前有了质的飞跃呢?

材料四　凡火药以硝石、硫黄为主,草木灰为辅……凡硝性主直,直击者硝九而硫一。硫性主横,爆击者硝七而硫三。其佐使之灰,则青杨、枯杉、桦根、箬叶、蜀葵、毛竹根、茄秸之类,烧使存性,而其中箬叶为最燥也。[1]

学生:相比于前面几段材料,《天工开物》对火药的成分、配比有更明确的记载,对不同爆炸效果也有一定的区别认识,但跟材料四宋代军用火药的技术水平似乎差不多。

---

[1] 潘吉星. 天工开物译注[M]. 上海:上海古籍出版社,1998:306、189.

笔者：也就是说，火药技术尽管有所发展，但没有取得质变性的突破，整体水平依然较低。其实呢，这种认识存在一种潜在的对比，是以西方、近代甚至现代的火药技术为背景来加以审视和判断的。这也是一种大格局，撇开是否完全合理不说，我们姑且以中西对比的模式来审视一番自身：诺贝尔发明"达那炸药"的过程与古代中国对火药的研制方法有哪些不同？

学生：主要是运用了分析法和实验法。

笔者：是的，从无数种材料中找出最适合制作固体炸药的硅藻土，这需要耐心试错和排除；获知其安全性能和爆破力，则需要反复测试和计算。分析法和实验法堪称近代自然科学的一大精髓，强调有目的、有计划地创设和控制一定的条件，探索自变量和因变量之间的关系，分析不同条件下的不同结果来获得规律性的认知。

反观以火药为代表的古代中国科技，在表述方式上的局限其实反映的是经验性和综合性特征——其实人类的一切知识都是从经验性开始的，西方起初也是如此，这本无可厚非。但如果只停留在经验性知识阶段，就很难发现隐藏在现象之后的规律性知识，形成系统完整的理论体系。这并非中国古代过于强调功利这一点所能解释，更是因为形式逻辑理论和系统试验方法的缺乏。无怪乎爱因斯坦曾说："西方科学的发展是以两个伟大成就为基础的：希腊哲学家发明的形式逻辑体系（在欧几里得几何学中），以及通过系统实验找出因果关系（在文艺复兴时期）。在我看来，中国的贤哲没有走上这两步，那是用不着惊奇的。如果这些发现（在中国）全都做出来了，反倒令人惊奇。"[1]

不过，在近代自然科学诞生之前，西方的自然哲学也像中国古代科技一样，内容几乎无所不包，在研究上也主要采用综合法。从文艺复兴开始，分析法才大行其道，物理、化学、生物等学科才逐渐分化出来，不断向纵深发展，最终取得一个个突破性的成就。因此，实用性、经验性、综合性这些特征之所以被称为"历史局限"，正是因为古代科技受制于时代和社会环境等客观因素，

---

[1] 许良英，范岱年编译. 爱因斯坦文集(第一卷)[M]. 北京:商务印书馆,1976:574.

并非单纯的自身努力就可以避免,所以我们不仅要坚持精微和广大并重、格致与格局联动,还要坚持历史唯物主义的观点,既理性又包容地看待成就与局限。这才是历史教育的终极目标——塑造人文之善。

原文发表于《广东教育》(综合)2019年第1期

善格历史教育下校本课程的开发与实践

深圳市第七高级中学　　马安玲

　　一位有情怀的历史老师绝不会单纯以分数来衡量学生的学科素养。如果历史教育并不能发挥它所具备的育人功能,很可能就会失去历史学科原本的温度。林良展老师探索的善格历史教育,通过发掘善文载体、搭建善程桥梁,营造善言氛围,力求改善教师教学方式和学生学习方式,旨在推动师生共同养成"格致"之精神、追求高雅"格调"、培育宽广"格局",是有温情有温度的历史教育思考。

　　在此指导下,深圳市第七高级中学的校本课程"老照片背后的历史"得以开发并落实到研究性学习课堂中,以实践求真知。这一课程的开发旨在让学生走出晦涩枯燥的主课堂,采用不同类型史料,运用多种策略,提升学生对历史课堂的兴趣和感悟力,也力求完成立德树人的根本任务,以核心素养的落实来培养学生的社会责任感。

一、开发善文课程

　　首先是对教材资源的开发利用,我们选取了教材中适合深入发掘探讨的部分——近现代史,并就其中的一部分内容资源进行补充,开发了全新的校本课程教材,其中内容包括了"国内老照片"系列,天朝的镜像(1840—1911)、民国的追寻(1912—1926)、革命的传承(1927—1948)、建国初的印象(1949—

1965)、新时期的幻变(1978—2000);"国外老照片"系列,谜一般的世界国度、你不知道的他和她以及个性化的"属于你的家族独家记忆"和"老照片的去伪存真"。这几大板块是我们根据时间顺序攫取有价值的内容进行整合,挑选几个有价值的时空特征中的人和事作为史料呈现出来,把影响历史进程的"大人物"和反映社会百态民生的"小人物"共同作为研究对象,进而发掘其价值之"善",引领学生认识中国从近代到现代民主富强之路的艰辛不易,认同民族文化精神,关注现实问题,培养学生为国家强盛、民族自强而奋斗的使命感。

其次是通过教学过程的设计来"搭建善程桥梁",我们把校本课程的教材印发到人手一份,引导学生先对课程内容有初步的建构认识,再按照学生人数进行分组,对同一板块感兴趣的分到同一组,根据教材提供的老照片史料推荐书目,小组在课后根据所属板块阅读经典书目,对所研究时段的阶段特征有更细致的认识,以此作为分析老照片历史的基础。课上分小组作汇报工作,分享介绍板块中老照片背后的历史故事,就这个时空特征发表一篇论述性的演说,做到有理有据。

课堂中注重"营造善言氛围",课程以小组合作汇报学习成果的形式展开,同时要求其他小组成员在听他组汇报中做到理性思考、辩证认识。既要认同和欣赏他组的成果,择其善者而从之,又要选择性地接收这些成果,敢于提出不同的看法,因此在小组汇报过程中通过发表演说的方式,培养学生看待问题的批判性思维和逻辑论证能力。同时,其他小组成员可就此提出自己的不同看法,不同观点在课堂中交锋,形成"百家争鸣"的局面。在交流与汇报的最后,小组成员作最后的总结,从历史的角度总结出经验教训,让历史走进生活,为现实服务。此举考查学生是否能"以史为鉴",提出有针对性意义的"善策"。

二、落实"善格历史"课堂

课程设计出来后,很快便在学校的研究性课程中火热开展起来,报名人数超出预期,开设两个班,可见这一课程的设置很对学生的胃口,他们认为这个课程应该会有很多平时上课接触不到的内容,老照片可以还原他们想知道的历史原貌。在第一节课中,我们为学生介绍了照片作为史料的历史价值,以及举例示范如何通过老照片剖析其背后的历史价值。接下来汇报工作前,学生们也如火如荼地开展小组合作,兴致颇高。

以第一板块"天朝的镜像(1840—1911)"为例,我们先指导学生把这一部分的史实用"时空轴"的思维导图形式归纳出来,这也方便课上的汇报。纵使有些学生基础知识掌握不佳,但仍愿意花时间去归纳,这是因为他们有了兴趣,寓学于乐。接下来是他们需要深入理解老照片背后的历史的阶段了,我们为学生提供了基本经典书目,包括唐德刚的《从晚清到民国》、纪陶然的《天朝的镜像——西方人眼中的近代中国》、茅海建的《天朝的崩溃》、费正清的《剑桥中华晚清史》、蒋廷黻的《中国近代史》等著作,结合教材中所提供的老照片,学生通过阅读书目来深入了解晚清史,并查找与老照片背后相关的历史事件,必要时辅以上网查找资料。在这期间,学生会因阅读书目中存在的疑惑来咨询我们,我们也感到非常欣慰,平时较少能主动思考提出问题的同学们现在也会因为自己阅读中产生困惑而寻思。有的学生在博览众书后会发问:"如果没有辛亥革命,预备立宪改革是否能让中国成为资本主义宪政国家?"等问题,这些都可以作为课堂上讨论的话题,"格致"思维由此渐成。

在小组汇报展示中,小组成员们各显神通,呈现精美的PPT或视频素材,也有的带上道具进行演示,对照片的故事介绍和话题论述颇有新意。演说阶段,学生们从青涩、紧张到从容淡定,逐渐有了历史小演说家的模样,也渐渐放开而与同学们互动交流。在他们所解说的照片中,就包括了晚清慈禧太后豪华宫廷宴席及乞丐们饥寒交迫生活的对比照,以此作为素材也发表了《内忧外患中的奢华与窘迫》的演讲,他们把经典书籍中关于皇室成员如何在国难当前仍用巨额满足个人需求,以及在战火交迫下底层人民的生活境况介绍了一番,甚至还搜集出当时国库开支去向的数据和地方人民伤亡数据、原因统计。同学们通过这个过程,真正从实践中落实了"史料实证"素养,采用跨学科的数据分析方法来剖析历史现象,学生们论述人文史实中既有科学的数据支撑,在提及奢华窘迫之对比时又是满腔愤怒与正义感,家国情怀与批判思维在此时相得益彰,已显高雅格调。

小组成员们在对本版块历史学习做了介绍和演说后,每个成员对此进行总结。有的针对这一阶段的历史痛斥列强侵华之罪行,重申落后就要挨打的教训;有的强调只有眼界开阔,善于吸收外来文明的国家才不致盲目自大;也有的学生从统治者的角度出发,陈述统治者的决策对一个国家产生的影响多么重大,统治阶层要设身处地,也要放眼四方。对于同一个时段、同一系列的照片,小组成员分别呈现了不同的感悟,从不同角度解释他们对这一历史阶段的认识,听众在当中也开始了思维碰撞,相信他们在不同的思维角度中可以形成对历史的全新认知,而大部分的学生亦懂得了眼观六路耳听八方,思维的跨度从古到今、从中到外,从历史的经验教训中把目光转向现实,在现实问题中寻找历史规律,对事物认识的"格局"自然进一步宽广。

三、善格历史照进现实

在其他版块的小组汇报中,我们均把"格致""格调""格局"作为培养学生长期的目标。

如在"民国的追寻(1912—1926)"这一板块中,名人情侣的爱情故事如梅兰芳和孟小冬、周恩来和邓颖超、徐志摩和陆小曼格外吸引眼球。学生们在细细品味他们曲折烂漫的爱情故事时也理解了时代的无奈,老师的辅助引导也有助于他们形成对爱情的正确价值观念,比如有一学生以前一直认为爱情就是花前月下享受当下,但当名人们的绯闻轶事与命运的波谲云诡跃然纸上时,学生意识到真正的爱情需要经得起时间的考验,没有责任感和能力守护的爱情便会脆弱得不堪一击,如此一来,学生自己刷新了对于爱情的理解,对于他今后的人生必是有益无损的。

"革命的传承(1927—1948)"中学生也通过照片直观了解侵略者无耻残暴的侵略行径和爱国志士们众志成城、团结一致捍卫国家主权的英雄事迹,也认识到在战火纷飞的年代民众是如何积极面对生活,有的学生就从这些照片中感触颇多,明白了唯有乐观积极的心态和克服困难的行动力才能直面生活和学习中遇到的困难。通过阅读、体验交流和感悟提升,学生们的爱情观和人生观渐渐有了"高雅"格调之势,这也是我们历史育人的初心所在。

在"新时期的幻变(1978—2000)"中更是学生们展现自我的平台,大家对于家庭成员的经历、深圳的历史变迁都是争相交流,为自己是深圳人而感到幸福与骄傲。

在"你不知道的他和她"这一板块中,学生们通过呈现名人日常生活照,打破对他们的常规印象,也呈现一些在二战中的人物故事照,通过小人物的点点滴滴,学会关注历史中的人,感受历史是一门有温度的学科。

"老照片的去伪存真"是有"技术"含量的板块,学生们根据老师提供的照片,查找照片曾经被修改的痕迹,深入了解照片被修改的缘由、修改前的照片是如何的以及修改的意图,有的学生为了了解这些照片还去请教美术老师学习PS技术,查找了当年的很多史料,才完成了辨析照片真伪之任务。在这里学生们通过不同方式诸如采访交流、诸如通过技术手段实现对历史的再认识,综合能力提升之余,"格局"亦能带领他们走向更广阔的人生。

此次研究性课程的开设让学生们有了不一样的眼光和信念,同时也是我们老师教学理念的再升华。无论是校本课程的开发与实践,还是日常的教学,我们都应秉持着"育善人"的格局,保持"讲善言"的格调,提升"提善策"的格致思维,为历史教学实现"积德传善"之目标。

原文发表于《广东教育》(综合)2019年第1期

善格历史教育培养学生宽广格局

深圳第二外国语学校　钟亮才

用鲜活、生动的历史知识来教育、陶冶学生的情操,培养学生宽广的格局,是中学历史教育的一项重要的任务。在新的历史时期,学校要切实落实立德树人的根本任务,坚持育人为本、德育为先,使历史教育成为形成和发展社会主义核心价值观的重要途径。

一、善格历史教育培养宽广格局的必要性

何谓格局:格,就是指人格;局,就是指气度、胸怀。一个格局宽广的人,必须具备以下四个方面的素养:首先是具有高尚情操、健康人格;其次是有理想信念,有志存高远、奋发向上的精神;再次是有人文精神,对天下苍生充满悲悯之情;最后是有世界眼光、宽广视野。

长期以来,中学教育过于看重学生的考试成绩,社会对教育的评价也陷入"唯分数论"的一元化评价体系。教师给学生灌输大量的知识以应付考试和升学,题海战术成为主要的教学方法。这些做法不利于培养青少年人格的完整性和素质的全面性,使得相当一部分学生只注重自我,只注重眼前,忽略了对他人和社会的责任和义务,缺少对人类命运的关怀。这让我们意识到缺乏宽广格局培养的教育已经不适应社会发展的需要,也让我们深刻地体会到加强学生的道德养成,拓宽学生格局的必要性和紧迫性。

二、善格历史教育之教学实践

在宽广格局的培养方面,历史学科有着得天独厚的教育优势。《易经》有言:"君子多识前言往行,以蓄其德。"充分发挥历史学科的育人功能,通过系统的学习能使学生了解"崇德重义""自强不息""以天下为己任"的中华优秀文化精髓;从先代贤哲圣人、抗暴安良豪杰、精忠报国英雄的身上学会做人及处事的哲理;从大历史背后的小人物命运中,体味人生艰苦,培养悲悯的人文关怀;从世界各民族创造的灿烂文化中汲取自我修养的养分,开阔人生视野。

(一)挖掘先秦儒家教育思想,塑造学生健康人格

在讲授人教版高中历史必修三第1课《"百家争鸣"和儒家思想的形成》时,笔者对孔子的言论加以深入地解析,引导学生进行道德自律,塑造健康人格。《论语》中"君子"一词出现了107次,孔子对君子人格的重视可见一斑。孔子告诫弟子,通过"仁者不忧,知者不惑,勇者不惧"三方面的修养来达到理想人生的追求。在日常的教学中,笔者常以孔子对弟子的要求来要求学生,力求使之靠近"仁、智、勇",力求使学生时时反省自我,加强对自我的道德约束,以养成高尚的情操和健康的人格。

(二)感悟仁人志士理想信念,引导学生人生追求

在讲授《辛亥革命》这一课时,笔者带领学生阅读革命烈士林觉民的《与妻书》:"吾至爱汝,即此爱汝一念,使吾勇于就死也。吾自遇汝以来,常愿天下有情人都成眷属。然遍地腥云,满街狼犬,称心快意,几家能彀?司马青衫,吾不能学太上之忘情也。"读到此处,师生无不动容。林觉民烈士把家庭幸福、夫妻恩爱和国家前途、人民命运联系在一起;把对妻子亲人的爱和对国家人民的爱连为一体,阐述一个深刻的道理:没有国家和人民的幸福,就不会有个人的真正幸福,这就是超越了个人生死的大格局。

(三)关注小人物人生命运,培养学生人文主义精神

在讲述人教版必修二《古代中国经济的基本结构和特点》时,除了给学生讲解古代中国农业、手工业、商业的发展状况,笔者还向学生推介了著名史学家史景迁的著作《王氏之死》,介绍在农耕经济发展大背景下小人物的命运。引导学生在单一叙事体系下,关注古代中国的非知识阶层的老百姓:农民、田间佣工以及他们的妻子,从而引导其给予当下参与深圳现代化建设的非户籍居民、工厂工人以人文关怀,以此拓宽自我的格局。

(四)领略世界文明进程,培养学生包容心态

改革开放四十多年来,在经济取得了突飞猛进的发展后,展现在世界面前的是一个越来越自信的中国。但我们要承认世界文明的多元性、多样性,理解和尊重世界各地区、各国、各民族的文化传统,汲取人类创造的优秀文明成果,进一步形成开放的世界意识。在讲授世界史时,笔者通过西方近代资产阶级革命的波澜壮阔,展示西方民众对于自由、平等、博爱等价值观的追求;通过法国先贤祠、德国勃兰登堡门、英国威斯敏斯特宫等欧洲建筑展示欧洲各国近代的变迁和民族心理演变历程;通过纳米比亚独立,串起非洲殖民历史和战后独立浪潮,展示世界人民对于独立自主的渴求。凡此种种,增强学生对世界多元文明的认知,对世界不同发展道路的理解,让他们在领略世界文明进程的同时,培养包容心态,拓宽格局。

三、善格历史教育应注意的问题

善格历史教育培养学生宽广格局过程中应注意以下几个问题,以求育人效果最大化。

(一)要给学生讲述真实且相对全面的历史

受教材编排及学时的限制,中学历史教材中的知识点力求精简,大都点到为止,言简意赅。培养学生宽广格局,须在挖掘教材"善文"的基础上,补充

原始史料,给学生讲述真实且相对全面的历史。例如在讲述人教版必修一《新民主主义革命》时,针对课前学生提出的"中国段祺瑞政府派出参加一战的劳工起着炮灰的作用"一问题,笔者对教材内容补充了两则史料,引导学生挖掘历史的细节,分析中国参加一战的原因,以及中国对于战胜国起到的贡献,用较为真实且全面的历史影响学生的格局培养。

(二)独立思考,理性判断是善格历史教育的重要思维方式

培养宽广格局,是我们义不容辞的责任,但不能为了培养宽广格局而陷入填鸭教育的牢笼。在引用"善文",开设"善程",营造"善言"氛围的过程中,要注意培养学生独立思考和理性判断的思维,引导学生通过自己的比较分析、归纳概括得出结论。与此同时,对于学生盲目的、非理性的观点要及时纠正。改变一个人的固有认识是很难的,中学阶段学生慢慢形成自己的人生观、世界观、价值观,但认知水平和知识储备都存在不足。历史教师可以通过自己的努力,提供学生思考和讨论的广阔空间,使其在对历史事件和历史人物理性判断的基础上,不断扩展自己的格局。

著名特级教师齐健说:"教育领域的历史学科,就应当是通过教授历史,发挥历史知识中所蕴含的教化功能,从而达到促进人的全面和谐发展之目的。"对考试成绩的片面追求的现象违背了历史教学的本真。在教学过程中,历史教育工作者要对学生的认知、情感、人格、道德进行适度引导,培养学生宽广的格局,促使其健康地发展。唯其如此,我们的教育立德树人的目标才能落到实处。

原文发表于《广东教育》(综合)2019年第1期

以文显善，以善显格

深圳第二外国语学校　董光春

　　清代著名学者龚自珍指出："欲知大道，必先为史。""灭人之国，必先去其史；隳人之枋，败人之纲纪，必先去其史；绝人之材，湮塞人之教，必先去其史；夷人之祖宗，必先去其史。"[①]据此可知历史教育是积德传善的教育。

　　善格历史教育正是基于历史学科的育人功能而进行的，发掘史料之善文，搭建学史之桥梁，理解史学之深厚，以达格之宽。本文以人教版必修一第7课《英国君主立宪制》为例进行阐述。

一、文以载道，"善"从文中来

　　"文以载道"，意为"文"像车，"道"像车上所载之货物，通过车的运载，可以达到目的地。要实现历史教育的积德传善功能，首先要能够发掘善文载体，在此基础上搭建善程桥梁，营造善言的氛围。

　　英国君主立宪制在建立过程中，各方政治势力争相角力，各方势力虽然有冲突，但充分体现了"妥协之善智"，有着宽大的格局，最终巧妙有效地避免了流血式冲突的发生，保证了英国百年民主政体的稳定。在教学中我引导学生发掘其中之善文，让学生的善念得到提升。

---

　　① ［清］龚自珍. 古史钩沉论二［M］//龚自珍全集. 上海：上海人民教育出版社，1975：22.

(一)"请回的王",善者胜出

英国革命经历了两次内战,建立英吉利共和国,护国政体,斯图亚特王朝复辟到光荣革命,在这期间曾两次请回国王,一次是斯图亚特王朝复辟,一次是邀请荷兰执政威廉和他的妻子玛丽到英国继承王位。

材料一 1685年,55岁的查理二世因中风去世,约克公爵詹姆斯继位,是为詹姆斯二世。詹姆斯二世表面看上去温和忠诚,但骨子里是一个笃信天主教并热衷君主专制的国王。他在继位后实施的一系列政策,诸如建立国王自己的军队,都旨在强化君主的专断权力。此外,他进一步强行推行天主教,在他的鼓励下,天主教在英国各个领域得到迅速的恢复与发展,这些都严重得罪了以英国国教徒为主的托利派和以新教左翼为主的辉格派。[①]

材料二 (1688年)6月30日,七位著名人物——伦敦主教康普顿与迫于形势联合的两位托利党领袖和四位辉格党领袖——商量致书给詹姆斯二世的女婿、信奉新教的奥兰治的威廉,邀请他率军到英国来反对詹姆斯二世,以保护英国的"宗教、自由和财产"……1689年初,在伦敦召开了上下两院联席的特别会议。在经过一番讨论之后,决定邀请威廉和玛丽来共同统治英国,并且同时向后者提出一项"权利宣言"。宣言中坚持了人民应享有的"真正的、古老的、不容置疑的权利"……威廉和玛丽接受了上述要求。[②]

通过上述两则材料引导学生去分析,都是在特定的情况下"请回来"的国王,为什么詹姆斯二世最后众叛亲离,而他的女儿女婿却能顺利成为英国新王?

从材料中学生不难分析出詹姆斯二世的统治措施不得人心,激化宗教矛盾,正因为如此威廉和玛丽才能顺利继承英国王位,更重要的是他们接受议会的限制。威廉和玛丽能够与议会达成妥协,接受议会以法律的形式限制王

---

① 高全喜. 英国宪制中的妥协原则——以英国宪制史中的"光荣革命"为例[J]. 苏州大学学报(哲学社会科学版). 2017(4):55-62

② 高全喜. 英国宪制中的妥协原则——以英国宪制史中的"光荣革命"为例[J]. 苏州大学学报(哲学社会科学版). 2017(4):55-62

权,能够意识到没有议会就没有国王,因此才能登上宝座。此外托利党和辉格党两党之间的妥协也是光荣革命出现的原因之一。正因为选择了妥协的方式,光荣革命才能成为不流血的革命,有效避免了内战与革命对国家秩序的威胁。"请人这种方式并没有错,错就错在第一次请错人了,第二次请对人了"①,对的人有妥协的善智。

(二)与人为善,善智高超

材料三 安妮认识到政府大臣必须与议会多数党相一致,议会换了,政府也要换,否则政府将受到议会的强烈抵制,行政事务便无法运作。因此,虽然从个人感情上说她极其讨厌辉格党,但她还是在1708年听从劝告,组织了一个辉格党政府。

安妮性格软弱,优柔寡断,往往是一件事情已经说好,一旦出现另一种意见,她立刻会改变初衷,接受新建议。为改革这种状况,大臣们逐渐形成一个习惯,即遇事先在他们自己内部磋商,取得一致意见再报告安妮,让她无可选择。②

透过材料三,学生可以进一步认识到责任内阁的两个原则:一个是开创内阁与议会多数党一致原则;另一个是内阁内部意见统一原则,这就促进了英国逐步发展成内阁的集体负责制。同时,作为一个君主,要处理好国事,不能以自己的喜好为先,在适当的时候要能够退步,才不至于让国家陷于混乱,这就是君主"妥协之善智"。

二、格物致知,"格"中"善"中显

历史之善文需要通过善程,以达格物致知之效。本课采用不断追问的方式进行教学,主题围绕着"英国在历史发展的过程中要一个什么样的国王"而展开。

---

① 毛经文. 妥协也是珍贵的历史遗产——以近代英美史为例[J]. 历史教学(上半月刊). 2014(8):68-72.

② 钱乘旦、许洁明. 英国通史[M]上海:上海社会科学院出版社. 2012.

(一)善之归:从专制君主到"吉祥物"式君主

《权利法案》作为人民与国王之间的契约出现,保证了议会的权力,限制了王权。但是行政权和立法权的问题没有得到解决,国王依然有独立的行政权,是实实在在的行政首脑,能够遴选大臣和掌控国家事务,有提供高级咨询的机构——内阁。双方各行其是,缺乏配合机制,从而导致国事陷于混乱。在这样的情况下,英国又需要一个怎样的国王呢?

行政权和立法权的问题在安妮女王时期得到改变,从上文的小故事中学生可以得出在安妮时期逐步发展成内阁的集体责任制,作为整体,内阁对议会负责,而不再以个人身份对国王负责,政府要么服从议会,要么下台,国王因此丧失了否决权。1708年,安妮女王在英国历史上最后一次行使国王对议会的否决权。

安妮女王去世之后没有子嗣,按照《王位继承法》一个德意志的小王侯乔治一世登上联合王国的王位,这位国王和他的继任者乔治二世都是外国人,不懂英语,不熟悉英国的政风民情,对英国事务不感兴趣,便放手让大臣代他去料理国事,自己什么也不管,因此给英国君主立宪制提供了发展的良机,内阁得以形成,内阁在议会多数的支持下掌握政务。如此,议会责任制政府形成,一直延续到现在,国王逐步丧失了行政权,到维多利亚女王时期成为"统而不治"的国王。

通过层层设问与分析,学生能够了解到随着时代的发展,英国的君主立宪制也是在不断发展的,在这个过程中,国王扮演的角色也在不断地适应时代的需求而变化。从最初的专制国王到限权国王再到后来用学生的话说作为"吉祥物"的国王。

(二)善之比:君主制的不同类型

学生在此之前学过中国古代的政治制度,因此将同时期明清中国和英国作为对比,提出同为专制王朝,为何斯图亚特王朝的统治者们权力不及中国皇帝?笔者通过补充材料引导学生进行分析。

材料四　明清政权不仅承袭了秦汉以来千余年的君主专制,而且发展到极端专制主义的统治。皇帝具有绝对的权威,皇帝的意志就是法律,大小官员由他任命,臣民的命运取决于皇帝的好恶和喜怒哀乐。[①]

材料五　诺曼底征服之后的大会议保留了盎格鲁-撒克逊时代贵族民主制的传统,其中最重要的一点就是:国王的任何重大决策都要经过大会议的同意。这就为封建贵族同专制王权斗争提供了合法的外衣和有力的武器,而英国的议会也正是在这一躯壳中孕育出来的。[②]

通过分析材料不难发现,中国有君主专制的传统,皇权至上,皇帝独尊,思想专制,因此无人能与之抗衡,清朝专制主义达到顶峰,但是盛极而衰,封建制度也开始走向衰亡。而英国有民主的传统,在重大问题上国王需与贵族商量,一意孤行的话决策则难以执行,这是协商的制度,其所蕴含的妥协智慧对其后英国的发展有着深远影响,迈进了从君主专制走向君主立宪制的民主政体建制过程。学生通过独立思考,自己讨论,加之教师的补充讲解,促进学生能够更好地理解问题,多角度地思考问题,理解中西差异。因此营造一个善言的环境,有助于促进学生善言,善思,善辨。

(三)善之和:首相与君主和谐相处

本课不但要明确英国君主立宪制过程中需要一个什么样的国王,而且要了解这个过程,感悟人类的智慧,作为君主或者个人在面对问题时应该如何处理。这种智慧在维多利亚女王身上也得到了体现:

材料六　(1837年)年轻的女王只有十八岁,沉重的国务负担却落在她的肩上。辉格党首相墨尔本几乎是手把手地教她做一个立宪君主,教会她不凭感情用事,心平气和地与民选的首相共事,哪怕这个首相她从心底里厌恶也罢。维多利亚在位64年,在此期间,君主立宪制彻底巩固了,国王完全变成了虚君。按照政治学家巴奇霍特的说法,国王在国事中发挥的作用是"接受

---

①　吴世荣.中西封建社会晚期君主专制的特点[J].贵州民族学院学报(社会科学版),1991(2):43-50.

②　王运红.议会之母——英国议会的起源[J].海南广播电视大学学报.2004(2):37-39.

咨询,给予支持,提出警告"。维多利亚在其一生中模范地履行着立宪君主的职责,因此深受国民爱戴。①

学生思维非常活跃,有学生结合美国和法国的政治制度建立过程,认为英国君主立宪制建立的过程中蕴含着妥协的智慧,光荣革命是资产阶级,新旧贵族的妥协,也是国王和议会的妥协,托利党和辉格党的妥协。一个国家要平稳发展,不一定非要用革命的方式,革命的手段简单粗暴,见效快,更彻底,但是革命的成果也很有可能较快地消失在历史的河流中,英国革命的前期就是一个很好的范例,而光荣革命之后在妥协中建立起英国宪政,在渐进中不断完善宪政。

综上所述,教师通过发掘史料之善文,搭建学史之桥梁,营造善言之氛围能够促进教学方式的改变,提高课堂的有效性,将历史之善传递给学生;学生通过阅读分析善文,自由讨论,独立思考,能够体悟妥协之善智,以养成善思之格致思维,有容乃大的格局。

原文发表于《广东教育》(综合)2019年第2期

---

① 钱乘旦,许洁明. 英国通史[M]上海:上海社会科学院出版社. 2012.

善行课程的探索与实践

深圳明德实验学校　　付华敏

　　党中央明确提出立德树人是发展中国特色社会主义教育事业的核心所在,是培养德智体美劳全面发展的社会主义建设者和接班人的本质要求。在历史学科教学中渗透立德树人的内容,需要抓住历史学科的特点,在教学中积极开展中华民族传统美德教育、革命传统教育,让学生感悟"乡土历史",培养他们为建设家乡美好明天和实现中华腾飞而努力的家国情怀。[①]林良展老师提出的善格历史教育基于历史学科的育人功能,充分发掘历史教材之善文、开发历史善文校本课程等载体,搭建初步建构、深度阅读、体验交流、感悟提升的善程桥梁,营造善听、善辩、善策的善言氛围,推动师生养成格物致知的探索精神,能够很好地把立德树人与历史教学相结合,培养至善至真之才。

　　《普通高中历史课程标准(2017年版)》指出,学生通过高中历史课程的学习,要提高历史学科核心素养(唯物史观、时空观念、历史解释、史料实证、家国情怀),能够从历史发展的角度理解并认同社会主义核心价值观和中华优秀传统文化。

　　开展研学旅行,有利于促进学生培育和践行社会主义核心价值观,激发学生对党、对国家、对人民的热爱之情,特别强调了让广大中小学生在研学旅

---

　　① 汪从东,王玲,宗和富. 浅析历史教学中的立德树人[J]. 科学咨询(教育科研),2014(09):70-71.

行中感受祖国大好河山,感受中华传统美德,感受革命光荣历史,增强对坚定"四个自信"的理解与认同;同时学会动手动脑,学会生存生活,学会做人做事,促进形成正确的世界观、人生观、价值观。研学旅行课程的设计要特别注重学生的实践性学习,贯通课内外、校内外时空资源,为学生的全面成长提供广阔的舞台①。2018年7月的暑假,深圳明德实验学校组织初二学生开展研学旅行,地点在贵州省黔东南苗族侗族自治州黎平县岩洞镇铜关村,在此开展对当地村寨侗族文化的体验、调查和探究等社会实践活动。

一、设计"善行"课程目标与实践路径

基于历史学科的育人功能,实施积德传善教育,本次黎平县铜关村的研学旅行课程目标设定如下:一是综合历史学和人类学方法,从人与自然、人与人和社会、人与未知世界三个角度来了解、体验、探究铜关村的侗族文化,知道侗族大歌是世界人类非物质文化遗产,认识到少数民族文化是中华民族优秀传统文化的重要组成部分;二是通过网络和文献资料搜寻、社会实践调查,把握铜关村历史发展脉络,理解中国特色社会主义现代化的意义,培养学生的历史学科核心素养,以及对中国特色社会主义道路的认同感。

为顺利实现活动目标,综合考虑学生的学情,笔者设计了《深圳明德实验学校中学生暑期社会实践表格》的指导版和学生版,以翔实、具体的问题和案例指导学生完成田野调查工作和表格总结填写工作。表格呈现了学生需要调查、了解的八大问题:黎平县岩洞镇城镇概况、村落历史沿革、村落整体环境(画出村落地图包括房屋+公共场所+河流+山脉+道路等)、物质文化(自然环境、传统物质文化、生活习俗等)、制度文化(民族与人口、经济基础、社会关系等)、精神文化(侗族大歌为代表的艺术与礼仪、传说反映的内心世界等)、腾讯公益慈善基金会给铜关村带来的变化、对侗族文化和本次社会实践的感想。为了解决这些问题,学生需要采用历史学、人类学的方法,需要从网络、文献和对当地村民的观察、访谈中搜集信息并及时记录(笔记或录音、视频

---

① 于兰,潘忠宇. 少数民族文化与社会主义核心价值观[J]. 云南师范大学学报(哲学社会科学版),2013(06):13-15.

等),综合所得信息分析阐释,总结铜关村侗族对人与自然、人与人和社会、人与未知世界关系的看法。这个过程中充分培养了学生时空观念、史料实证、历史解释等历史学科核心素养,也引发学生对与深圳巨大差异的乡村少数民族地区的人文关怀。

二、发掘侗族"善文化"之根

该课程实施的一大特色是人类学的田野调查方法引入,这是对当地历史、文化进行参与式观察、体验、理解的有效方式。为确保学生在铜关村研学旅行时掌握一定的人类学调查方法,在2018年5月邀请中山大学的夏循祥副教授进行过专门的讲座培训。7月社会实践调查时,学生按自愿自主原则分成若干2~4人的小组,实行小组长负责制,综合平常的历史学训练,在历史教师的及时指导下,初二学生已顺利展开了对侗族文化的了解和探究工作,并取得一定成果。比如与铜关村相邻的宰拱村存在一棵千年以上的大榕树,这是附近所有侗族村寨信仰的神树。关于这棵大榕树学生们听到了当地居民的这样一个传说:十几年前大榕树有一半近乎枯萎,与此同时榕树在另一个村寨转世成人了,直到最近这个十几岁的人去世后,重新回到本体的榕树才重新焕发生机。寨子居民的解释是只要有人伤害到了神树,就会受到惩罚。他们信仰自然神,这是侗族对未知世界的解释方式,与当地紧紧依靠自然生存、以农业为主的经济形态是分不开的。这也是运用唯物史观的方法在进行历史阐释。

侗族大歌起源于春秋战国时期,至今已有2500多年的历史,是在中国侗族地区一种多声部、无指挥、无伴奏、自然和声的民间合唱形式,"众低独高"。侗家人称侗族大歌为"嘎老","嘎"的意思是歌,"老"则具有宏大和古老之意。2009年,侗族大歌被列入世界人类非物质文化遗产代表作名录。侗族大歌的主要内容是歌唱自然、劳动、爱情、友谊,侗家人的历史、生产生活和信仰都被包含进去。所以侗族大歌是没有文字的侗族传承民族文化和历史的最重要方式,也是对侗族历史研究的重要资料。学生们通过跟随侗族老人学唱侗族大歌,体验侗族文化传承,访谈侗族人学唱的相关情况来深入探究侗族历史文化。如今学唱、会唱侗族大歌的年轻人一代比一代少了,这是少数民族文化传承的一个困境。而腾讯公益慈善基金支持创建的世界唯一一座侗族大歌生态博物馆是保存并推广侗族文化的有效手段。如何理解侗族大歌的内涵、现今的困境以及外来世界对当地文化干预的影响,是学生需要深入探究理解的地方。待后续学生递交社会实践报告后再做总结。

此次铜关村研学旅行,改善并丰富了教师传统的教学方式,学生学习方式也由接受式学习和课堂学习转变为发现式学习和课堂外学习,推动师生养成格物致知的探索精神,培育了学生宽广的视野与格局,从实践上证实了善格历史教育理念。对少数民族文化的体验探究是历史课堂对中华传统文化教育的重要补充和课外延伸,研学旅行有助于落实立德树人根本任务。在这些理论基础上提出的"善格"历史教育理念仍然需要立足于历史学科核心素养的提高,实施积德传善之教育,不断探索与实践。

原文发表于《广东教育》(综合)2019年第2期

历史善文的开发与利用

深圳第二外国语学校　　金谷榕

何为历史善文？历史善文即开发有利于立德树人,有利于树立学生正确的价值观、人生观与世界观,符合教学需要,适合学生学习能力,并且掌握数量合理恰当的相关历史教学资源。

一、历史善文开发与利用的必要性

(一)凸显学科特色

历史学科有着鲜明的学科特点。北京师范大学教育学部教育基本理论研究院肖川教授在他的《教育永恒的支柱:历史和文学》一文中指出:"历史的丰富性、偶然性给了我们感受历史的体温、气息和色彩的畛域……引导学生迈进价值观念、学术思想的角斗场,竞才智之技,将学生引领到广袤的时空之中,感受博大、丰富、深邃。唯其如此,人文精神方有望养成,才能实现教育的真正价值。"[①]历史教学中开发利用多种类型的积德传善之文,使得原本书写在教材之上的历史变得更加丰富生动。众多善文搭建出的是鲜活的历史人物,扣人心弦的历史事件既可以引导学生总结发人深思的历史教训,也可以

---

① 肖川. 教育永恒的支柱:历史与文学[J]. 当代教育科学,2003(10):37-38.

帮助学生培养本学科思维方式,即问其出处,寻其所归的求是精神。由于现在市面上以历史为题材的小说、戏剧、游戏充斥着文化市场,使得人们把夸张的艺术手法等同于真实的历史,充斥着历史虚无主义之感。在本学科中,"失之毫厘谬以千里",历史学习必须具备严谨的思维、严密的逻辑,充分的证据。在这种情况下,如何开发利用好大量的善文是非常重要的一步。

(二)符合课程改革的理念

中学历史课程改革中明确要求,在历史学习过程中应进一步提高中学生阅读和通过多种途径获取历史信息的能力。[①]这种理念要求教师积极开发和利用各种课程资源,让学生学会辩证地观察,分析历史与现实问题,加深对祖国的热爱和对世界的了解,从历史中吸取智慧,养成现代公民应具备的人文素养和健全人格。教师在课堂教学中开发和利用各种善文,有利于学生掌握历史学科核心素养,尤其是搜集资料、掌握证据和独立思考,学会对历史事物进行分析和评价能力的培养。新课程理念下,教学是师生交往、积极互动、共同发展的过程,教学不仅注重结论更注重过程,遵循"以学生发展为本"的理念,它不仅着眼每个学生身心健康的发展,良好品德的培养及态度,情感和价值观的陶冶,而且努力凸显学生的实践能力和创新意识。由教师示范开发到师生共同开发利用善文正符合这一理念。

二、历史善文开发利用的途径

汤普森在《理解历史》中明确表示:"学校的历史学习焦点集中在我们如何具有对历史的知识。"历史核心素养其中之一"史料实证"要求学生具备在解答某一历史问题时能够尝试从多种渠道获取与该问题相关的史料的能力。对于在校学生来说,在浩如烟海的历史研究中寻找有效信息本就不容易,通过实地考察遗迹或遗址获取文物史料更是难上加难。所以,在获取历史善文的方面,教师的引领示范作用尤为重要。下面,笔者就教师开发利用善文的

---

① 中华人民共和国教育部. 普通高中课程方案(2017年版)[S]. 北京:人民教育出版社,2017.

途径谈三点看法。

(一)饮水思源,感知历史

常言道,好的开头是成功的一半。运用善文进行新课的导入,可以激发学生学习兴趣和探究欲望。什么样的历史善文适合作引子呢? 其一,此善文是在与教材知识点同根同源,也就是此善文的选取所涵盖的教材知识是"原神"的、是旧的,而其内容是对课内知识进行加工、整理、升华的材料。例如在讲授《中国经济体制改革》一课时,便利用《走进新时代》这首歌曲作为开篇之章,在激昂的旋律引领下,可以营造轻松愉快的教学氛围,而其歌词"我们唱着东方红,当家做主站起来,我们讲着春天的故事,改革开放富起来,继往开来的领路人,带领我们走进那新时代……"又可以将学生引入改革开放的情景之中,感受改革开放带来的巨大成就。其二,也可以是在知识上源于课内,但其表现形式则是变式的、是新的,是学生未曾体验过的。可以将教材中的叙事善文改造成相关学生活动,例如,在讲授人教版《宋明理学》时,笔者将鹅湖之辩转化为历史短剧,请学生进行演绎,让学生在观看戏剧的同时,带着程朱理学和陆王心学究竟有何不同的疑问进入课堂寻找答案。同源之下的变形善文被利用为适合学生认知规律的导入可以像磁石一样将学生的注意力吸引到教学内容上来,把学生带入历史学习情境中,帮助学生初步感知历史,增进历史教学效果。

(二)添枝加叶,重构历史

随着新课改,高中历史课程对学生历史专业素养的要求日益提高,但是历史教材内容却相对抽象。这种落差给我们教师留下了一道思考题,如何将抽象的历史知识鲜活起来,让学生在课堂中切实感受到历史跳动的脉搏。毋庸置疑,补充丰富的历史善文成了必要之举。此时可以从教材中主干知识点出发,通过直接的或间接的、文字上的或内容上的、思维上的或情感上的联系点等方式来截取相关历史善文。

例如在讲授明清时期的商帮时,笔者补充了明朝谢肇淛的《五杂俎》、民国时期瞿兑之的《人物风俗制度丛谈》、清朝涂宗的《边盐壅滞疏》关于明清时期商帮的记载,请学生思考两个问题:明清时期的商人代表是谁? 他们所起的作用是什么?

学生从谢肇淛的记载中"富室之称雄者,江南则推新安(安徽),江北则推山右(山西)"可知明清时期的商人代表是徽商和晋商,同时也可以拓展认知,新安即指向徽商,山右则指向晋商。第二小问对学生的能力要求相对高一些,学生需从民国时期瞿兑之的《人物风俗制度丛谈》中的"南则江汉……乌里雅苏台等处,几无不有晋商足迹"、清朝涂宗的《边盐壅滞疏》中"新安大贾,渔盐为业……或窖粟,其富甚于新安"的记载中总结出商帮的活动促进工农业产品商品化和城镇经济发展,推动区域间的商品流通和全国性市场的形成发展;同时促进了社会分工的扩大。当学生对商帮这部分教材上的知识点相对熟悉之后,笔者再次展示一段新的材料,清朝顾炎武《肇域志·江南十一·徽州府》中关于徽商的记载,请学生思考商帮的作用是否还有其他? 学生从材料中"新都(新安)……至有父子邂逅而不相识者""青衿士子在家闲……以一伞自携,而各车马之费"的这些记叙会对明清商帮的形象体会得更加丰满一些,了解到商人的不易,成由勤俭破由奢,同时也认识到商帮由于依靠封建政府支持进行经营,积累起来的巨额资本多用于购买土地、奢侈消费,甚至货币窖藏,最后随封建社会的没落走向衰落。

教材中的知识犹如树的主干,历史善文的使用犹如树的枝叶,使用得当,必使树木枝繁叶茂。历史善文和教材知识合二为一可以有助于学生产生对原有固定模式产生思考,创新格致思维,尝试从历史的不同视角对旧知识进行新思考,从而深化学生的历史认识,培养其理性精神,是通达善人的重要环节。

(三)出其不意,反思历史

通常情况之下,通过饮水思源、添枝加叶的方式来选用历史善文,可以深化学生的历史认识。但是,如果打破历史事物的时空,从遥远的外围来选用善文,以此来调动学生临近的历史认知,形成鲜明的对比,效果有时更令人惊喜。

例如笔者在讲述人教版《罢黜百家独尊儒术》一课时,展示了董仲舒的《春秋繁露》和1916年2月易白沙发表的《孔子评议》:"为什么专制君王要独尊孔子而不抬举别人呢? ……孔子但重做官,不重谋食,易入民贼牢笼。"请学生结合所学知识对这两个人的思想进行评价。

对这两个人思想的评价要结合时代背景方能相对准确地总结出来:进步性是两人的思想都顺应了历史发展的趋势,推动了历史的进步,而局限性是董仲舒的思想神化了君权,强化了专制色彩;易白沙只看到了儒学思想为君主专制辩护的一面,忽视了其作为中国传统文化的精髓。通过对这两则善文的阅读分析,学生能体会到不同的时代需要不同的思想进行指导,要用与时俱进的眼光来评判方不失偏颇,同时,积极地融入现实,顺应时代的发展,作出自己的贡献。

按照饮水思源、添枝加叶、出其不意的方式,根据教学内容和教学目标的需要研制和选择历史善文,两者相得益彰。在历史课堂上,它们既可以相对独立使用又可以交叉运用。从教材的同型衍生,到内外兼有的内容组合,再到全外的思维契合,有利于学生历史核心素养的培养。教学是双向的,教师尽可能地提供有价值的历史善文,同时学生能够从教师的示范引领中获得历史视野的开阔,历史核心素养的发展,历史认识的提升。

原文发表于《广东教育》(综合)2019年第2期

善格历史教育评析

首都师范大学　叶小兵

中学历史教学的育人价值在于使学生得到全面发展。学生通过历史学习,不仅掌握必备的历史知识,更重要的是逐步形成广阔的历史视野、辩证的历史思维和求真求实的历史意识,具有受过历史教育的人所应具有的信仰、观念、能力、方法、品格、意志等,尤其是在思想意识、价值观念、人文情怀、综合品质等方面得到全面的发展。当今,我们正处于中国特色社会主义新时代,充分发挥历史教育的功能,将学生培养成为社会主义的建设者和接班人,这既是对历史教育工作的时代要求,也是时代赋予中学历史教师的使命和职责。

党和国家非常重视对青少年一代的培养,尤其是将立德树人作为教育的根本任务,并将社会主义核心价值观和中华优秀传统文化的教育置于学校教育的重中之重的地位。为了全面贯彻党和国家对教育工作的要求,将教育教学改革推向深入,教育部制定了中国学生发展核心素养的总规格,并在新颁布的高中课程标准中提出了各学科核心素养的目标。以上这些体现国家意识形态和教育改革发展的重要思想、理念等,如何在教学的实际中贯彻落实,是中学一线教师必须思考的重要问题,也可以说这是新时代对教师工作提出的新挑战,是每一位中学教师都应深入思考的问题,同时也是要在教学实践中必须解决的问题。对此,深圳第二外国语学校的林良展老师带领该校的历史教师团队和深圳部分青年历史教师，进行了有益的探索，提出"善格历史教育"的理念，并在教学中积极实践，摸索出一套颇有特色的教学策略、教学方式，积累相关的教学案例，为中学历史教学的改革与发展提供示范。

林良展老师所提出的"善格历史教育"，其概念可能会令人感到十分陌生，但只要我们具体地进行了解后，就会发现这是将历史教育的内在价值与日常的历史教学有机结合的一种有意义的探索和尝试。"善格历史教育"的基本思路，正如林良展老师在其文章中所概括的：一是，发掘善文载体，搭建善程桥梁，营造善言氛围；二是，创新格致思维，提升高雅格调，培养宽广格局。具体来说，包括以下五个方面：一是，有目的地发掘课程资源，选取有助于学生学习与发展的历史材料，根据育人需求重整教材内容；二是，探索有效的教学过程，总结出实用的教学策略，使教师的教与学生的学相互促动，尤其是引领学生更好地感悟历史和认识历史；三是，建构新型的师生关系，营造良好的课堂生态，发挥学生在教学中的主体地位；四是，使学生在历史学习过程中，更好地理解历史，从历史中汲取智慧，懂得做人做事的道理；五是，促进学生的历史学科核心素养得到全面发展，形成正确的价值观念、综合品质和关键能力，使之成为有思想、有抱负、有大格局的人。总之，"善格历史教育"的探索，涉及中学历史教学的方方面面，将上位的教育思想、理念落到实处，聚焦在学生的心智发展上，从而发掘和体现出历史教育的育人价值。

若从全国的中学历史教学改革的角度上看，林良展老师创建的"善格历史教育"，只是丰富多彩、各种各样的教学探索中的一种而已。但这一探索，既源于深刻的理性思考，又着眼于教学的实际需要，有其自身的特色，值得我们学习：

一是融合性。"善格历史教育"的内涵蕴含并融合了多方面的教育理念和内容，例如，从历史中发掘文明、和谐、平等、公正、爱国、敬业、诚信、友善等方面的教育素材和教育价值，融合并体现了社会主义核心价值观的教育；发掘历史上有价值的文献记载，凸显仁人志士的价值追求和人文情怀，融合并体现了中华优秀传统文化的教育；将学生的全面发展和终身发展作为教学的出发点和落脚点，关注学生综合品质和关键能力的培养，融合并体现了历史学科核心素养的教育理念;等等。这种将教育的指导思想、教育理论与历史教学、学生的历史学习有机地融合,是非常有意义的探索,可以说代表了今后教学改革的一个重要的方向。

二是系统性。教学是一个系统,有着自身的逻辑与规律、结构与程序。如果教学的探索仅是某一个方面或某一个环节,虽说也有意义,但难以拓宽和深入,也难免会在实际中捉襟见肘,因此需要整体的思路和完整的建构。"善格历史教育"模式的探索,已初步形成了一套体系,它以"善"和"格"为核心,将教学思想、教学立意、教学材料、教学过程、教学策略、教学方式、评价方法、课程建设等教学的各个方面紧密围绕着这个核心来展开,形成了一个较为完整的教学系统,有清晰的内在逻辑关系,且具有综合性的特点。这对教师在进行教育教学研究时是有借鉴、启示的作用的。

三是发展性。"善格历史教育"在实际的操作中,注重学生的发展和教师的发展。对于学生的发展,更加关注的是学生通过历史知识的学习,如何学会学习、学会思考、学会做人,尤其是强调要形成具有历史学科特色的思维与格局,这是有利于学生的全面发展、个性发展和终身发展的。对于教师的发展,林良展老师带领深圳的青年教师一起研究课题,共同进行实践探索,从而使青年教师将理论研究与教学实践结合起来,将搞好课堂教学与课程建设结合起来,将自己的本职工作与事业追求结合起来,将个人的发展与团队的共同进步结合起来。以教学研究推动教师发展,这是非常重要的,林良展老师和他的同事所做的,可以说是一个成功的案例。

"善格历史教育"的探索,虽说只是"万里长征的第一步",但这一步踏踏实实地迈开了,只要继续努力前行,后期可望,前程必定光明。

原文发表于《广东教育》(综合)2019年第2期

林良展:"善格"历史教育之思

记者:在历史教育教学过程中,是什么促使你提出"善格"这一历史教育概念的?

林良展:我的外婆生前是粤西农村的一位赤脚医生,有着一颗仁爱之心,当有乡里人患病时,即使自己有病在床,她都坚持去给病人看病。我的母亲相信"吃亏是福"的善念,每次从城里回到乡下,总要去小镇的养老院当义工。所以,我认为我有着善的基因。善人者,人亦善之。在长期历史教育教学过程中,我充分发掘历史教材、历史经典著作、历史图片或视频资料、重要历史人物事迹的善文育人价值,渗透在课堂教学当中,学生的格调与格局得到了很大的提升,若干年后发现很多学生呈现出一种质朴高雅的独特气质与善于求索的精神,他们都表示得益于我当年的教育,使自己能够"守住善根"。与此同时,我每年均以各种方式帮助各类学生,毕业后他们在各行各业都在行善事,得善果。如今想来,这应该是我提出"善格"历史教育的最初源头。

记者:"立德树人"是我国教育的根本任务。"用历史学科之善育善格物、有格调之人",你的这一观念从历史学科这一角度诠释了历史教师"立德树人"的责任担当。

林良展:历史教育说到底是人性之教育,是积德传善之教育。《说文解字》曰:"史,记事者也,从又,执中,中正也。""史"与"事""吏"的词义是相通的,渗透自然伦理原则和社会伦理原则。中国有重视历史教育的传统,唐代史学家刘知几在《史通》中指出:"史之为用,其利甚博,乃生人(民)之要务,为国家之要道。"当代思想家任继愈先生则认为"史学关系到国家的存亡""是国家兴亡之学,民族盛衰之学"。择善而为之,择善而传之,就是历史教育的本质。我在长期的历史教学实践中,坚持"给学生一双腾飞的翅膀"为育人理念,用历史学科之善育人,逐渐形成"善格"历史教育。

记者:请概述一下"善格"历史教育的内涵。

林良展:何谓"善"?《说文解字》曰:"善,吉也。会意,从言,从羊。""言"是讲话,"羊"是吉祥的象征。《国语·晋语》曰:"善,德之建也。"《左传·昭公十二年》曰:"供养三德为善。""善"字的上部是羊,是美字的头,所以善之果为美,不善则难真,不善则不美,善是真与美的基础,是做人的基础。善自发于心,美则可外求,有了善,才能包容;有了善,才能有真,才能诚实守信;有了善,才有美。历史学是人类文化的重要组成部分,在传承人类文明的共同遗产、提高公民文化素质等方面起着不可替代的重要作用。"善格"历史教育的"善"既是形容词和名词,有善文、善言、善程、善行、善心、积善等;又是动词,有改善、完善等。

何为"格"? 历史教育追求"四格":一是格致,通过发掘善文载体,从中发掘其中的人文智慧,创新格致思维;二是格调,通过历史文化的长期浸润,提升人生格调;三是格局,通过通晓古今,博览中外,形成人生大格局;四是人格,前三格形成后自然形成高尚的人格。

"四格"的形成离不开格物致知。朱熹曰:"格,至也。物,犹事也。穷至事物之理,欲其极处无不到也。"如何格物方可致知? 朱熹曰:"博学之,审问之,慎思之,明辨之,笃行之。"因此,我一向主张师生均要深度阅读经典,推崇"涵泳"之法,如朱熹所言:"学者读书,须要敛身正坐,缓视微吟,虚心涵泳,切己省察。"

总之,"善格"历史教育正是基于历史学科的育人功能,将学生的全面发展和终身发展作为教学的出发点和落脚点,关注学生综合品质和关键能力的培养,充分发掘历史教材之善文,开发历史善文校本课程等载体,搭建初步建构、深度阅读、体验交流、感悟提升的善程桥梁,营造善听、善辩、善策的善言氛围,形成一个完整性、系统性的教学模式,有效改善教师的教学方式与学生的学习方式,从而推动师生养成格物致知的探索精神,追求高雅的格调,培育宽广的格局,发现最好最具胸怀的自己。

记者:要把"善格"历史教育理念落实到活生生的教育教学生活之中,对于历史教师来说,最首要、最核心的是做好哪一方面的工作?

林良展:倡导"善格"历史教育,教师自身必然要常怀向善之心、勤做向善之师,这是最基本的。在此基础上,要让"善格"历史教育得以在教育教学生活中精彩呈现,核心是推进国家课程校本化呈现。一方面,领悟课标精神全面执行国家课程方案,充分发掘历史教材之"善文";另一方面,开发"善文"校本课程,这是我这几年着重开展的工作。我们开发的基于国家课程的"善文"系列校本课程,如"历史故事与人文素养""地方历史文化走进课堂""中国茶文化"等校本课程,入选为深圳市中小学好课程,有力推动了学生学科核心素养的提升。

记者:"善格"历史教育由"善"与"格"组合而成并做了创新性的解析,可以称得上是一次"组合创新"之尝试。那么,您对此是如何思考的?

林良展:我一直在思考,如何将历史教育的内在价值与日常的历史教学有机结合起来,真正发挥历史学科的育人功能?

历史教育的内在价值就是积德传善,提升人生的品位。历史教育学家叶小兵教授指出,历史教育的目的是人的培养,历史教育的价值就要体现在拓展学生的历史视野、发展学生的历史思维、培养学生的历史意识和提高学生的核心素养等,历史教学的价值所在就是立德树人,突出对知识的理解、对历史的思考、对历史的探究、对历史的建构和对素养的培养等。

"善格"历史教育将"善"和"格"两者的组合,正是把历史教育与历史教学的价值有机系统性结合,始终把人的全面发展摆在最核心位置,是一种积极的实践性探索。两者的逻辑关系体现为:"善"是"格"之基,"格"是"善"之果。

"善格"历史教育认为,"善"是"格"的基础,善自发于心,也是一种选择。善者大也,大智者必谦和,大善者必宽容,大善者必定是真正优雅的人,必定有包容万物的胸怀。真正高贵的人,面对强于己者不卑不亢。离开了历史善文载体,缺乏了善程的培养,没有善言带来的批判性氛围,就不可能做到真正的格物致知,知也是一知半解,格调或许变得低俗而不可能高雅与深邃,眼光不可能远大,胸怀与格局就会变得狭隘。

因此,我鼓励学生带着大善智慧,从不同角度以包容心态去阅读历史教材,用批判思维深度阅读经典,引导他们跨学科学习知识。如统计学,在获取图表史料信息、理解古代赋税制度与近代学校制度等问题时均要运用;又如地理学,在分析斯大林时期修建第聂伯河大坝工程、罗斯福新政时期修建田纳西水利工程、中国修建三峡水利工程等均要用到相关知识。长期如此,学生对问题的审视角度就不是单一性,而是多层性的;思维就不是单向性,而是互动性的。

"善格"历史教育认为,"格"是"善"之果。善行必有善果,多读善文、善于思辨、善于倾听、善于交流、善于建言则是积德传善。"腹有诗书气自华",汲取了历史文化的营养,积德传善之人一定是能够耐得住寂寞,淡泊明志、宁静致远之高人,其格调之高雅,格局之宽广油然而生。

我可以自豪地认为,我的学生不一定都很优秀,但一定是很幸福的,他们跟随我在历史文化的长河中遨游,学会了独立思考与自主选择,既能仰望星空,又能脚踏实地,不管是选择理科还是文科,大都是"跨界好手"。还有部分优秀学生因此选择了历史学或历史教育作为自己的大学专业,考上了中山大学、武汉大学、吉林大学、厦门大学等。其中,2013届毕业生陆燕南在华南师范大学历史学本科毕业后,被保送到武汉大学历史系继续深造,她在接受《深圳晚报》采访时说:"林良展老师作为一名历史老师,他治学严谨,工作非常认真,对学生付出很多,十分真诚,他告诉我,对待任何事情都要用心,这对我影响很大。"高中时,她就在国家级期刊《中学历史教学参考》发表了两篇专业文章《历史学家的价值判断——读卡尔<历史是什么>有感》和《我眼中的历史》,我在推荐信上写道:"法国著名思想家帕斯卡说:人是会思考的芦苇,我们的全部尊严就在于思想。陆燕南是我从教多年来遇到的有独立思想的学生之一,课堂上她善于捕捉老师的思想,课后敢于提出自己的见解,小小年纪就立志在历史研究方面有所建树,并对历史有自己的认识与理解,还在作业与交谈中这样表达:有人说'史'如其字,唯一'人''口'耳,历史的魅力有时正在于它的不确定性。不同的人对同一事件的记载是不同的,后世的人对同一事件的看法也各有千秋,这就赋予历史一种神秘感;研究有所'留白'的历史,真的是一件非常有意思的事情;研究前人经历的精华,真可谓看尽人生百态;思考历史,对现实也大有裨益。"以史学之善,升师生之格,让历史教育回归本质,乃善格历史教育之真谛。

原文发表于《广东教育》(综合)2018年第11期

达人老师林良展：以历史之美育善格之果

历史是什么？当我们学习历史时，究竟在学习什么？这两个颇具哲学意味的问题，可能历史老师都曾思考过或正在思考。英国著名史学家爱德华·霍列特·卡尔在《历史是什么》一书中说："当我们尝试回答'历史是什么'的时候，我们的答案在有意无意之间就反映了我们自己在时代中所处的位置。"从教近二十年来，深圳第二外国语学校历史老师林良展也一直在思考，随着时代的变迁，现在的学生在学习历史时应该学习什么？

一、历史教育需重视基础，全面认识

学习历史重在培养学生的批判性思维，这已是教育界的共识。如何培养，每个老师都有自己的答案。作为深圳市高中历史兼职教研员和学校教务处主任，林良展听过很多历史老师的课，总结出了当前历史教学中存在的两个突出问题。

问题之一是，一些老师热衷于引入各种花哨的教学手段，却忽视了传授基础知识。在当前的高考中，考查内容包含核心价值、学科素养、关键能力和必备知识，考查要求体现基础性、综合性、应用性和创新性。"必备知识"和"基础性"首先体现在国家统一编写的教材中。"这是学习历史的基础。只有先掌握基础性的必备知识，才能提升发散思维，进一步进行批判性思考。"

林良展说。

问题之二是,有的老师会提前预设教学情境和结果,将自己的主观思想强加给学生的思考。"批判首先不等于否定。"林良展认为,用历史来培养批判性思维,不等于对历史内容的否定,而是要让学生在了解知识点后,结合时代背景,做到客观全面的理解。为此,他引导学生采用"点线面"相结合的方法,以一个知识点为线索,分析其时代背景,展示事件变化发展的过程和因果,进而结合中国和世界在同一时期发生的历史现象和历史事件进行对比,最终让学生完成系统学习。"用批判性思维来引导学生进行对比性学习,主要目的不是分出是非对错,而是让学生学会辨别差异,从而更加客观理性地看待问题,形成正确的价值观。"林良展总结道。

二、学科教学也应关注学生心理

对高中生而言,考试是学习的重要一环,成绩的变化走向不仅反映着学生学习情况,也能间接说明学生的学习心理状态起伏。林良展就曾遇到过这样的情况:一个原本成绩出众、乐观积极的女孩,在短短两个月里变得内向消沉、精神涣散,成绩一落千丈。细心的林老师还在偶然间发现她在晚自习时向同学哭诉。

历史老师发现了学生的心理问题,怎么办? 林良展决定和这个女孩谈一谈。"老师,我患了抑郁症。"对话刚开始,还没等林良展问,女孩就主动说出了这句话。"你怎么知道?"林良展反问。"妈妈带我去看医生,医生测试了,说我有中度抑郁。我真有点怕。"

听完学生的叙述,林良展没有着急劝慰学生,而是静静讲起了自己求学时克服困难的故事。"不要随便给自己贴标签,哪怕真的患上了抑郁症也没关系,因为这种病可怕的是自己害怕它,所以它最大的敌人是你自己。"长达两个多小时的交谈里,除了鼓励,他还教给学生一些放松心理的方法。在之后的日子里,他会在周末和空闲时间主动和这名学生交流,激发她对生命的热情。经过一年多的时间,该学生心理逐渐恢复,成绩也稳步提升,在高三全市统考时还获得了全班第一,最终考取了理想的大学。

提起这段往事,林良展直言,当时学生"那双逐渐失去光泽的眼睛"深深刺痛了他,也让他更加意识到心理健康教育的重要性。事实上,自2001年从教之后,林良展一直关注学生的心理健康,努力推进在学科教学中渗透心理健康教育,很早就开始研究网络时代学生学习心理辅导,研究成果多次获奖。近年来,他结合自己近二十年的教育教学实践智慧编写了《高中生涯心理指导手册》,聚焦高中生的学习、人际关系及青春期情感发展状态,为学生、家长、教师提供高效、实用、科学的解决方案。书中针对亲子关系、学习问题、同学关系、成长困惑四个高中生心理容易产生问题的部分,用专业心理知识和一线教师对学生的理解,为高中生提供指导建议,让同学更好地认识自己、理解他人、了解世界。

当前,学生群体尤其是中学生的心理问题逐渐增多。林老师认为其中有三个原因值得关注:一是社会环境给予学生的压力不断增大;二是各种不加筛选的信息冲击着学生的视野,有些媒体过分渲染抑郁症等心理疾病的严重性,让学生受到了负面影响;三是家庭和学校的心理辅导不足,家长们往往缺乏相关知识,学校专职心理教师人少事多,难以兼顾。因此,他认为加强全体教师的心理知识培训,将学科教学与心理教育结合起来是当务之急。

"作为教师,当学生陷入'泥沼'时,我们当然要拉他们一把,帮助他们走出困境。这时怎么能拘泥于学科限制呢?"林良展说。

三、在历史教育中传达"善"与"格"

无论是教研还是育人,林良展的为人处世都坚守一个"善"字,这缘于家庭的影响。他的外婆是乡里的赤脚医生,自己重病也坚持为乡邻诊治;他的母亲每次回乡都要去小镇上的养老院做义工。"善人者,人亦善之。"林良展说,外婆和母亲为他种下了"善根",作为老师,他希望能在工作中把这种善继续传递下去,因此提出了"善格"历史教育。

所谓"善",林良展的理解是善之果为美,善是真与美的基础,是做人的基础;所谓"格",他认为历史教育追求的是培养学生的人格、格调、格致和格局。在教学中,林良展会积极地发掘包含正确人生观、价值观和世界观的各种材料,鼓励学生多维度思考问题,提升学生的格局与格调,培养他们高尚的人格。

有了成功的实践,林良展还积极尝试课程改革,他带领深圳第二外国语学校的老师们开发了"历史故事与人文素养""地方历史文化走进课程"等一系列市级精品课程。为了了解地方历史,他还曾带着学生走出课堂,探访了不少乡镇,让课本上的文字变成真实、可接触的实景,在培养学生搜集整理分析资料能力的同时,引导他们传承和保护家乡的历史文化资源。

善者大也,格者正也。林良展所倡导的"善格"教育让学生不仅懂历史,还会用历史。通过学习历史了解事物的变迁因果,然后融会贯通,将历史沉淀下来的智慧运用于为人处世之中,以善提升格局,回归教育的本真。

《南方教育时报》2020年10月22日报道